# 员工关系管理专项职业能力国家鉴定考试配套教材

Employee Relationship Management

员工关系管理

余祖伟　张仕华 ◎ 主编

华中科技大学出版社
http://www.hustp.com
中国·武汉

内 容 提 要

员工关系管理是人力资源管理的一项重要而且复杂的内容。妥善管理好员工之间、员工与企业之间的关系是增强团队凝聚力、达成企业共同愿景的重要环节。全书共分九章,分别是劳动关系管理、员工人际关系管理、沟通管理、绩效管理、薪酬管理、纪律管理、企业文化建设、员工冲突管理及员工关系诊断与改进。每一章基本按概念阐释、原则指引、策略思路组织内容,配以案例思考、经验分享、问题思考、作业练习等内容。

本书是员工关系管理专项职业能力国家鉴定考试配套教材。同时可以作为企业管理、企业人力资源管理等基层管理岗位管理技能培训教材,企业行政管理和工商管理专业专科及应用型本科学历教育和开放(网络)学历教育教材。

图书在版编目(CIP)数据

员工关系管理/余祖伟,张仕华主编. —武汉:华中科技大学出版社,2013.10(2022.1重印)
ISBN 978-7-5609-9312-6

Ⅰ.①员⋯ Ⅱ.①余⋯ ②张⋯ Ⅲ.①企业管理-人事管理-技术教育-教材 Ⅳ.①F272.92

中国版本图书馆 CIP 数据核字(2013)第 193566 号

员工关系管理

余祖伟　张仕华　主编

策划编辑:	周小方
责任编辑:	刘 烨　殷 茵　刘 亭
封面设计:	刘 卉
责任校对:	马燕红
责任监印:	张正林
出版发行:	华中科技大学出版社(中国·武汉)　电话:(027)81321913
	武汉市东湖新技术开发区华工科技园　邮编:430223
录　　排:	武汉正风天下文化发展有限公司
印　　刷:	武汉首壹印务有限公司
开　　本:	787mm×1092mm　1/16
印　　张:	16.75　插页:1
字　　数:	409 千字
版　　次:	2022 年 1 月第 1 版第 3 次印刷
定　　价:	48.00 元

本书若有印装质量问题,请向出版社营销中心调换
全国免费服务热线:400-6679-118　竭诚为您服务
版权所有　侵权必究

前　言

在知识经济时代,企业的竞争其实是人才的竞争,员工是企业最大的财富,是企业的核心竞争力。综观全球的500强企业,大多具有良好的组织氛围与和谐的员工关系。因为,和谐的员工关系才有利于达成共同愿景,共同愿景是企业所追寻的目标,企业所有的成就都是通过企业共同愿景的实现来达成的。因此,成功的员工关系管理,可以使员工在心理上获得一种满意感,有助于增长其工作主动性和积极性,有利于提高其执行力,实现组织战略和目标。员工关系管理是企业人力资源管理的重要组成部分,具有十分重要的作用。

同时,我国正在构建和谐社会,和谐社会是由和谐家庭、和谐企业、和谐社区等构成的。而在我国向城市化和工业化发展的进程中,企业数量增长迅速,企业员工人数也巨增,建设"和谐"企业成为构建和谐社会的重要组成部分,需要广大的企业管理人员特别是企业的人力资源管理者在构建和谐的员工关系方面多做努力。那么究竟什么是员工关系管理?如何构建令人满意的员工关系?如何使员工获得工作的满意感,增长其工作积极性?如何留住优秀人才?这都是广大的企业管理人员特别是人力资源管理人员应该十分关注的问题。

员工关系管理(employee relationship management,ERM),是企业和员工的沟通管理,这种沟通更多采用柔性的、激励性的、非强制性的手段,从而提高员工满意度,支持组织其他管理目标的实现。员工关系管理是一个过程,在这个过程中,企业在"以人为本"的理念指导下,通过建立一个完整的员工关系管理体系,并运用各种措施和方法,实现员工与企业、员工与员工之间关系的协调。员工关系强调以员工为主体和出发点的企业内部关系,注重和谐与合作是员工关系所蕴涵的精神,它更关注员工心理健康和人际关系的和谐。员工关系贯穿企业管理的整个过程,它是人力资源管理的基础工作,有效的员工关系管理可以保证其他各项工作的顺利开展,能优化人力资源环境,减少企业内部的摩擦和冲突,降低企业运行成本,提升组织形象,提高企业品牌价值,还能增强组织的凝聚力和吸引力,使企业赢得人才、留住人才,不断提高组织核心竞争力。

员工关系管理是近十年来才逐渐凸显出来的新视域,它受到了广泛的重视,成为企业人力资源管理的热门话题,为许多有识之士所认识。广东省职业技能鉴定中心在全国率先开设全国通用的"企业班组现场管理专项职业能力鉴定"、"企业员工关系专项职业能力鉴定"证书项目,并成为国家职业资格技能鉴定的重要组成部分。这是实现广东经济转型发展的重要配套举措之一,也为营造和谐企业员工关系、培养优秀的员工关系管理人才、全面提升企业员工关系管理的水平提供了重要支持,进而为企业产品和服务质量的提升提供了一项重要的保障。

为此我们编写了本教材,我们参考了很多学者专家的研究成果,在此向他们表示衷心的感谢!但由于我们对该领域涉猎不深,水平和能力有限,编书是应培训之需而为,加之时间仓促,书中可能有不少错误、疏漏之处,敬请读者批评指正。

作为员工关系管理专项职业能力鉴定和培训的专用教材,本教材编写力求反映员工关系管理专项职业能力鉴定内容要求,组织专家团队提供现场培训指导,不但可以帮助企业全面提升员工关系管理人员的素质与技能,建设和谐稳定的员工队伍,而且能有针对性地解决员工关系管理中的问题,提升企业人力资源管理水平,从而提高产品和服务质量,并使员工与企业的关系更加和谐,使企业能够赢得人才、留住人才。同时专家团队具有丰富的远程教育经验,结合远程教育的需要建设了相应的"第四代"网络课程,以满足工学矛盾突出的大型企业管理人员的开放学习需要,满足普通高校和高职院校在校学生员工关系管理专项职业技能训练和职业资格考证需要。

本教材的编写,得到了广东省人力资源和社会保障厅广东省职业鉴定中心领导的关心和支持,广州广播电视大学、广州职工教育网、广州远程教育中心提供了必要的支持和帮助,在此表示衷心感谢!另外,华南师范大学的王超、雷丽蓉、蓝子良、何文盛、李梦真等同学参加了资料收集整理等方面的工作,在此表示衷心感谢!

本教材由余祖伟教授和张仕华副教授担任主编,各章撰写情况是:余祖伟负责撰写第1、2、4、5、9章,张仕华负责撰写第3、6、7、8章。

编者
2013 年 5 月 26 日于广州麓湖

目　　录

第一章　劳动关系管理 ... 1
第一节　员工关系概述 ... 2
一、员工关系管理的内涵 ... 2
二、员工关系管理的重要性 ... 3
三、员工关系管理的内容 ... 4
第二节　劳动关系的内涵和特点 ... 7
一、劳动关系的内涵 ... 7
二、劳动关系特点 ... 8
三、劳动关系的主体资格 ... 8
第三节　劳动合同的内容 ... 10
一、劳动合同的法定内容 ... 11
二、劳动合同的期限 ... 12
三、劳动合同的约定内容 ... 13
四、劳动合同的订立和续订 ... 15
第四节　劳动合同的变更 ... 18
一、劳动合同变更的条件 ... 18
二、劳动合同变更的程序 ... 18
第五节　劳动合同解除与终止 ... 20
一、劳动合同的解除 ... 20
二、劳动合同的终止 ... 22
第六节　劳动争议 ... 25
一、劳动争议的内涵 ... 25
二、劳动争议的范围 ... 25
三、处理劳动争议的原则及程序 ... 26
作业习题 ... 32

第二章　员工人际关系管理 ... 36
第一节　员工人际关系概述 ... 37
一、员工人际关系的概念 ... 37
二、员工人际关系的重要性 ... 38
三、员工之间人际关系的注意事项 ... 40

第二节 正确处理同事之间的关系 …… 41
  一、处理同事关系的原则 …… 41
  二、正确处理与同事关系的技巧 …… 42
第三节 正确处理与上级的关系 …… 43
  一、处理与上级关系的原则 …… 43
  二、向领导请示汇报的程序 …… 43
  三、正确处理与上级关系的技巧 …… 45
第四节 正确处理与下级的关系 …… 46
  一、正确处理与下级关系的原则 …… 46
  二、下达命令的技巧 …… 47
  三、赞扬下级的技巧 …… 49
  四、批评下级的方法 …… 50
  五、领导风格与行为特征 …… 53
  六、怎样做一个合格的领导者 …… 54
作业习题 …… 56

第三章 沟通管理 …… 60
第一节 沟通概述 …… 62
  一、沟通的含义及要素 …… 62
  二、沟通的方式、特性和行为 …… 63
  三、沟通的三个原则及沟通失败的原因 …… 66
第二节 有效沟通的技巧 …… 69
  一、沟通过程 …… 69
  二、语言沟通技巧 …… 70
第三节 有效的肢体语言沟通技巧 …… 77
  一、肢体语言的定义 …… 77
  二、肢体语言沟通的技巧 …… 77
  三、用好"沟通视窗"理论 …… 78
第四节 有效沟通的基本步骤 …… 80
  一、事前准备 …… 80
  二、确认需求 …… 80
  三、阐述观点和FAB原则 …… 80
  四、处理异议 …… 81
  五、达成协议 …… 81
  六、共同实施 …… 81
第五节 人际风格沟通技巧 …… 82
  一、选择与沟通对象接近的方式 …… 82
  二、人际风格的分类 …… 82

三、与不同风格的人沟通的技巧 …………………………………… 83
第六节　电话沟通技巧 ……………………………………………………… 86
　　　一、拨打、接听电话的基本技巧和程序 …………………………… 86
　　　二、转接电话的技巧 ………………………………………………… 88
　　　三、应对特殊事件的技巧 …………………………………………… 89
第七节　接近客户的技巧 …………………………………………………… 90
　　　一、面对接待员的技巧 ……………………………………………… 90
　　　二、面对秘书的技巧 ………………………………………………… 90
　　　三、面对关键人士的技巧 …………………………………………… 91
　　　四、获取客户好感的六大法则 ……………………………………… 91
第八节　会议沟通的技巧 …………………………………………………… 93
　　　一、会议的安排 ……………………………………………………… 93
　　　二、会议主持的语言艺术和沟通技巧 ……………………………… 93
作业习题 ………………………………………………………………………… 95

第四章　绩效管理 …………………………………………………………… 99
第一节　绩效管理概述 ……………………………………………………… 100
　　　一、绩效管理的内涵 ………………………………………………… 100
　　　二、绩效管理的必要性 ……………………………………………… 101
　　　三、绩效管理的作用 ………………………………………………… 102
第二节　绩效管理的原则和基本内容 ……………………………………… 105
　　　一、绩效管理的原则 ………………………………………………… 105
　　　二、绩效管理的基本内容 …………………………………………… 107
第三节　绩效管理的实施过程 ……………………………………………… 109
　　　一、准备阶段 ………………………………………………………… 110
　　　二、实施阶段 ………………………………………………………… 110
　　　三、反馈阶段 ………………………………………………………… 118
　　　四、运用阶段 ………………………………………………………… 119
第四节　绩效评估的方法 …………………………………………………… 120
　　　一、结果导向型绩效评估方法 ……………………………………… 121
　　　二、行为导向型绩效评估方法 ……………………………………… 122
　　　三、特质型绩效评估方法 …………………………………………… 123
作业习题 ………………………………………………………………………… 123

第五章　薪酬管理 …………………………………………………………… 127
第一节　薪酬概述 …………………………………………………………… 128
　　　一、薪酬的含义及要素 ……………………………………………… 128
　　　二、报酬、薪酬与工资 ……………………………………………… 129
　　　三、薪酬的功能 ……………………………………………………… 130

　　　　四、基本工资构成……………………………………………………131
　　第二节　工资制度…………………………………………………………132
　　　　一、技术等级工资制……………………………………………………133
　　　　二、职能等级工资制……………………………………………………134
　　　　三、结构工资制…………………………………………………………135
　　　　四、岗位技能工资制……………………………………………………135
　　第三节　影响薪酬的基本因素……………………………………………139
　　　　一、企业外部因素………………………………………………………139
　　　　二、企业内部因素………………………………………………………139
　　　　三、员工个人因素………………………………………………………140
　　第四节　薪酬设计…………………………………………………………142
　　　　一、薪酬设计原则………………………………………………………142
　　　　二、薪酬设计策略………………………………………………………143
　　　　三、薪酬设计基本模式…………………………………………………144
　　　　四、薪酬设计流程………………………………………………………147
　　第五节　员工福利与社会保障……………………………………………148
　　　　一、员工福利的概述……………………………………………………149
　　　　二、员工福利的特点……………………………………………………152
　　　　三、员工福利管理的策略………………………………………………152
　　　　四、社会保障……………………………………………………………153
　　　　五、员工福利与社会保障………………………………………………154
　　第六节　薪酬的支付方式…………………………………………………155
　　　　一、薪酬支付的内涵和依据……………………………………………155
　　　　二、薪酬支付的原则……………………………………………………156
　　　　三、薪酬支付的方式……………………………………………………158
　　　　四、薪酬支付的艺术……………………………………………………158
　　作业习题……………………………………………………………………161

第六章　纪律管理………………………………………………………………165
　　第一节　纪律管理概述……………………………………………………166
　　　　一、纪律管理及理论基础………………………………………………166
　　　　二、纪律管理的原则和程序……………………………………………167
　　第二节　问题员工的管理…………………………………………………168
　　　　一、问题员工的概念……………………………………………………169
　　　　二、问题员工的成因……………………………………………………170
　　　　三、问题员工的管理……………………………………………………171
　　第三节　处理员工的申诉…………………………………………………175
　　　　一、申诉的概念…………………………………………………………175

二、申诉的作用 ·· 176
　　三、申诉的程序 ·· 176
　　四、仲裁 ·· 178
  作业习题 ··· 182

第七章　企业文化建设 ··· 185
  第一节　企业文化及其构成 ·· 186
　　一、企业文化的概念 ··· 186
　　二、企业文化的构成 ··· 187
  第二节　企业文化的要素和特征 ·· 189
　　一、企业文化的要素 ··· 189
　　二、企业文化的特征 ··· 191
  第三节　企业文化与价值观 ·· 194
　　一、价值观与企业价值观 ·· 194
　　二、企业价值观的作用 ··· 195
  第四节　企业文化建设的环境 ··· 196
　　一、企业文化建设的外部环境 ·· 196
　　二、企业文化建设的内部环境 ·· 198
  第五节　企业文化建设的内容与步骤 ··· 200
　　一、企业文化建设的内容 ·· 200
　　二、企业文化建设的步骤 ·· 203
  第六节　企业文化建设的阻力 ··· 206
  作业习题 ··· 208

第八章　员工冲突管理 ··· 211
  第一节　员工冲突概述 ·· 212
　　一、冲突 ·· 212
　　二、冲突的类型与特点 ··· 213
　　三、冲突的层次 ·· 215
  第二节　冲突产生的原因与根源 ·· 216
　　一、冲突产生的原因 ··· 216
　　二、冲突的根源 ·· 220
  第三节　冲突的作用 ·· 220
　　一、冲突的积极作用 ··· 220
　　二、冲突的消极作用 ··· 221
  第四节　冲突的缓和与解决 ·· 223
　　一、冲突的缓和 ·· 223
　　二、冲突的解决策略 ··· 223
　　三、有效的冲突管理 ··· 226

作业习题 ………………………………………………………………………… 229

第九章 员工关系诊断与改进 ……………………………………………… 233
第一节 员工关系诊断 ……………………………………………………… 234
一、员工关系诊断的原则 ……………………………………………… 234
二、员工关系诊断的目的 ……………………………………………… 234
三、员工关系诊断的要素 ……………………………………………… 235
第二节 员工满意度调查 …………………………………………………… 237
一、员工满意度调查及意义 …………………………………………… 237
二、员工满意度调查的内容 …………………………………………… 238
三、员工满意度调查的方法 …………………………………………… 239
四、员工满意度调查的程序 …………………………………………… 241
五、员工满意度调查结果 ……………………………………………… 243
第三节 员工关系改进计划 ………………………………………………… 245
一、员工关系改进的原则 ……………………………………………… 245
二、员工关系改进的主要内容 ………………………………………… 245
三、员工关系改进计划的实施与评估 ………………………………… 247
作业习题 ………………………………………………………………………… 250

作业习题参考答案 …………………………………………………………… 253
参考文献 ……………………………………………………………………… 254

第一章 劳动关系管理

 能力要求

了解员工关系管理的内涵及主要内容；
了解劳动关系的内涵和特点；
了解劳动合同的内容；
能够运用有关程序管理劳动合同的订立、变更、解除、终止等信息；
能够代表企业依照法定程序处理劳动争议。

 考核重点

员工关系管理的主要内容；劳动关系的内涵和特点；劳动合同的内容；劳动合同管理制度的订立、解除和终止；劳动争议。

 案例导入

沃尔玛：像对待顾客一样对待自己的同仁

沃尔玛公司是世界上最大的商业零售企业，1962年开办了第一家连锁商店，1970年建立起第一家配送中心，走上了快速发展之路，成为全球"零售业大王"。2001年年底，在美国《财富》杂志的全球富翁排名榜中，沃尔玛的老板名列第一。

沃尔玛的创始人山姆·沃尔顿曾总结出其事业成功的"十大法则"：忠诚你的事业；与同仁建立合伙关系；激励你的同仁；凡事与同仁沟通；感激同仁对公司的贡献；成功要大力庆祝，失败亦保持乐观；倾听同仁的意见；超越顾客的期望；控制成本低于竞争对手；逆流而上，放弃传统观念。

这"十大法则"中有五条与员工关系有关，由此可见沃尔玛把员工关系放到了多么重要的位置。山姆·沃尔顿当初为争取后来成为沃尔玛CEO的大卫·格拉斯加盟，曾以其百折不挠的精神来游说他，前后整整花了12年的时间，这位虔诚的"传道士"终于使格拉斯加盟了沃尔玛，格拉斯于1984年还出任了沃尔玛的总裁。

从这里多少可以看出沃尔玛"吸纳、留住、发展"的用人原则。沃尔玛的人力资源战略已越来越侧重于从内部挖"金子"。

经过几十年来的发展，沃尔玛已经创立了极为有价值的企业文化，这成为其吸引、留住人才的关键所在。

除了经济利益上的措施,沃尔玛公司也比较重视对员工的精神鼓励,其总部和各个商店的橱窗中都悬挂着先进员工的照片,对特别优秀的管理人员,公司会授予其"山姆·沃尔顿企业家"的称号。

不但有留住人才的良好平台,沃尔玛还有一套挽留人才的制度。门户开放政策确保无论何时何地,任何员工有关于自己或公司的意见、建议、想法、投诉等,都可以口头或书面形式报告公司管理层,而不必担心遭到打击或报复。沃尔玛有专门的人来从事员工关系工作,受理投诉,听取员工意见,为员工排忧解难,开展各种娱乐活动,让每一位同事感受到沃尔玛大家庭的温暖。

沃尔玛为员工安排了一系列培训,用终身培训机制来发展人才。沃尔玛建立了一套行之有效的培训机制,并投入大量的资金予以保证实施。位于全球各国的公司必须在每年9月份与总公司国际部共同制订并审核年度培训计划。

另外,一年一度的股东大会更为全世界的沃尔玛人提供了相互沟通、交流、学习的机会。

沃尔玛还实行轮岗制,经常要求各级主管轮换工作,通过担任不同的工作,接触公司内部的各个层面,相互形成某种竞争,最终能把握公司的总体业务,并掌握各种技能。在沃尔玛,管理层又被称为"教练",从普通职员晋升为教练队成员的记录中,公仆式领导原则是一项重要的依据,大约60%的成员是从普通职员起步的。

沃尔玛为他们创造必要的条件,进行纵向、横向培训,让他们不断接受新的挑战,获得全方位发展。

(资料来源:《中国经营报》,2005年5月30日)

启示:

企业进行员工关系管理可以被理解为一个过程。在这个过程当中,企业通过建立一个完整的员工关系管理体系,并将以人为本的观念贯彻到这个体系的运作当中,从而实现员工与企业、员工与员工之间关系的协调,引导建立积极向上的工作环境,创造企业生产的高效益。

第一节 员工关系概述

由上述案例中我们了解到员工关系的本质是双方合作、冲突、力量和权力的相互交织。广义上又称雇员关系,与劳动关系、劳资关系相近,它以研究与雇佣行为管理有关的问题为特殊现象。而狭义的员工关系是将其作为企业人力资源的一项工作或管理职能,即表现为企业或管理者与其内部员工之间的关系,并受到一定社会中经济、技术、政策、法律制度和社会文化背景的影响。员工关系源自西方人力资源管理体系,对员工关系的管理则是人力资源管理的基本职能之一。员工关系管理要为实现企业的经营目标和人力资源管理任务负责。因此,我们阐述员工关系管理的内涵、重要性及内容是很有必要的。

一、员工关系管理的内涵

最早提出员工关系管理概念的一批人是IT厂商、企业管理咨询师和学者,因所从事的领域不同,侧重点也不同,但总的看法是一致的,即都认为"员工关系"是公司与员工之间建立的一种相互有益的关系,并由此把员工关系管理上升到人力资源战略的高度,他们都认为员工关系管理在企业中具有很重要的驱动作用。

员工关系管理(employee relationship management,ERM)有广义和狭义之分,广义上讲,员工关系管理是通过拟定和实施各项人力资源政策和管理行为,以及其他的管理沟通手段调节企业和员工、员工与员工之间的相互联系和影响,从而实现组织的目标的过程。

从狭义上讲,员工关系管理就是企业和员工的沟通管理,这种沟通更多采用柔性的、激励性的、非强制性的手段,从而提高员工满意度,支持组织其他管理目标的实现。

员工关系管理是指以促进企业经营活动的正常开展为前提,以缓和、调整企业内部员工冲突为基础,以实现企业管理者与员工的合作为目的的一系列组织性和综合性的管理措施和手段的总和。

员工关系管理的核心部分是心理契约。20世纪70年代,美国心理学家施恩提出了心理契约的概念。心理契约是根据劳动合同、企业通行惯例以及双方许诺而形成的一种内隐的、不成文的相互责任,其内容相当广泛。它是以追求员工满意度为目标,是组织承诺的基础并影响组织公民行为。我们将在下面的员工关系培养管理内容中做详细的介绍。

心理契约不是有形的,却发挥着有形契约的作用。企业清楚地了解每个员工的需求和发展愿望,并尽量予以满足;而员工也为企业的发展全力奉献,因为他们相信企业能满足他们的需求与愿望。心理契约是由员工需求、企业激励方式、员工自我定位以及相应的工作行为四个方面的循环构建而成的,并且这四个方面有着密切的制约关系。

心理契约给企业员工关系管理带来的思考是,企业在构建心理契约时,要以自身的人力资源和个人需求结构为基础,用一定的激励方法和管理手段来满足、对应和引导员工的心理需求,引导员工以相应的工作行为作为回报,并根据员工的反应在激励上做出适当的调整;员工则依据个人期望和企业的愿景目标,调整自己的心理需求,确定自己对企业的关系定位,结合企业发展目标和自身特点设定自己的职业生涯规划,并因此决定自己的工作绩效和达成与企业的共识:个人成长必须依附企业平台,企业目标的达成也离不开员工个人的奉献,这好比大海与溪水的关系,企业是海,个人是溪水,离开大海,溪水是会干枯的。

二、员工关系管理的重要性

对组织来说,它是由一群具有高效率、高品质的人所组成的群体,也代表着高的竞争力。正所谓"成事在人,败事也在人"。搞好员工关系有利于吸引员工、留住员工、激励员工、促进员工发展和企业和谐。它的积极意义表现在下面几个方面。

1. 有利于提高员工的满意度和忠诚度

在现代社会中,员工是企业真正的中心,是企业的内在动力。员工日益成为具有主导作用的独立群体。作为一种独立群体,员工在利益上虽然与企业具有天然的一致性,但也存在着同企业利益的相异性。一方面,员工是企业的细胞、构建和主体力量,对企业的生存和发展具有决定性的作用,企业要将其利益与员工的利益协调一致,以形成企业发展的内在根据和动力;另一方面,员工日益分化为独立的利益群体,存在着与企业的利益发生矛盾的一面,成为直接牵动企业、制约企业的一种力量,主导并规定着企业的行为选择。企业要进行员工关系管理,协调好企业与员工、员工与员工之间的关系,协调员工公众利益基点,提高员工满意度和忠诚度。

2. 有利于降低员工关系冲突,激励员工的工作热情,降低员工的离职率

员工关系对于企业有着举足轻重的地位,员工关系协调是企业获得成功的根本条件,它必然在企业中产生巨大的内聚力。良好的员工关系能够激发员工的工作热情,对提高工作效率有积极的促进作用;员工关系融洽、心情舒畅、团结一致、齐心协力地发挥巨大的潜能,就可能创造企业的更好的业绩和巨大的财富。同时,员工流动率较低,不仅能够保证组织工作的有效运行,而且对组织文化的形成和发展也是非常重要的。

3. 有利于员工之间的沟通与交流

企业的总目标能否实现,关键在于企业与个人目标是否一致,企业内部各类员工的人际关系是否融洽。员工关系管理就是要畅通企业内部信息交流渠道,消除误会和隔阂,联络感情;在企业内部形成相互交流、相互配合、相互支持、相互协作的人际关系。而这种人际关系一旦形成,就能创造一种良好的企业心理气氛,成为提高工作效率、推动企业发展的强大动力。

4. 有利于培养员工团队意识和平等协作精神

通过员工关系管理,使每一个员工都从内心真正把自己归属于企业之中,使其具有高度的主人翁精神,从而把自己的命运和企业的兴衰联系在一起,为自己是该企业的一员而自豪,使企业内部上下左右各方面"心往一处想,劲往一处使",成为一个协调和谐、配合默契、充满协作互助氛围、具有强大凝聚力的集体。这是企业内部员工关系管理的又一重要目标。

三、员工关系管理的内容

员工关系管理贯穿于人力资源管理的方方面面,从把员工招进来的那一刻起,员工关系管理工作就开始了。而且员工关系不能外包,因为要做好员工关系管理,必须对企业文化、员工特点、企业所处的社会环境等有清楚的了解。如图1-1所示,人力资源管理活动可以从纵横两个纬度(纵向代表人力资源规模的增长,横向代表人力资源质量的增长)划分为四种类型管理(扩展、激励、提高、维持),员工关系管理(ERM)贯穿于人力资源管理的四个基本管理方向。

员工关系管理主要包括劳动关系管理、员工人际关系管理、沟通管理、绩效管理、薪酬管理、纪律管理、企业文化建设、员工冲突管理以及员工关系诊断与改进等。员工关系管理包含的内容非常丰富,需要逐渐认识和学习。

1. 劳动关系管理

劳动关系管理包括签订合同,劳动争议处理,处理员工申诉,员工离职面谈及手续办理,解决员工关心的问题,及时处理各种人事纠纷和意外事件等多项工作。随着市场经济的发展和经济的全球化,劳动争议和纠纷越来越多,企业不仅要为解决争议花费大量的人

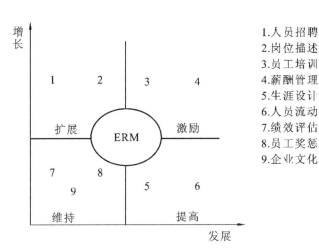

图 1-1 员工关系在人力资源体系中的地位

力和财力,而且还可能因此导致其他间接的损失。而劳动争议发生的原因往往是企业的人事制度不够完善,或者是未能处理好内部矛盾,最终导致矛盾的扩大化。由此,建立有效的劳动争议预防机制,做好劳动关系管理至关重要。

2. 员工人际关系管理

和谐的人际关系和高度凝聚力是企业不可或缺的重要因素。企业用高薪招募到优秀人才,当然很好,对于员工来说,薪酬很重要,但和谐的人际环境更具有吸引力。员工人际关系管理,就是指引导员工建立良好的、正确的工作关系,创建有利于员工建立正式人际关系的环境等工作过程。这是员工关系管理的主要内容。

3. 沟通管理

沟通管理主要包括加强和保证沟通渠道的畅通无阻,利用正式和非正式沟通手段,引导企业与员工之间、员工与员工之间进行及时的双向沟通,完善员工建议制度等多项工作。据调查,企业生产和管理70%的问题主要是沟通障碍引发的。因此,开辟和维护更多有效的沟通渠道,如内部期刊、电话、邮件、"吹风会"、工作面谈、网上论坛等,同时提高沟通能力,保证沟通渠道的畅通,建立融洽的心理氛围,是提高企业工作效率的重要环节。

4. 绩效管理

员工工作的优劣、绩效的高低直接影响着企业整体效率与效益。因此,掌握和提高员工的工作绩效是企业管理的一个重要目标。所谓绩效管理,就是指为了更有效地实现组织目标,在员工的参与下,由专门的绩效管理人员运用人力资源管理的理论、技术和方法进行绩效计划、绩效沟通、绩效评估、绩效反馈与改进、绩效结果应用等基本过程。绩效管理的核心是以人为本,即让员工充分参与绩效评估的过程,在完成组织目标的基础上,关注员工的发展,做好员工的职业生涯规划,以实现员工的个人价值。

5. 薪酬管理

薪酬管理是企业为了实现组织目标,发挥员工的积极性,对其薪酬战略、薪酬政策、薪酬制度及薪酬功效的确定、控制和调整的过程,包括对薪酬总额进行控制,核算人力成本,确定员工岗位的工作标准以及对员工工作结果的评价,建立和实施薪酬制度等内容。薪酬管理是一种复杂、动态的组织行为。做好这一管理工作必须深入分析影响薪酬水平和结构的因素,掌握薪酬水平与结构管理的一般原理与方法,并适时对薪酬水平和结构进行动态调整。

6. 纪律管理

纪律管理是员工关系管理的一个重要职能,是指维持组织内部良好秩序,制定一系列规范,运用奖励和惩罚措施来纠正、塑造以及强化员工行为的过程;或者说是将组织成员的行为纳入法律的环境,对守法者给予保障,对违法者予以适当惩罚的过程。

当员工触犯了企业纪律时,有关部门就要遵照一定的程序对其实施处罚;当员工较好地遵守了企业纪律时,企业也要给予相应的奖励。奖励和处罚都不是员工纪律管理的目的,能够对员工的行为进行规范,防微杜渐,才是纪律管理的真正要义。

7. 企业文化建设

企业文化建设是增强企业凝聚力和吸引力的主要手段,它是指制定和建立符合企业发展战略的企业文化体系,包括塑造、提炼和推广企业的愿景、共同价值观和使命,引导员工价值观,维护企业的良好形象。具体的工作内容包括:指导人力资源部门搭建人力资源战略框架;通过 CIS 系统设计推广企业形象;推行企业文化体系建设;引导员工的价值观;维护企业良好形象等职能。

8. 员工冲突管理

组织中员工冲突是经常发生的,冲突是人际关系周期的直接产物,当关系破裂并给一方带来损失、失望、挫折、折磨甚至是痛苦(无论是真实的还是预期的)时,冲突便随之产生了。员工冲突管理是员工关系管理人员一项非常重要的工作职责,它是指运用法律、心理等一系列措施进行调查、调解、疏导、协调,解决人事纠纷,避免矛盾升级,避免或降低劳动争议,消除冲突带来的消极影响,促进组织的生产和人际和谐的过程。

9. 员工关系诊断与改进

员工关系诊断与改进是指通过对一系列相关因素所做出的调查和分析,了解管理者和员工对员工关系当前和未来问题的看法,并在此基础上发现员工关系管理存在的问题和症结,最终提出员工关系改进方案的工作过程。主要包括组织员工满意度调查,解决员工关心的问题,各项企业内部活动后的调查,员工满意度活动的组织等内容。取得调查结果后,要分析诊断员工关系的状况,及时报告发现的问题,制订员工关系改进计划,对实施效果进行评估。

此外,员工关系管理还包括工作场所的安全和健康、员工援助项目(EAP)、工会关系的融洽、工作丰富化、工作扩大化与岗位轮换、危机处理等。

 案例思考

怎样把员工关系管理好?

但凡想把生意做好的生意人,都知道"侍候好主子"的重要性。而今,众多的、不同资质的企业莫不把"以客户为中心"作为经营、发展的导向,更把组织内的"第一资源"——员工,视为"客户"加以对待。上升到理论,就是今天我们讨论的"员工关系管理"。多数专业人士认为,员工关系管理就是一种"无形服务",而这种服务包括沟通、冲突处理、请教职业发展顾问等内容,并以公平、信任为战略建立的基础。

如南方某钻石厂,在2002年8月的一天,其生产车间丢失了四颗钻石。当时,管理层没有选择适当的方式调查或报警,而是擅自在公司内对员工进行"搜身"并要求把衣服脱光。这个事件,一时在厂内引起千层浪,并导致了员工的不满……虽然大多数员工后来接受了厂方的道歉和赔偿,但遗留下的心理阴影,却永远不会抹去;剩下的六名员工,表示还要诉诸法律……

公司在处理此次事件时,显然打破了"信任"基础,员工关系管理也就无从谈起了。我们知道对员工的"不信任"可以影响员工关系的管理。同样,在组织内如果缺乏沟通,处事不公平、不公正,对员工漠不关心,甚至回避矛盾,也会阻碍良好员工关系的建立。由此产生的后果,如缺勤、骨干员工的流失等,对企业发展造成的损失不可估量。

(资料来源:中国劳动咨询网)

问题:

在网络时代员工关系管理的内容与重点是什么?

分析:

员工关系管理的内容主要包括劳动关系管理、员工人际关系管理、沟通管理、绩效管理、薪酬管理、纪律管理、企业文化建设、员工冲突管理和员工关系诊断与改进等。现在组织面对的员工,越来越知识化、信息化和国际化,管理的重点是要严格按照规章制度,同时注重人性化,善用"换位思考"的方式,斟酌如何对待员工、处理"人事"。

第二节 劳动关系的内涵和特点

一、劳动关系的内涵

劳动关系是指用人单位招用劳动者为其成员,劳动者在用人单位的管理下,为用人单位提供有报酬的劳动而产生的权利义务关系。从广义上讲,生活在城市和农村的任何劳动者与任何性质的用人单位之间因从事劳动而结成的社会关系都属于劳动关系的范畴。从狭义上讲,现实经济生活中的劳动关系是指依照国家劳动法律法规规范的劳动法律关系,即双方当事人是被一定的劳动法律规范所规定和确认的权利和义务联系在一起的。其权利和义务的实现,由国家强制力来保障。劳动法律关系的一方(劳动者)必须加入某一个用人单位,成为该单位的一员,并参加单位的生产劳动,遵守单位内部的劳动规则;而另一方(用人单位)则必须按照劳动者的劳动数量或质量给付报酬,提供良好的安全生产、工作条件,确保劳动者的财产和生命安全,并不断改进劳动者的物质文化生活。

由于文化背景、国家法律制度、价值观等方面的差异,在不同的国家和地区,劳动关系又称为劳资关系、雇佣关系、劳工关系或劳资关系。

二、劳动关系特点

从早期工业化到当今的信息化时代,劳动关系有一个变化发展的过程,总体上是朝更加规范化、制度化、科学化和人性化的方向发展。其基本特点有以下几个方面。

1. 劳动关系是一种劳动力与生产资料的结合关系

从劳动关系的主体上说,当事人一方固定为劳动力所有者和支出者,称为劳动者;另一方固定为生产资料所有者和劳动力使用者,称用人单位(或雇主)。劳动关系的本质是强调劳动者将其所有的劳动力与用人单位的生产资料相结合。这种结合关系从用人单位的角度观察就是对劳动力的使用,将劳动者提供的劳动力作为一种生产要素纳入其生产过程。在劳动关系中,劳动力始终作为一种生产要素而存在,而非产品。这是劳动关系区别于劳务关系的本质特征,后者中劳动者所有的劳动力往往是作为一种劳务产品而输出,体现的是一种买卖关系或者加工承揽关系等。

2. 劳动关系是具有显著从属性的劳动组织关系

劳动关系一旦形成,劳动关系的一方——劳动者,要成为另一方——所在用人单位的成员。所以,虽然双方的劳动关系是建立在平等自愿、协商一致的基础上,但劳动关系建立后,双方在职责上则具有了从属关系。用人单位作为劳动力使用者,要安排劳动者在组织内和生产资料结合;而劳动者则要通过运用自身的劳动能力,完成用人单位交给的各项生产任务,并遵守单位内部的规章制度。这种从属性的劳动组织关系具有很强的隶属性质,即成为一种以隶属主体间的指挥和服从为特征的管理关系。而劳务关系的当事人双方之间无组织从属性。

3. 劳动关系是人身关系,也是财产关系

由于劳动力的存在和支出与劳动者人身不可分离,劳动者向用人单位提供劳动力,实际上就是劳动者将其人身在一定限度内交给用人单位。因而劳动关系究其本质意义上可以说是一种人身关系。但是,由于劳动者是以让渡劳动力使用权来换取生活资料的,所以用人单位要向劳动者支付工资等物质待遇。就此意义而言,劳动关系同时又是一种以劳动力交易为内容的财产关系。

三、劳动关系的主体资格

从狭义上看,劳动关系的主体包括两方,一方是员工及以工会为主要形式的员工团体,另一方是雇主以及雇主组织。不同的主体在劳动关系中均有相应的角色和作用。

1. 工会在劳动关系管理中的角色

世界各国的法律法规对于工会的定义都存在一定的差异。一般来说,在市场经济社会中,工会组织因劳动关系冲突而产生,以维护会员利益为首要职能,以集体谈判为基本手段。工会是市场经济条件下,雇员为改善劳动和生活条件而在特定工作场所自主设立的组织。工会的作用是代表、维护工会成员的法定利益,例如代表工会成员参加谈判,向政府反映有关情况,争取会员的利益;监督职工代表大会、调解个别维权案件等,依法维护劳动者的合法权益,维持和谐、稳定的劳动关系。

2. 雇主及雇主组织在劳动关系管理中的角色

雇主是相对于雇员而言的,其基本特征为雇佣他人为其劳动,雇主可以是自然人,也可以是法人。但在具体劳动关系实践中,雇主必须由自然人来充任或者代表。凡是劳动关系中代表资方或者管理方处理有关劳资事务的人,均可称为雇主。所以,雇主可以包括企事业业主、企事业的经营者和管理者以及代表企事业业主处理劳资事务的其他人。

雇主组织最常见的是雇主协会,是由雇主组成的、旨在维护用人单位权益的组织。雇主协会一般以行业或者贸易组织为纽带组成,它并不直接介入劳动者和用人单位的劳动关系,而是间接地影响劳动者和用人单位之间的关系。它可以同工会或者工会代表进行集体谈判,可以为其成员提供法律支持,可以为用人单位提供咨询和指导,促使劳动者和用人单位及时解决劳动纠纷。

3. 政府在劳动关系管理中的角色

政府在劳动关系中担负多种责任,在其中扮演了多种"角色",主要有立法者、市场规制者、协调者、公共部门的雇主等。其在劳动关系运行过程中的作用主要包括:制定劳动政策;建立和完善劳动力市场;维持和提高劳动条件;协调劳动关系。但是目前对于是否应该把政府作为雇主,中国政府是否具有雇主身份这一问题的界定存在较大分歧。

  问题思考

中国企业的工会、职代会有什么作用?其地位如何?

  案例思考

如何判定劳务派遣协议中涉及的劳动关系主体?

2007年7月1日,安青青与NEK公司签订劳动合同,合同期限为2008年7月1日至2010年6月30日。2007年7月1日,NEK公司与新天地公司签订劳务派遣协议,将安青青派往新天地公司工作,协议期限为1年。安青青在新天地公司担任司机职务,新天地公司收取安青青抵押金3500元。劳务派遣协议期满后新天地公司一直按协议向NEK公司支付劳务费。安青青在新天地公司工作到2008年10月。

2008年10月20日安青青到区仲裁委申诉,要求新天地公司、NEK公司为其补缴2007年6月至2008年10月的社会保险,返还抵押返金3500元。被告新天地公司辩称:安青青与NEK公司存在劳动关系,安青青的诉求于我公司无关。NEK公司辩称:从劳务派遣这种特殊用工形式来说,谁给员工带来损失就由谁承担责任,社会保险费用由用工单位承担,社会保险没有上齐,是用工单位没出这笔费用,因此就应当由用工单位承担赔偿责任。

用人单位在录用劳动者时,不得要求劳动者提供担保或者以其他名义向劳动者收取财物,新天地公司收取安青青押金3500元,应当予以返还。劳务派遣单位是劳动关系的用人单位,NEK公司是劳务派遣单位,是劳动关系的用人单位,负有为劳动者缴纳社会保险的义务。最终区仲裁委裁决:①新天地公司退还安青青抵押金3500元;②NEK公司支付安青青2007年7月至2008年10月期间的养老保险赔偿金2392元。

(资料来源:刘彦青,《常见劳动合同纠纷法官解答》,中国法制出版社2010年版)

问题:

应该哪家公司对安青青负责?

分析:

劳务派遣涉及三方主体:一方是劳务派遣单位,是劳动关系的用人单位,承担用人单位的权利义务;一方是被派遣单位,是实际的用工单位;最后一方是劳动者。劳动者与劳务派遣单位构成劳动关系,劳务派遣单位与被派遣单位构成劳务关系。用人单位的义务应当由劳务派遣单位承担。

 案例思考

家庭与家政服务人员之间的纠纷

贾女士是中年的农村妇女,2005年10月,她来城市找工作,经亲戚介绍,认识了在外贸公司工作的张先生卫女士夫妇。张先生卫女士夫妇感觉贾女士人比较老实,也很能干活,就雇请贾女士做保姆,双方约定每月工资1000元。至2009年12月贾女士离开张先生卫女士夫妇家,停止家政服务时,张先生卫女士夫妇先后共拖欠贾女士劳务工资8270元,直至2013年1月,该欠款仍未给付。2013年3月4日,贾女士向法院起诉张先生卫女士夫妇,要求付清欠款,张先生卫女士夫妇以贾女士工作没有做好为由,拒绝付款。

法院经审理,在认清事实的基础上认为,两被告雇请原告到其家做保姆,提供家政服务,理应给付工资,两被告拖欠不给,违反了双方所签的劳务合同。原告诉请要求两被告支付所欠工资款合法有据,法院予以支持。

问题:

贾女士与张先生卫女士夫妇之间建立了劳动关系吗?法院的仲裁正确吗?

分析:

贾女士与张先生卫女士夫妇双方的劳动关系是建立在平等自愿、协商一致的基础上的。劳动关系建立后,双方就要按照约定履行各自的职责。贾女士离开张先生卫女士夫妇家,停止家政服务时,张先生卫女士夫妇先后共拖欠贾女士劳务工资8270元,违反了双方所签的劳务合同。如果张先生卫女士夫妇认为贾女士工作没有做好,就应该在当时向贾女士提出,并要求改进工作,也可以向有关劳动管理机构反映,而不是等贾女士完成了工作离开后,向法院起诉时才提出"贾女士工作没有做好"。

第三节 劳动合同的内容

劳动合同是劳动者与用工单位之间确立劳动关系,明确双方权利和义务的协议。它是以契约形式对劳动关系双方的权利和义务进行的界定,也可称为劳动契约、劳动协议、雇佣合同、雇佣契约。

一般在下面的几种情形下,用人单位与劳动者可以签订以完成一定工作任务为期限的劳动合同:第一,以完成单项工作任务为期限的劳动合同;第二,以项目承包方式完成承包任务的劳动合同;第三,因季节原因临时用工的劳动合同;第四,双方约定的以完成其他一定工作任务为期限的劳动合同。

一、劳动合同的法定内容

劳动合同的法定内容是劳动法律法规规定双方当事人签订劳动合同时必须包括的内容。缺少这些内容,劳动合同不能履行或者难以履行。我国《劳动合同法》规定,劳动合同的内容包括以下几个方面。

1. 用人单位的名称、住所和法定代表人或者主要负责人

用人单位必须是依法注册、登记的,具有具体的名称、经营场所和法定代表人或者主要负责人,这是劳动合同条款中必须明确的。

2. 劳动者的姓名、住址和居民身份证号码或者其他有效身份证件号码

该内容用以确认劳动合同的另一方当事人。劳动者的姓名以户籍登记,即身份证姓名为准;劳动者住所,以户籍所在地为准,经常住所与地域住所不一致的,以经常居住地为劳动者住所。

3. 劳动合同期限

劳动合同期限是指劳动合同有效的期限,即劳动合同双方当事人在订立劳动合同时必须明确约定的合同起始和终止的时间。它既是劳动合同法律制度的外在形式,又是劳动合同制度发挥作用的内在条件。科学地制定劳动合同期限,是劳动合同的主要内容之一。

4. 工作内容和工作地点

工作内容主要是指劳动者在劳动合同有效期内所从事的工作岗位(工种)、在生产或工作岗位应当完成工作的数量和质量、应当完成的工作任务,它是劳动合同应当明确的核心问题之一。工作地点是指劳动者工作的城市、地址等,也是劳动合同必须明确约定的内容。

5. 工作时间和休息休假

工作的时间不仅包括劳动者完成工作任务的时间,而且也包括劳动者从事生产或工作所必需的准备和结束的时间,从事连续性有害健康工作的间歇时间、工艺中断时间、女员工哺乳未满周岁婴儿的哺乳时间,以及因公外出等法律规定限度内消耗的其他时间。工作时间可以以小时、日、周、季和年来计算,是用人单位必须按规定支付劳动者报酬的重要依据。标准工作日是国家统一规定的,通常是劳动者从事工作或劳动的时间,我国的标准工作日为每天工作 8 小时,标准工作日是确定其他工作日种类的依据。

6. 劳动报酬

劳动报酬是指用人单位依据劳动法律、行政法规以及劳动合同的约定支付给劳动者的工资、奖金和津贴。

7. 社会保险

社会保险是指用人单位应当依据劳动法律、行政法规以及劳动合同的约定为劳动者办理参加社会保险的手续。我国《劳动合同法》将社会保险规定为劳动合同的法定条款，可以有效保护劳动者权益，防止用人单位为了节约劳动成本而规避政府法律法规的监督。

8. 劳动保护、劳动条件和职业危害防护

劳动保护、劳动条件和职业危害防护的规定有助于促使用人单位为劳动者创造安全、卫生、舒适的劳动工作条件，有助于预防和消除劳动生产过程中可能发生的伤亡、职业病和急性职业中毒事故，以保障劳动者安全健康地参加社会生产劳动。

9. 法律、法规规定应当纳入劳动合同的其他事项

法律、法规规定应当纳入劳动合同的其他事项也是劳动合同中必须做出具体约定的法律条款。

二、劳动合同的期限

劳动合同期限是指劳动合同起始至终止之间的时间，或者说是劳动合同具有法律约束力的时段。它一般始于合同的生效之日，终于合同的终止之时。任何劳动过程，都是在一定的时间和空间中进行的。在现代化社会中，劳动时间被认为是衡量劳动效率和成果的一把尺子。劳动合同期限由用人单位和劳动者协商确定，是劳动合同的一项重要内容，有着十分重要的作用。劳动合同如果没有期限，双方当事人享有的权利和履行的义务则处于不确定状态，不利于维护各自的合法权益。

劳动合同的期限分为有固定期限、无固定期限和以完成一定的工作任务为期限的劳动合同。

1. 有固定期限劳动合同

有固定期限劳动合同是指有明确具体的起始日期和结束日期的劳动合同。

2. 无固定期限劳动合同

无固定期限劳动合同是指仅约定了起始日期，不约定终止日期的劳动合同。签订无固定期限劳动合同双方当事人可以约定劳动合同的终止条件，约定终止条件时不得将法定解除劳动合同条件作为终止条件约定，以防止用人单位规避解除劳动合同时支付劳动者经济补偿金等义务。符合下列情况之一的，除劳动者提出订立固定期限劳动合同的，用人单位要与劳动者签订无固定期限劳动合同：

（1）劳动者在该用人单位连续工作满十年的；

（2）用人单位初次实行劳动合同制度或国有企业改制重新订立劳动合同时，劳动者在该用人单位连续工作满十年且距法定退休年龄不足十年的；

（3）连续订立二次固定期限劳动合同；

（4）用人单位自用工之日起满一年不与劳动者订立书面劳动合同的，视为用人单位与劳动者已订立无固定期限劳动合同。

3．以完成一定工作任务为期限的劳动合同

以完成一定工作任务为期限的劳动合同,是指用人单位与劳动者约定以某项工作的完成为合同期限的劳动合同。

确定劳动合同期限,必须遵循劳动法的基本原则,即平等自愿、协商一致、合法的原则。

三、劳动合同的约定内容

《劳动法》第17条规定了劳动合同的法定形式是书面形式,其必备条款有七项。

1．劳动合同期限

法律规定合同期限分为三种:有固定期限,如1年期限、3年期限等,均属这一种;无固定期限,合同期限没有具体时间约定,只约定终止合同的条件,无特殊情况,这种期限的合同应存续到劳动者到达退休年龄止;以完成一定的工作任务为期限,例如:劳务公司外派一员工去另外一公司工作,两个公司签订了劳务合同,劳务公司与外派员工签订的劳动合同期限是以劳务合同的解除或终止而终止,这种合同期限就属于以完成一定工作任务为期限的种类。用人单位与劳动者在协商选择合同期限时,应根据双方的实际情况和需要来约定。

2．工作内容

在这一必备条款中,双方可以约定工作数量、质量,劳动者的工作岗位等内容。在约定工作岗位时可以约定较宽泛的岗位概念,也可以另外签一个短期的岗位协议作为劳动合同的附件,还可以约定在何种条件下可以变更岗位条款,等等。掌握这种订立劳动合同的技巧,可以避免工作岗位约定过死,因变更岗位条款协商不一致而发生争议。

3．劳动保护和劳动条件

双方可以订立工作时间和休息休假的规定,各项劳动安全与卫生的措施,对女员工和未成年员工的劳动保护措施与制度,以及用人单位为不同岗位劳动者提供的工作的必要条件,等等。

4．劳动报酬

此必备条款可以约定劳动者的标准工资、加班工资、奖金、津贴、补贴等的数额及支付时间、支付方式,等等。

5．劳动纪律

此条款应当将用人单位制定的规章制度约定进来,可采取将内部规章制度印制成册,作为合同附件的形式加以简要约定。

6．劳动合同终止的条件

这一必备条款一般是在无固定期限的劳动合同中约定,因这类合同没有终止的时限。但其他期限种类的合同也可以约定。须注意的是,双方当事人不得将法律规定的可以解除合同的条件约定为终止合同的条件,以避免出现用人单位应当在解除合同时支付经济补偿金而改为终止合同不予支付经济补偿金的情况。

7. 违反劳动合同的责任

实践中,一般可约定两种形式的违约责任,一是由于一方违约给对方造成经济损失,约定赔偿损失的方式;二是约定违约金,采用这种方式应当注意根据员工一方承受能力来约定具体金额,不要出现显失公平的情形。另外,这里讲的违约,或者称违反劳动合同,不是指一般性的违约,而是指违约程度比较严重,达到致使劳动合同无法继续履行的程度,如员工违约离职、单位违法解除劳动者合同等。

 案例思考

他该支付违约赔偿金吗?

申诉人:蒋某,男,26岁,某私营鞋厂工人。

被诉人:某私营鞋厂。

法定代表人:胡某,某私营鞋厂厂长。

1994年10月27日,蒋某与被诉人签订一份劳动合同,合同规定:乙方(蒋某)每天工作14小时,每小时工资1元;工作期间乙方因病、因工或非因工负伤均自行承担,公司不负责;合同期5年,乙方每提前一年解除劳动合同,均要支付5000元/月违约赔偿金。另外,蒋某系临时性合同工,正式合同工待遇是每日工作10小时,每小时工资1.4元。公司加班从不征求工人意见,该公司亦未组建工会组织。

1995年8月27日,申诉人蒋某以用人单位劳动条件恶劣和工资太低为由要求终止双方劳动合同。被诉人拒不同意,以要求蒋某支付2万余元违约金阻拦。蒋某不服,向当地劳动争议仲裁委员会申诉。

仲裁庭依法作出如下裁决:①双方签订的劳动合同无效;②补付工资及加班工资3360元;③被诉人要求予以驳回。

(资料来源:中国人力资源开发网)

问题:

蒋某与胡某签订一份劳动合同合法吗?蒋某可以终止劳动合同吗?

分析:

劳动者享有休息权利和劳动保险福利待遇,是我国一项基本劳动法律制度。《劳动法》第36条规定国家实行劳动者每日工作时间不超过8小时,平均每周工作时间不超过44小时的工作制度;第70条规定的劳动者有在年老、患病、工伤、失业、生育等情况有获得帮助和补偿的权利;第18条规定,违反法律、行政法规的劳动合同应认定无效;第46条规定同工同酬原则;第44条规定延长工时,应支付不低于工资150%的工资。

 案例思考

下面是某公司(甲方)和员工张某(乙方)签订的劳动合同的内容:

1. 乙方的职务为内部网络维护工程师,主要负责公司内部网数据规划和建设;负责内部网络的安全和维护。

2. 乙方的正常工作时间为每日8小时。

3. 甲方根据工作需要要求乙方加班时,乙方除不可抗拒的原因外,应予配合。

4. 乙方需要遵守《员工手册》中规定的各项劳动纪律。

5. 甲方应按月支付乙方报酬,乙方的工资待遇为2000元/月。

6. 本合同一式两份,甲、乙双方各执一份,经双方签章后于2003年8月1日起生效。

7. 本合同为长期合同,甲、乙双方若不特别说明,本合同持续有效。

8. 甲、乙双方在履行本合同的过程中发生争议,同意以劳动局为第一审理机关。

(资料来源:王丽静,《人力资源管理实务》,中国轻工业出版社2009年版)

问题:

请指出以上条款中缺少哪些法定条款。

提示:

《劳动法》第19条规定了劳动合同的法定形式是书面形式,劳动合同应当具备以下条款:①劳动合同期限;②工作内容;③劳动保护和劳动条件;④劳动报酬;⑤劳动纪律;⑥劳动合同终止的条件;⑦违反劳动合同的责任。这是劳动合同中的必备条款,如果用人单位提供的劳动合同文本未载明,劳动者可请求劳动行政部门责令改正;给劳动者造成损害的,应当承担赔偿责任。除此之外,如用人单位希望考察劳动者是否符合录用条件,最好与劳动者约定试用期;如果用人单位计划为招录员工提供专业出资进行专业技术培训,最好与招录员工约定服务期或者其他补充条款;如果劳动者会接触到用人单位内部商业秘密,为了防止秘密外泄,最好通过签订保密协议的方式对商业秘密"加密";如果用人单位不希望劳动者离职后到与本单位生产或者经营同类产品、从事同类业务的有竞争关系的其他用人单位,或者自己开业生产或者经营同类产品、从事同类业务,则最好在劳动合同或其他协议中约定"竞业限制"条款。

四、劳动合同的订立和续订

1. 劳动合同订立的原则

我国《劳动法》第17条规定:订立和变更劳动合同,应当遵循平等自愿、协商一致的原则,不得违反法律、行政法规的规定。《劳动合同法》第3条第1款规定:订立劳动合同,应当遵循合法、公平、平等自愿、协商一致、诚实信用的原则。

劳动合同的订立,一般应该遵循一定的原则,主要有:

第一,合法性原则。劳动合同的形式和内容必须符合现行法律、法规的规定。凡与劳动合同相关的强行性法律规范和强制性劳动标准,都必须严格遵守。

第二,公平性原则。它是指劳动合同的内容应当公平、合理。

第三,平等性原则。劳动者和用人单位在订立劳动合同时在法律地位上是平等的,没有高低、从属之分,不存在命令和服从、管理和被管理的关系。用人单位不能滥用经济上的优势地位,迫使劳动者订立不公平的合同。

第四,自愿原则。劳动合同的订立,应完全出自双方当事人的自由意愿,任何一方都不得把自己的意志强加给对方,除合同管理机关依法监督外,任何第三人都不得干涉合同的订立。

第五,协商一致原则。劳动合同双方当事人在法律规定的范围内,共同商讨劳动合同的各项条款,经过反复磋商,取得完全一致的意思表示。协商一致原则建立在平等原则和自愿原则的基础上。只有在完全达成一致意见的基础上签订劳动合同,才是真正贯彻了协商一致的原则。

第六,诚实信用原则。诚信是民法的基本原则之一,其功能与价值不仅适用于民事领域,实践证明在劳动合同领域中,诚实信用原则也是不可或缺的一项基本原则。在劳动合同的订立过程中,诚实信用原则主要体现在双方当事人的告知义务上,要求合同双方诚实守信地订立劳动合同,相互告知与订立和履行劳动合同相关的各种情况,不得欺诈隐瞒。

2. 劳动合同订立的程序

《劳动法》和《劳动合同法》都规定,建立劳动关系应当订立劳动合同。劳动合同订立的程序是指用人单位和劳动者在订立劳动合同时,必须遵循的方式和步骤,一般包括以下四个阶段:

第一,要约和拟订劳动合同草案。要约,是指订立劳动合同的提议,是指作为用人单位或劳动者的一方当事人,向另一方当事人提出订立劳动合同的意思表示。劳动合同的要约通常由用人单位发出,但在某些情形下劳动者也可以成为要约人,如自荐行为。要约人提出的要约,除了表达自己订立劳动合同的意愿外,还要依照法律、法规的规定,明确、具体、清楚地提出订立劳动合同的条件,然后由双方或者一方拟订劳动合同草案。

第二,协商劳动合同内容和承诺。签订劳动合同书要在双方介绍各自的实际情况的基础上就劳动合同内容进行协商。劳动者或用人单位接受对方当事人的要约提议,并对要约中劳动合同的内容表示完全接受,就可以订立劳动合同。订立劳动合同的过程,可能是一次达成一致的意见,也可能是经过反复多次要约、承诺的过程,最终才达成协议。协商和承诺是订立劳动合同过程中最重要的决定性步骤。

第三,签约。签约是用人单位与劳动者就劳动合同的内容达成一致,订立劳动合同。签约是订立劳动合同的最后一道程序。用人单位与劳动者双方当事人必须对合同文件作最后审阅,确认无误后,在合同书上签名或盖章。

第四,鉴证。在双方签字盖章之后,劳动合同的签订还没有结束,需要对合同进行鉴证。按照国家规定或当事人要求而需要鉴证的劳动合同,应当将合同文本送交合同签订地或履行地的合同鉴证机关即劳动行政部门,由鉴证机关进行审查,确定合同的合法性。合同在鉴证后才会生效。

3. 劳动合同的续订

劳动合同的续订,是指合同当事人双方依法经过平等协商达成协议,使原订的即将期满的劳动合同延长有效期限的法律行为。

在续订劳动合同时,提出续延劳动合同的一方应在合同到期前30天书面通知对方;

用人单位在续订的劳动合同中不得约定试用期;在同一单位工作满10年,双方同意续延劳动合同的,用人单位根据劳动者提出的要求,签订无固定期限的劳动合同;有固定期限的劳动合同期限届满,既未终止又未续订,劳动者和用人单位仍存在劳动关系的,视为续延劳动合同;当事人就续延劳动合同的期限达不成一致意见的,其期限从签字之日起不得少于1年,或按原条件履行。

 案例思考

谁来承担劳动合同的法律义务

原告:杨某(劳动者)

被告:B公司(用工单位)

被告:C公司(劳务派遣单位)

2006年6月C公司(甲方)与B公司(乙方)签订劳务派遣(输出)协议书,协议书约定:第一条,甲方派遣员工到乙方工作,劳务合作时间自2006年7月1日至2007年6月30日;第二条,输出人员数量根据乙方实际需要而定……第6条第3款,乙方受甲方之托代为甲方派出员工发放工资。同年6月27日,C公司与杨某签订了劳动合同书,劳动合同期限约定自2006年7月1日至2007年6月30日止;2007年6月22日C公司与杨某又续签了劳动合同书,续签合同的生效日期为2007年7月1日至2008年6月30日止。C公司与杨某在劳动合同中未约定劳动报酬,只约定享有最低工资保障。杨某在B公司工作期间的工资由B公司代C公司支付,B公司按计件向杨某支付工资。

2008年2月杨某未再上班,B公司也未向杨某支付工资。2008年6月30日杨某的劳动合同到期后,C公司也未与杨某续订劳动合同。杨某诉至法院要求C公司支付解除劳动合同的经济补偿金,B公司承担连带责任。B公司辩称其与杨某不存在劳动关系,不同意原告的诉讼请求,C公司主张与杨某签订劳动合同是B公司的委托,杨某不是我公司招聘的人员,并要求B公司向杨某支付经济补偿。

(资料来源:刘彦青,《常见劳动合同纠纷法官解答》,中国法制出版社2010年版)

问题:

应该是B公司(用工单位)还是C公司(劳务派遣单位)对劳动者杨某负责?

分析:

依据《劳动合同法》,劳动合同期满,用人单位终止劳动合同的,除用人单位在维持或者提高劳动合同约定条件续订劳动合同,劳动者不同意续订的情形下,用人单位应当向劳动者支付经济补偿。经济补偿按劳动者在本单位工作的年限,每满1年支付1个月工资的标准向劳动者支付;6个月以上不满1年的,按1年计算。劳务派遣单位应当履行用人单位对劳动者的义务。本案中C公司作为劳务派遣单位与杨某个人签订了劳动合同书,在该劳动合同期满后,没有出现C公司在维持或者提高劳动合同约定条件续订劳动合同,杨某不同意续订的情形,故C公司应当向杨某支付经济补偿。经济补偿的数额按杨某与C公司第一次签订劳动合同期限起算。故C公司应向杨某支付劳动合同终止前以12个月平均性工资收入为标准的2个月经济补偿。

劳务派遣单位应当履行用人单位对劳动者的义务，实际用工单位并不是劳动关系的用人单位，因此，涉及劳动者社会保险的缴纳义务、支付加班费、支付经济补偿金的义务都由劳务派遣公司承担。

第四节 劳动合同的变更

劳动合同的变更是指劳动合同依法订立后，在合同尚未履行或者尚未履行完毕之前，经双方协商一致，对合同条款进行的修改、补充或者删减的法律行为，具体包括工作内容、工作地点、工资福利的变更等。劳动合同的变更实质是合同订立双方的权利和义务发生改变。

一、劳动合同变更的条件

1. 具有正当理由

正当理由是指出于工作或生产的需要而出现的某种情况的变化，或者法律规定或劳动合同约定的情况已经发生，致使劳动合同中一些条款的继续履行成为不可能或者不必要。如用人单位转产、调整、改变生产任务，严重亏损或发生自然灾害，确实无法履行劳动合同规定的义务。

2. 劳动合同双方当事人协商一致

经劳动合同双方当事人协商达成一致，是劳动合同变更的前提条件。我国《劳动合同法》规定，劳动合同订立时所依据的客观情况发生重大变化，致使劳动合同无法履行的，应当优先选择协商变更劳动合同，未能就变更劳动合同达成协议的，才可以预告辞退。

3. 订立劳动合同所依据的法律法规发生变化

劳动者和用人单位订立劳动合同所依据的法律法规发生变化，需要通过变更劳动合同来实现劳动关系的存续。

变更劳动合同需要注意，变更劳动合同必须在劳动合同有效期内进行；必须遵循劳动合同变更的法定程序；遵循平等自愿、协商一致的原则；不得违反法律、行政法规规定的变更原则；只限于对劳动合同中某些内容的变更，不能对劳动合同的当事人进行变更。

二、劳动合同变更的程序

劳动合同变更需要经过以下几个步骤。

1. 提议

变更劳动合同的一方在规定的时间内，以书面的形式，提前向对方当事人提出变更的建议，并说明需要变更劳动合同的理由、条件和条款。对方当事人接到变更提议后，劳动合同变更进入协商阶段。

2. 协商

劳动合同的一方当事人同意另一方提出的变更劳动合同的建议,双方就可以签订新的协议;如果变更建议不能或者不能全部被对方当事人接受,双方需要继续协商。在协商过程中如果发生劳动争议,任何一方当事人都可以申请劳动争议仲裁。

3. 订立书面协议

合同双方均同意变更劳动合同的,应当就变更的内容签订书面协议,并签名、盖章,由此完成变更劳动合同,协议发生法律效力。

4. 分执劳动合同文本

变更后的劳动合同文本应当由劳动者和用人单位各持一份。

5. 签订或者备案

凡是在订立时经过鉴定或者备案的劳动合同,其变更后也需要到劳动行政主管部门办理签证或者备案手续。

需要注意的是,劳动合同变更后,合同双方当事人的权利义务从变更之日起就发生法律效力。如果劳动合同变更前和变更后的劳动条件、劳动标准和劳动数量等存在着比较大的差异,应当在日后发放的工资、奖金、津贴、福利待遇等方面予以体现。

案例思考

由于公司股权风波及其他种种原因,HKH 公司在被天马盛达公司收购的时候,终止聘用年龄在 45 岁以上的老员工。一个月后,天马盛达公司成立了销售、研发和市场营销部门,聘用了 15 名小于 45 岁年龄的员工。半年后,HKH 公司又把公司买了回来,并保留了销售、研发和营销部门,却没有聘用任何一个此前因企业兼并而被解雇的老员工。这些老员工向劳动仲裁部门提出申诉,劳动仲裁部门调查时 HKH 公司坚持认为这完全是出于商业利益考虑。

(资料来源:王丽静,《人力资源管理实务》,中国轻工业出版社 2009 年版)

问题:

1. HKH 公司的意见合理吗?如不合理,应如何驳斥 HKH 公司的看法?

2. 劳动仲裁部门对此问题会作何判决?在何种情况下,可能对老员工有利?何种情况下,可能对 HKH 公司有利?

分析:

变更劳动合同需要注意以下问题:变更劳动合同必须在劳动合同有效期内进行;必须遵循劳动合同变更的法定程序;遵循平等自愿、协商一致的原则;不得违反法律、行政法规规定的变更原则;依照《劳动合同法》第 41 条的规定,用人单位裁员后,在 6 个月内重新招用人员,应当通知被裁减人员,并在同等条件下优先招用被裁减的人员。

第五节 劳动合同解除与终止

一、劳动合同的解除

1. 当事人双方协商解除劳动合同

《劳动合同法》第36条规定:用人单位与劳动者协商一致,可以解除劳动合同。如果双方当事人不愿意继续保持这种劳动关系,共同提出解除劳动关系,或是一方不愿意保持这种关系,另一方同意,双方协商一致,则可以解除劳动关系。协商解除是劳动合同自由原则的体现,是双方当事人理性选择的结果,因此双方对其产生的后果是可以预见的。在协商解除劳动合同的过程中,一定要遵循自愿原则,一方不得有利诱、胁迫另一方的违法行为。只有在平等自愿、协商一致的基础上,劳动合同才可以顺利解除,否则就会引发劳动争议。

2. 用人单位单方解除劳动合同

1) 过失性解除

根据《劳动合同法》第39条规定,劳动者有如下情形之一的,用人单位可以解除劳动合同:

(1) 在试用期间被证明不符合录用条件的;

(2) 严重违反用人单位规章制度的;

(3) 严重失职,营私舞弊,给用人单位利益造成重大损害的;

(4) 劳动者与其他用人单位建立劳动关系,对完成本单位的工作任务造成严重影响,或者经用人单位提出,拒不改正的;

(5) 因本法第26条第1款第1项(以欺诈、胁迫的手段或者乘人之危,使对方在违背真实意愿的情况下订立或者变更劳动合同的)规定的情形致使劳动合同无效的;

(6) 被依法追究刑事责任的。

上述情形的共同点是,劳动者主观上均有严重过失,因此,用人单位有权随时解除合同。用人单位在这种情形下解除劳动合同,无须提前30天通知,且不受用人单位不得解除劳动合同的法律限制,无须支付经济补偿金。

2) 非过失性解除

非过失性解除是员工本身并无主观过失,而是基于某些外部环境或者劳动者自身的客观原因,企业可以单方面解除劳动合同。

根据《劳动合同法》第40条规定,有下列情形之一的,用人单位提前30日以书面形式通知劳动者本人或者额外支付劳动者一个月工资后,可以解除劳动合同:

(1) 劳动者患病或者非因工负伤,医疗期满后,不能从事原工作也不能从事由用人单位另行安排的工作的;

(2) 劳动者不能胜任工作,经过培训或者调整工作岗位,仍不能胜任的;

(3) 劳动合同订立时所依据的客观情况发生重大变化,致使原劳动合同无法履行,经当事人协商不能就变更合同达成协议的。

3) 经济原因裁员

经济原因裁员,是用人单位由于生产经营状况发生变化而出现劳动力过剩,通过一次性辞退部分劳动者,以改善生产经营状况的一种手段。经济原因裁员是用人单位用人自主权的体现,但是大规模裁减人员,不但损害劳动者的合法权益,也会给社会稳定带来不利的影响。因此,《劳动合同法》对裁员的法定许可条件、裁员的禁止条件、裁员程序性条件及被裁人员的经济补偿等方面作出了规定:

(1) 裁员的法定许可性条件。

① 用人单位是属于濒临破产进行法定整顿期间,需要裁减人员的。依照《企业破产法》,企业因经营管理不善造成严重亏损,不能清偿到期债务的,可以依法宣告破产。对濒临破产的企业,允许一定阶段的整顿期。这些企业裁减人员的,可以解除劳动合同。

② 用人单位因生产经营状况发生严重困难,确需裁减人员的。用人单位生产经营发生严重困难是随时都会出现的,在市场经济条件下,企业只能依靠自身力量克服上述困难,这就必然涉及裁员问题,因此裁减人员对用人单位来说势在必行。

③ 企业转产、重大技术革新或者经营方式调整,经变更劳动合同后,仍需裁减人员的。

④ 其他因劳动合同订立时所依据的客观经济情况发生重大变化,致使劳动合同无法履行的。

(2) 裁员的禁止性条件。

用人单位裁员时不得裁减以下人员:

① 患职业病或者因工负伤并被确认丧失或部分丧失劳动能力的;

② 患病或者负伤,在规定的医疗期内的;

③ 女职工在孕期、产期、哺乳期内的;

④ 法律、行政法规规定的其他情形。

(3) 裁员的程序性条件。

① 提前30日向工会或者全体员工说明情况,并提供有关生产经营状况的资料;裁减人员既非员工的过错也非员工本身的原因,且裁员总会在某种程度上给员工造成生活等方面的副作用,为此,裁员前应听取工会或员工的意见。

② 提出裁减人员方案,内容包括:被裁减人员名单、裁减时间及实施步骤,符合法律、行政法规规定和集体合同约定的被裁减人员的经济补偿办法。

③ 将裁减人员方案征求工会或者全体员工的意见,并对方案进行修改和完善。

④ 向当地劳动保障行政部门报告裁减人员方案,并听取劳动保障行政部门的意见。

⑤ 由用人单位正式公布裁减人员方案,与被裁减人员办理解除劳动合同手续,按照有关规定向被裁减人员本人支付经济补偿金,并出具裁减人员证明书。

(4) 被裁减人员的经济补偿。

经济补偿金的计算标准应按被裁员工之前12个月的平均工资性收入计算。这里的工资性收入,包括基本工资、奖金、津贴等,而非单指基本工资。如果前12个月平均工资收入低于本市职工最低工资的,按本市职工最低工资标准计算。补偿的期限是根据劳动者在本单位工作年限而定的,每满1年,就有本人1个月工资收入的经济补偿。满6个月不满1年的按1年计算。

劳动者月工资高于用人单位所在直辖市、设区的市级人民政府公布的本地区上年度职工月平均工资3倍的,向其支付经济补偿的标准按职工月平均工资3倍的数额支付,向其支付经济补偿的年限最高为12年,不得超过12年。

3. 劳动者单方解除劳动合同

为了保护劳动者权益,约束用人单位的行为,各国政府对劳动者解除劳动合同的情形作出了比较明确的规定。劳动者解除劳动合同分为预告解除和即时解除两种。

1) 劳动者预告解除劳动合同

劳动者预告解除是指劳动者提出解除劳动合同必须提前告知用人单位。例如,《劳动法》《劳动合同法》均规定,劳动者提前30日以书面形式通知用人单位,可以解除劳动合同。劳动者预告解除劳动合同,用人单位不需要支付经济补偿金。

2) 劳动者即时解除劳动合同

劳动者即时解除劳动合同是指劳动者无须向用人单位预告就可以解除劳动合同。我国《劳动法》规定,用人单位有下列情形之一的,劳动者可以随时通知用人单位解除劳动合同:

(1) 在试用期内;

(2) 用人单位以暴力、威胁或者非法限制人身自由的手段强迫劳动的;

(3) 用人单位未按照劳动合同约定支付劳动报酬或者提供劳动条件的。

3) 劳动者根据用人单位履行义务情况,可以随时通知用人单位解除劳动合同的情形

《劳动合同法》规定,用人单位有下列情形之一的,劳动者可以随时通知用人单位解除劳动合同:

(1) 未按照劳动合同的约定提供劳动保护或者劳动条件的;

(2) 未及时、足额支付劳动报酬的;

(3) 未依法为劳动者交纳社会保险费的;

(4) 用人单位的规章制度违反法律法规的规定,损害劳动者权益的;

(5) 因以欺诈、胁迫的手段或者乘人之危,使劳动者在违背真实意思的情况下订立或者变更劳动合同,致使劳动合同无效的;

(6) 法律、行政法规规定的劳动者可以解除劳动合同的其他情形。

二、劳动合同的终止

劳动合同终止是指劳动合同双方当事人权利义务的消失,是劳动关系运行的终结。

1. 我国法律对劳动合同终止的规定

1) 劳动合同终止的情形

《劳动法》对劳动合同的终止只规定了两种情形,即劳动合同期满和当事人约定的终止条件的出现,而对其他合同终止的情形则没有规定。

(1) 劳动合同期限届满或者当事人约定的终止条件出现。

我国《劳动法》规定,定期的劳动合同在合同约定的期限届满后,除非双方是依法续订或依法延期,否则合同即行终止;企业劳动合同或集体合同对企业劳动合同约定的终止条件出现以后,企业劳动合同就此终止。

(2)劳动合同主体消失或者丧失一定的资格。

劳动者一方死亡,合同即行终止;劳动者因达到退休年龄或丧失劳动能力而办理离退休手续后,合同即行终止;雇主一方死亡,合同可以终止,也可以因继承人的继承或转让第三方而使合同继续存在,这要依实际情况而定;企业因依法宣告破产、解散、关闭或兼并后,原有企业不复存在,其合同也告终止。

2) 劳动合同终止的经济补偿金

我国劳动合同终止与劳动合同解除的最重要的区别是终止劳动合同,用人单位一般不承担支付经济补偿金的义务。但出现以下情形时应支付经济补偿金:

(1)劳动合同法期满时,用人单位以低于原劳动合同约定的条件要求与劳动者续订劳动合同,而劳动者不愿意续订的,用人单位应当支付经济补偿金。

(2)用人单位被依法宣告破产,终止合同的,用人单位应当支付经济补偿金。

(3)用人单位被吊销营业执照、责令关闭、撤销或者用人单位决定提前解散,终止合同的,用人单位应当支付经济补偿金。

(4)以完成一定工作任务为期限的劳动合同因任务完成而终止的,用人单位应当依法向劳动者支付经济补偿金。

《劳动合同法》第22条规定:用人单位为劳动者提供专项培训费用,对其进行专业技术培训的,可以与该劳动者订立协议,约定服务期。劳动者违反服务期约定的,应当按照约定向用人单位支付违约金。违约金的数额不得超过用人单位提供的培训费用。用人单位要求劳动者支付的违约金不得超过服务期尚未履行部分所应分摊的培训费用。用人单位与劳动者约定服务期的,不影响按照正常的工资调整机制提高劳动者在服务期期间的劳动报酬。

《劳动合同法》第47条的规定:经济补偿按劳动者在本单位工作的年限,每满1年支付1个月工资的标准向劳动者支付。6个月以上不满1年的,按1年计算;不满6个月的,向劳动者支付六个月工资的经济补偿。劳动者月工资高于用人单位所在直辖市、设区的市级人民政府公布的本地区上年度职工月平均工资三倍的,向其支付经济补偿的标准按职工月平均工资三倍的数额支付,向其支付经济补偿的年限不超过12年。本条所称月工资是指劳动者在劳动合同解除或者终止前12个月的平均工资。

(5)用人单位依法终止工伤职工的劳动合同,除依法支付经济补偿外,还应当按工伤保险的规定支付一次性工伤医疗补助金和伤残就业补助金。

《劳动合同法》第45条规定:劳动合同期满,有本法第42条规定情形之一的,劳动合同应当续延至相应的情形消失时终止。但是,本法第42条第2项规定丧失或者部分丧失劳动能力劳动者的劳动合同的终止,按照国家有关工伤保险的规定执行。

《劳动合同法》第42条规定:劳动者有下列情形之一的,用人单位不得依照本法第40条、第41条的规定解除劳动合同:

(一)从事接触职业病危害作业的劳动者未进行离岗前职业健康检查,或者疑似职业

病病人在诊断或者医学观察期间的;

(二)在本单位患职业病或者因工负伤并被确认丧失或者部分丧失劳动能力的;

(三)患病或者非因工负伤,在规定的医疗期内的;

(四)女职工在孕期、产期、哺乳期的;

(五)在本单位连续工作满15年,且距法定退休年龄不足5年的;

(六)法律、行政法规规定的其他情形。

(6)用人单位自用工之日起超过一个月不满一年未与劳动者订立书面劳动合同的经济补偿。

《劳动合同法》第82条规定:用人单位自用工之日起超过一个月不满一年未与劳动者订立书面劳动合同的,应当向劳动者每月支付两倍的工资。用人单位违反本法规定不与劳动者订立无固定期限劳动合同的,自应当订立无固定期限劳动合同之日起向劳动者每月支付两倍的工资。

(7)法律、行政法规规定的其他情形。

3) 终止的限制及对特定劳动者的补助

劳动者在医疗期、孕期、产期和哺乳期内,劳动合同期限届满时,用人单位不得终止劳动合同。劳动合同的期限应自动延续至医疗期、孕期、产期和哺乳期期满为止。同时,对于劳动者患病或者非因工负伤,合同期满终止劳动合同的,用人单位应当支付不低于6个月工资的医疗补助费;对患重病或绝症的,还应当适当增加医疗补助费。

4) 有固定期限的劳动合同终止的手续及终止的后果

《关于实行劳动合同制度若干问题的通知》第14条规定:有固定期限的劳动合同期满后,因用人单位方面的原因未办理终止或续订手续而形成事实劳动关系的,视为续订劳动合同。用人单位应及时与劳动者协商合同期限,办理续订手续。由此给劳动者造成损失的,该用人单位应当依法承担赔偿责任。

2. 现实中存在的问题

劳动合同的终止不支付经济补偿金,一定程度上不利于对劳动者权益保护和维护劳动关系的稳定,因此我国劳动立法应当对劳动合同终止制度,特别是终止时的经济补偿金制度进行重新审视,进而加以完善。

案例思考

2005年6月夏侯研究生毕业,与某天空化学公司签订了为期3年的劳动合同。合同期间,天空化学公司为了研制新项目派夏侯去欧洲培训半年,当时双方书面约定,夏侯培训期间合同中止履行,待培训结束后继续履行,合同期按培训时间顺延。2008年12月31日,按顺延时间劳动合同期满。天空化学公司提出要与夏侯续签合同,夏侯不同意。天空化学公司提出若不续签合同,夏侯就必须退还天空化学公司为其支付的培训费30000元,否则不办理终止合同手续。为此夏侯向当地劳动争议仲裁委员会提出申诉,请求该天空化学公司为其办理终止劳动合同的手续。仲裁委员会受理后,经调查夏侯与该天空化学公司所签劳动合同按协议已到期,夏侯不愿意续订劳动合同,要求终止劳动关系理由正当,应支持。经仲裁委员会调解,天空化学公司放弃了索要培训费的要求,为夏侯办理了终止劳动合同的手续。

问题:

天空化学公司的要求是否正确?企业的权益应如何保护?

分析:

《劳动法》对劳动合同的终止只规定了两种情形,即劳动合同期满和当事人约定的终止条件的出现,而对其他合同终止的情形则没有规定。用人单位与劳动者所签劳动合同按协议已到期,劳动者可以终止劳动关系。如果用人单位计划为招录员工提供专业出资进行专业技术培训,最好与招录员工约定服务期,或者其他补充条款。

第六节 劳动争议

劳动争议是现实中较为常见的纠纷。国家机关、企业事业单位、社会团体等用人单位与职工建立劳动关系后,一般都能相互合作,认真履行劳动合同。但由于各种原因,双方产生纠纷也是不可避免的事情。劳动争议的发生,不仅导致正常的劳动关系得不到维护,还会使劳动者的合法利益受到损害,不利于社会的稳定。因此,应当正确把握劳动争议的内涵,积极预防劳动争议的发生,掌握劳动争议处理途径和程序,积极预防劳动争议的发生,真正有效地解决劳动争议。

一、劳动争议的内涵

劳动争议,又称劳动纠纷或劳资纠纷,是指劳动关系双方当事人即用人单位与劳动者之间因实现劳动权利和履行劳动义务及其他相关利益产生分歧而引起的争议。

2007年底我国颁布的《劳动争议调解仲裁法》是处理劳动争议专门立法。

二、劳动争议的范围

劳动争议以劳动的权利和义务为标的。例如,《劳动争议调解仲裁法》规定,中华人民共和国境内的用人单位与劳动者发生的下列劳动争议,适用于本法:

① 涉及劳动合同的执行、变更和解除等问题而发生的争议;
② 涉及雇员的录用、调离、辞退等问题而引发的争议;
③ 劳动报酬争议,主要涉及工资、津贴、奖金及其支付方式而引发的争议;
④ 劳动保护争议;
⑤ 劳动保险争议,涉及员工工伤、医疗、养老保险等方面的问题;
⑥ 法律、法规规定的其他方面。

凡是劳动权利义务以外问题引起的争议,不属于劳动争议。例如最高人民法院《关于审理劳动争议案件适用法律若干问题的解释》规定,下列纠纷不属于劳动争议:第一,劳动者请求社会保险经办机构发放社会保险金的纠纷;第二,劳动者与用人单位因住房制度改革产生的公有住房转让纠纷;第三,劳动者对劳动能力鉴定委员会的伤残等级鉴定结论或者对职业病诊断鉴定委员会的职业病诊断结论的异议纠纷;第四,家庭或者个人与家政服务人员之间的纠纷;第五,个体木匠与帮工、学徒之间的纠纷;第六,农村承包经营户与受雇人之间的纠纷。

三、处理劳动争议的原则及程序

(一)处理劳动争议的原则

1. 公正合法原则

在处理劳动争议案件的过程中,劳动争议处理机构应当查明事实、分清是非,以事实为依据。在此基础上,依照法律法规、依照集体合同和劳动合同的约定,及时地处理劳动争议案件,保护当事人的合法权益。

同时,不论劳动者的民族、种族、性别、职业、社会出身、宗教信仰、教育程度、财产状况等,应当公平地对待当事人,法律面前一律平等,不能因人而异或者偏袒一方。

2. 着重调解原则

在劳动争议处理的过程中,劳动争议处理机构应当注重运用调解的方式解决劳动争议,不仅劳动争议调解机构应当注重协商、调解,促使当事人和解,而且仲裁机构在仲裁前、审判机构在判决前,对适合调解的劳动争议案件也应当先行调解。如果调解不成,再进入下一步的审理程序。

3. 及时处理原则

在劳动争议处理的过程中,劳动争议处理机构要按照国家法律法规规定的期限及时行使权力、履行职责,尽可能快速、高效率地处理和解决劳动争议,不能久拖不决。

(二)处理劳动争议的程序

1. 劳动争议协商

(1)协商应基于当事人双方完全自愿;

(2)相互信任和尊重是当事人双方共同解决劳资争议的必要条件;

(3)协商程序简单、灵活。

2. 劳动争议调解

1)劳动争议调解组织

我国《劳动争议调解仲裁法》规定,发生劳动争议,当事人可以到以下两种主要形式的调解组织申请调解:

一种是设在用人单位的劳资争议调解委员会。它是企业内部依法设立的、负责调解本单位劳动争议的组织,由员工代表和企业代表组成。员工代表由工会成员担任或者由全体员工推荐产生,企业代表由企业负责人指定。没有设立工会的企业,劳动争议调解委员会的设立及其组成由员工代表和企业代表共同协商决定。

另一种是在城镇和乡镇企业集中的地方设立的区域性劳资争议调解指导委员会。

2）劳动争议调解程序

（1）申请。

申请调解是指劳动争议的当事人以口头或书面的形式，向劳动争议调解委员会提出调解的请求。申请调解是启动劳动争议调解程序的必经步骤。我国法律法规并没有赋予劳动争议调解委员会强制调解权，因此，只有在双方当事人请求调解的情况下，才能启动劳动争议调解。

申请劳动争议调解的当事人还须特别注意劳动争议调解的时效。当事人应当自知道其权利被侵害之日起30日内，以书面或者口头的形式向劳动争议调解委员会提出申请，填写劳动争议调解申请书。超过劳动争议调解时效，劳动争议调解委员会不予调解。

（2）受理。

调解委员会自接到调解申请后，应当征询对方当事人的意见，对方当事人同意调解的，应予受理；对方当事人不愿意调解的，应做好笔录，并在3日内以书面的形式通知申请人。对不予受理的，应向申请人说明理由，调解委员会应在接到《劳动争议调解申请书》4日内作出受理或不受理的决定。对调解委员会无法决定是否受理的案件，由调解委员会主任决定是否受理。

（3）调查。

调解委员会对决定受理的案件，应及时指派调解员对争议事项进行全面调查核实，调查应做笔录，并由调查人签名或盖章。调查工作一般包括：第一，查清案件的基本事实：双方发生争议的原因、经过、焦点及有关的人和情况；第二，掌握与争议问题有关的劳动法律法规的规定和劳动合同的约定，分清双方当事人应承担的责任，拟定调解方案和调解意见。

（4）调解。

较复杂的案件，由调解委员会主任主持召开由争议双方当事人参加的调解会议（发生争议的员工一方在3人以上，并有共同申诉理由的，应当推举代表参加调解活动），有关单位和个人可以参加调解会议协助调解；简单的争议，可由调解委员会指定一至二名调解委员进行调解。

通常情况下，调解会议的议程是：第一，会议记录员向会议主持人报告到会人员情况；第二，会议主持人宣布会议开始，宣布申请调解的争议事项、会议纪律、当事人应持的态度；第三，听取双方当事人对争议的陈述和意见，进一步核准事实；第四，调查人员公布核实的情况和调解意见，征求双方当事人的意见；第五，依据事实和法律及劳动合同的约定促使双方当事人协商达成协议，不管是否达成协议都要记录在案，当事人核对后签字。

（5）制作调解协议书或调解意见书。

调解达成协议的，制作调解协议书，双方当事人应自觉履行协议。协议书应写明争议双方当事人的姓名（单位、法定代表人）、职务、争议事项、调解结果及其他应说明的事项，由调解委员会主任（简单争议由调解委员）以及双方当事人签名或盖章，并加盖调解委员会印章。调解协议书一式三份（争议双方当事人、调解委员会各一份）。调解不成的，应做好记录，并在调解意见书上说明情况。调解意见书要写明当事人的姓名（单位、法定代表）、年龄、性别、职务、争议的事实，调解不成的原因，调解委员会的意见，由调解委员会主任在调解意见书上签名、盖章,并加盖调解委员会印章。调解意见书一式三份(争议双方当事人、调解委员会各一份),及时送达当事人,告知当事人在规定的期限内向当地劳动争议仲裁委员会申请仲裁。

3. 劳动争议仲裁

劳动争议仲裁,是指劳动争议当事人自愿将劳动争议提交依法设立的专门劳动争议仲裁委员会,由其对双方的争议进行处理,根据国家法律法规对纠纷事实和当事人责任进行裁决,从而解决劳动争议。

4. 劳动争议诉讼

劳动争议诉讼是指劳动争议当事人不服劳动争议仲裁委员会的裁决,依法向人民法院起诉,由人民法院依据法律规定的诉讼原则和程序,审理、解决劳动争议案件的活动。

劳动争议诉讼一般由以下几个阶段组成。

1)起诉

劳动争议案件必须先经过劳动仲裁,没有经过劳动仲裁程序的案件,法院不予受理。当事人对劳动仲裁裁决不服的,必须在收到劳动争议仲裁委员会裁决书15日内及时起诉。

起诉必须符合下列条件:原告是与本案有直接利害关系的公民、法人和其他组织;有明确的被告;有具体的诉讼请求、理由和事实;属于人民法院受理民事诉讼的范围和受诉人民法院管辖。

起诉应当向人民法院递交起诉状,并按照被告人数提出副本。原告应预交案件受理费,如申请缓交、减交、免交的,要提出书面申请,并附有特困证明或其他材料等。当事人必须依法正确地行使诉讼权利,按法院的要求提供必要的诉讼材料。

2)受理

劳动争议诉讼的立案根据《劳动法》的规定,法院审理劳动争议案件的前提是必须有当事人起诉。而当事人提起劳动争议诉讼必须符合法定的条件,否则法院不予受理。依照《劳动法》第83条和《民事诉讼法》的有关规定起诉条件有:

(1)起诉人必须是劳动争议的当事人。当事人因故不能亲自起诉的可以委托代理人代替起诉,其他人未经委托授权的无权起诉。

(2)必须是不服劳动争议仲裁委员会裁决而向法院起诉,不能未经仲裁程序直接向法院起诉。

(3)必须有明确的被告、具体的诉讼请求和实施依据。不得将仲裁委员会作为被告向法院起诉。

(4)起诉不得超过诉讼时效,即自收到仲裁裁决书之日起15日内起诉,否则法院可以不予受理,对于经仲裁委员会调解达成调解协议的,当事人不得再提起诉讼,法院也不予受理。

(5)起诉应依法向有管辖权的法院起诉。一般应向用人单位所在地或劳动合同履行地的基层人民法院起诉。

除以上劳动争议提起诉讼的基本要求以外,最高人民法院《关于审理劳动争议案件适

用法律若干问题的解释》(以下简称《解释》)中对下列劳动纠纷,人民法院也应当受理:

(1)劳动者与用人单位在履行劳动合同过程中发生的纠纷。

(2)劳动者与用人单位之间没有订立书面劳动合同,但已形成劳动关系后发生的纠纷。

(3)劳动者退休后与尚未参加社会保险统筹的原用人单位因追索养老金、医疗费、工伤保险待遇和其他社会保险费而发生的纠纷。

同时,该《解释》第3、4、5、7条也明确了人民法院应当受理范围。

人民法院对如上符合起诉条件和受理条件的,应在法定期间内立案受理。同时,人民法院审理劳动争议案件适用于民事诉讼程序,采取两审终审制,即劳动争议当事人向人民法院起诉后,对第一审判决不服的,还可以在法定期间内向上一级别人民法院提起上诉,经第二审人民法院审理作出判决,对第二审判决当事人必须执行,二审判决为终审判决。

3)调查取证

人民法院要对劳动争议仲裁机构掌握的材料、证据进行核实,对申诉人的申诉和被诉人的答辩中存在的疑点,应进一步调查、取证,滤清事实。

4)进行调解

人民法院根据劳动争议双方当事人自愿的原则,在滤清事实的基础上,分清是非,通过召开调解会议对争议双方的分歧进行调解。达成调解协议的,由人民法院制作调解书,调解书在经双方当事人签收后,即产生法律效力。

5)开庭审理

根据《民事诉讼法》第123条、第124条、第127条、第128条、第133条、第134条的规定,劳动争议诉讼的庭审流程与劳动争议仲裁的庭审流程没有本质上的区别。劳动争议诉讼的庭审流程包括:

(1)庭前准备。

包括书记员查明当事人和其他诉讼参与人是否到庭,宣布法庭纪律;审判长核对当事人,宣布案由,宣布审判人员、书记员名单,告知当事人有关的诉讼权利义务,询问当事人是否提出回避申请。

(2)法庭调查。

根据法律的规定,法庭调查应当遵循下列顺序:第一,原告提出诉讼请求,陈述事实和理由;第二,被告进行答辩;第三,法庭对双方争议的焦点或者需要调查的重点向原告和被告依次发问,原告和被告要如实回答;第四,原告和被告依次出示证据,并由相应的对方当事人质证;第五,法庭出示调查收集的证据,宣读鉴定结论、勘验笔录。

(3)法庭辩论。

当事人在审判人员的主持下,应当就案件的情况表达自己的观点和意见。进行法庭辩论也是有顺序的,当事人进行辩论必须按照审判人员的要求进行。

(4)征询最后意见。

法庭辩论结束后,由审判人员按照原告、被告的先后顺序征询双方最后意见。

(5) 法庭调解。

法庭应当征求当事人的意见,是否愿意进行调解。如果当事人都同意调解,应当当庭进行调解。当事人经调解达成一致意见的,法庭制作调解书,双方当事人签字后诉讼终结。如果当事人不同意调解,或者经调解不能达成一致意见的,应由法院宣布休庭,评议案件。

(6) 签法庭笔录。

当事人应当在记录法庭审理全部活动的笔录上签名签日期。

(7) 宣判。

宣判分为当庭宣判和定期宣判。当庭宣判的,应当在 10 日内送达判决书;另行定期宣判的,在宣判后即应送达判决书。

6) 判决执行

判决执行又称强制执行,人民法院的执行组织依照法律规定的程序,运用国家强制力量,依法采取强制措施,强制负有义务的当事人履行已经生效的判决、裁定所规定义务的活动。

7) 法庭判决书送达当事人

如当事人对一审判决不服的,当事人可在判决书送达之日起 15 日内向上一级法院提起上诉。若在法定的上诉期内对一审判决未提起上诉的,判决书即产生法律效力。

 案例思考

华为奋斗者协议

有一家高科技通信公司(经证实是华为)要求员工签订奋斗者协议,协议中提到,中高端员工如果要获得年终奖金和股票分红,则自动放弃婚假、产假等福利待遇。

"我自愿申请加入公司的奋斗者,自愿放弃所有带薪年休假,自愿放弃产假(陪产假)和婚假,自愿进行非指令性加班。"这些员工被称为奋斗者,而没有签订协议的员工被称为劳动者。下面是网上流传出来的华为的一个文件。

告全体员工知:

公司按照国家法律保护全体员工的相关权益,使得每个在公司的劳动者都能充分享受国家法律所规定的福利保障。同时,我们所处的行业是一个竞争激烈的产业,如果都像欧洲企业一样所有人都享受高福利,公司生存是很难保障的。为了支持公司的发展,部分已享受较高薪酬水平,并持有公司股票的中高端员工,他们自愿申请放弃享受部分福利待遇,支持公司发展。我们称他们为自愿奋斗者,从而公司有能力保障低端员工享受法律规定的所有福利待遇,包括获得 5 天带薪休假以及加班必须获取加班工资,没有放弃这些权利的高端员工,亦可享受这些权利。同时,面对当前物价快速上涨,为了提高公司的低端员工的生活保障,公司将于近期对 12 级及以下员工发放伙补、交补每月 500 元。

华为公司党委

(资料来源:周施恩、冯海龙,《"十一五"期间中国企业人力资源管理热点、重点与难点研究及展望》,首都

经济贸易大学出版社2011年版)

问题:

1. 华为集团让员工签订的奋斗者协议是否合法有效?
2. 从企业法律风险的角度来看,你认为华为集团作出上述决定的原因可能是什么? 而这个决定的得与失又会有哪些?

分析:

《劳动法》第36条规定国家实行劳动者每日工作时间不超过8小时、平均每周工作时间不超过44小时的工时制度。第37条规定实行计件工作的劳动者,用人单位应当根据本法第36条规定的工时制度合理确定其劳动定额和计件报酬标准。第38条规定用人单位应当保证劳动者每周至少休息1日。第44条规定:①安排劳动者延长时间的,支付不低于工资的150%的工资报酬;②休息日安排劳动者工作又不能安排补休的,支付不低于工资的200%的工资报酬;③法定休假日安排劳动者工作的,支付不低于工资的300%的工资报酬。

华为公司单方面的做法有被认为是以员工自愿放弃的名义,使公司合理规避《劳动法》,规避潜在的法律风险的嫌疑。

 案例思考

企业除名决定合法吗?

赵某1992年12月8日与某化工厂签订了为期5年的劳动合同,合同自1992年12月10日起至1997年12月10日止。合同约定:任何一方提前解除合同,应支付违约金。违约金按每年500元累计计算。1995年7月28日,赵某以帮助其母工作为由向该厂提出书面辞职,并声明按合同约定赔偿厂房1000元,厂方不同意。赵某于8月30日要求该厂办理解除合同手续,并离厂而去。18天以后,赵某回厂办理解除合同手续时,该厂以赵某提出辞职未经批准擅自离岗旷工为由,对其作出除名决定。赵某不服,向劳动争议仲裁委员会提出申诉。仲裁委员会受理后,经调查,上述情况属实。

问题:

1. 该厂对赵某的除名决定是否合法?为什么?
2. 此案应如何处理?

(资料来源:百度文库)

分析:

《企业职工奖惩条例》第18条规定,对职工予以除名的重要条件:职工经常无正当理由旷工,经批评教育无效。此案中,职工赵某没有这方面的原因。

《劳动法》第31条规定,劳动者解除劳动合同,应当提前30日以书面形式通知用人单位。《关于贯彻执行〈劳动法〉若干问题的意见》第32条对这一规定作了明确的解释,即劳动者解除劳动合同,应当提前30日以书面形式通知用人单位。超过30日,劳动者可以向用人单位提出办理解除劳动合同手续,用人单位应予以办理。如果劳动者违法解除劳动合同给原用人单位造成经济损失,应当承担赔偿责任。可见,劳动者解除劳动合同应提前30日以书面形式通知用人单位,既是解除劳动合同的程序,也是解除劳动合同的条件,无须征得用人单位的同意。

本章小结

本章主要阐述和讨论了员工关系和劳动关系管理的几大基本事务。

员工关系管理有广义和狭义之分,广义上讲,员工关系管理是通过拟订和实施各项人力资源政策和管理行为,以及其他的管理沟通手段调节企业和员工、员工与员工之间的相互联系和影响,从而实现组织的目标的过程。

从狭义上讲,员工关系管理就是企业和员工的沟通管理,这种沟通更多采用柔性的、激励性的、非强制性的手段,从而提高员工满意度,支持组织其他管理目标的实现。员工关系对于企业有着举足轻重的地位。

员工关系管理主要包括劳动关系管理、员工人际关系管理、沟通管理、绩效管理、薪酬管理、纪律管理、企业文化建设、员工冲突管理和员工关系诊断与改进等。

劳动关系是人类在进行最本质的活动——劳动创造过程中结成的社会关系,建立和维护良好的劳动关系,是企业人力资源管理的重要内容之一。

劳动合同是劳动者与用人单位之间确定、变更和终止劳动权利和义务关系的协议,是维护双方合法权益的法律保障。劳动合同规定了合同期限、工作内容、劳动报酬、劳动保护和劳动条件、劳动合同终止的条件以及违约责任等基本内容。订立和变更劳动合同,应遵循平等自愿、协商一致的原则,不得违反法律和行政法规的规定。

劳动争议的解决应遵循公正合法、着重调解、及时处理的原则。其基本程序为协商、调解、仲裁和人民法院审理。

问题思考

1. 什么是员工关系?为什么说员工关系在企业管理中很重要?
2. 什么是员工关系管理?员工关系管理包括哪些内容?
3. 如何理解劳动关系的内涵?
4. 劳动合同包括的哪些法定内容和约定内容?
5. 劳动合同订立的程序如何?
6. 劳动合同变更要具备哪些条件?
7. 处理劳动争议的原则有哪些?我国处理劳动争议的方式有哪些?

作业习题

一、**判断题**(共10小题。请在正确表述后打"√"在错误表述后打"×"。)

1. 员工关系以雇佣契约为基础,以工作组织为纽带,主要表现为组织中既有管理过程中的一种人际互动关系。   （   ）
    2. 员工抱怨、申诉个劳动争议处理不属于员工关系管理的工作内容。   （   ）
    3. 社会保险是劳动合同中不可缺少的内容,因为我国的社会保险实行由国家强制实施的制度。   （   ）
    4. 有固定期限的劳动合同期限届满,既未终止又未续订,劳动者和用人单位仍存在劳动关系的,视为续延劳动合同。   （   ）
    5. 劳动合同的期限分为有固定期限、无固定期限、永久期限和以完成一定的工作任务为期限的劳动合同。   （   ）
    6. 劳动争议中有些案件可以不必经过劳动仲裁,直接向人民法院提起诉讼。（   ）
    7. 就业协议书、员工手册等文本文件可以替代劳动合同。   （   ）
    8. 人民法院是处理劳动争议的司法机关。   （   ）
    9. 用人单位被依法宣告破产,终止合同的,因为缺乏资金,用人单位可以不支付经济补偿金。   （   ）
    10. 劳动争议着重调解原则是指在劳动争议处理的过程中,只能运用调解的方式解决劳动争议,不能采用其他方法。   （   ）

二、单选题(共 10 小题。多选、不选或错选均不得分。)
    1. (   )是劳动保护体系的核心和基本法律规则,对劳动保护问题进行集中的、综合性的法律规定。
      A. 劳动保护法   B. 劳动法   C. 安全生产法   D. 劳动合同法
    2. 《劳动法》、《劳动合同法》及《工会法》规定,下列不是劳动关系的主体的是(   )。
      A. 雇主   B. 雇主组织   C. 工会   D. 政府
    3. 下列不属于劳动合同的期限类型的是(   )。
      A. 有固定期限   B. 无固定期限
      C. 以完成一定的工作任务为期限   D. 永久期限
    4. 按照《女职工劳动保护规定》,当女职工对受理申诉部门的处理不服时,可以在收到决定书之日起(   )日内向人民法院起诉。
      A. 15   B. 20   C. 25   D. 30
    5. 员工关系建立的基础是(   )的确立。
      A. 劳资关系   B. 劳动关系   C. 劳动合同   D. 雇佣关系
    6. 关于变更劳动合同,下列说法错误的是(   )。
      A. 尽可能采用协商的方式变更劳动合同
      B. 事先在劳动合同中约定合同变更的条款
      C. 可以采用口头形式与书面形式变更劳动合同
      D. 变更后的劳动合同由劳动合同双方各执一份
    7. 在续订劳动合同时,提出续延劳动合同的一方应在合同到期前(   )天书面通知对方。
      A. 15   B. 20   C. 25   D. 30
    8. 在实践中,不属于劳动合同变更情形的是(   )。

A. 单方变更 B. 双方变更 C. 延迟变更 D. 强制变更

9. 符合( )情况下,用人单位要与劳动者签订无固定期限劳动合同。

A. 劳动者在该用人单位连续工作满 10 年

B. 用人单位长期工资很低

C. 连续订立三次固定期限劳动合同

D. 用人单位自用工之日起满 3 年不与劳动者订立书面劳动合同的

10. 不属于劳动合同的约定内容有( )。

A. 用人单位的名称 B. 单位负责人 C. 社会保险 D. 工作内容

三、**案例分析题**(共 2 个案例,10 个单选小题。多选、不选或错选均不得分。)

案例一

2007 年 12 月,广州某高校的大四学生伍先生与深圳某跨国公司签订了三方就业协议,明确约定该学生毕业后在深圳公司或其在佛山的子公司工作,否则要承担相应的违约金。2008 年 7 月 20 日,伍先生毕业离校,该公司告知其到深圳公司报到,进行专业技术学习,1 月后派往佛山子公司正式上班。7 月 25 日,伍先生抵达深圳向公司报到,在结束 1 个月的专业技术学习后,于同年 8 月 25 日到佛山子公司上班。2008 年 9 月 15 日,佛山子公司与张先生签订了为期 3 年的书面劳动合同,合同约定的启示时间为 2008 年 9 月 15 日至 2011 年 9 月 14 日。之后,伍先生对协议的约定时间与公司产生了不一致的意见。

(资料来源:百度文库)

1. 伍先生与佛山子公司劳动关系建立的时间是( )。

A. 2007 年 12 月 B. 2008 年 9 月 15 日

C. 2008 年 7 月 25 日 D. 2008 年 8 月 25 日

2. 下面有关签订劳动合同的不正确说法是( )。

A. 没有签订劳动合同的劳动者就是临时工,可以随时辞退

B. 劳动合同一经签订就具有法律约束力,用人单位如果不履行就应承担违约责任

C. 用人单位常用的"先录用后签约"的做法应该调整为"先签约后录用"或"录用与签约同步"的方式

D. 签订劳动合同,双方均要遵守诚信原则

3. 对于先用人后签约的情形,法律规定用人单位需要在用工( )之内与员工及时补签书面合同。

A. 7 日 B. 20 日 C. 30 日 D. 45 日

4. "三方协议"的法律性质属于《合同法》上的是( )。

A. 合同 B. 劳动合同 C. 个人合同 D. 派遣合同

5. 大学生与用人单位就该学生毕业后到该单位工作的有关事项达成一致后,"三方协议"的签订程序的正确顺序为( )。

①大学生如实填写就业协议书上的基本情况和应聘意见并签名

②用人单位签订意见

③学校就业指导中心或者就业主管部门签订意见

A. ①③② B. ①②③ C. ②①③ D. ③②①

案 例 二

欧阳女士年龄33岁,于2006年9月入职深圳××贸易公司负责采购工作,双方约定试用期3个月,试用期的基本工资为4000元,但双方没有签订劳动合同。2007年1月,欧阳女士怀孕,同年,公司以欧阳女士怀孕不适合采购员工作为由,将欧阳女士调职为文员,月薪1500元。欧阳女士向深圳劳动仲裁委提出仲裁申请,要求解除与公司的劳动关系,并由公司支付经济补偿金、产期、哺乳期及生育保险待遇等。

1. 下面说法正确的是(   )。
A. 双方虽没有签订书面劳动合同,但欧阳女士与公司不存在事实上的劳动合同
B. 欧阳女士提出解除劳动合同,公司也同意,双方劳动合同也不能马上解除
C. 根据相关法律规定,公司需赔偿欧阳女士在孕期、产期及哺乳期应得的工资收入
D. 公司无须支付欧阳女士小孩满1周岁时止的哺乳期的工资损失

2. 法律法规规定了对女职工的特殊保护,下面说法错误的是(   )。
A. 用人单位在招工时不得歧视妇女,凡是适合妇女从事的岗位,不得拒绝招收女工,不得提高录用标准
B. 用人单位可以以妇女已婚、怀孕、生育、哺乳为理由而拒绝招收女员工
C. 在员工定级、升级工资调整等工作中,坚持男女平等
D. 禁止安排重体力劳动和有毒有害作业

3. 若该公司需赔偿欧阳女士在孕期、产期及哺乳期应得的工资收入,则需要支付欧阳女士(   )。
A. 4000元   B. 12000元   C. 1500元   D. 4500元

4. 劳动争议仲裁的特有原则不包括(   )。
A. 公开原则   B. 回避原则   C. 先行调解原则   D. 一次裁决原则

5. 对仲裁结果不服的劳动者,可以自收到仲裁裁决书之日起(   )内向人民法院提起诉讼。
A. 7日   B. 10日   C. 15日   D. 30日

第二章 员工人际关系管理

 能力要求

了解人际关系的概念、员工人际关系的内涵;
掌握员工人际关系的重要性、员工之间人际关系的注意事项;
学会正确处理员工与同事、上级、下级之间关系的方法。

 考核重点

人际关系;员工人际关系;同事、上级、下级。

 案例导入

比尔:"我没有压力,我专门给别人制造压力!"

比尔受公司所派,来接受坚韧性训练。他是一家大型金融企业中一个部门的头头,虽然工作能力极强,但管理能力却有待提高,因此始终无法得到提升。他的下属都不喜欢在他手下工作,他们感到自己不但没有得到应有的赏识,还常常遭到批评,因此纷纷在背后抱怨他,不少人甚至调到了其他部门或离开了公司。而他的同僚们则认为他既孤僻又自大。他的上司对此自然感到忧心忡忡,因此,他们让我们来解决这个问题。

当我们与比尔谈及他的人际关系时,比尔的话清楚地道出了问题所在:"若是有人工作做得不好,我就严厉地指责他们。但是,假如他们做得好,我也不觉得有必要奖励他们,因为他们既然拿了工资,就应当好好工作。"在进一步讨论中,我们试图对他所承受的巨大压力表示同情,他却用自豪的语气不假思索地说:"我没有压力,我专门给别人制造压力!"

显然,在比尔看来,要让下属好好工作,最好的办法就是惩罚他们或给他们布置难以完成的任务。当他们出色地完成了一件工作时,他却既不愿意给予表扬,也不愿意用其他的方式进行奖励,因为他担心他们会因此而自满。

在对待同一级别的同事时,比尔在不知不觉中采取了强烈的竞争姿态。他认为他们都想逃避较为艰巨的任务,而他却看穿了他们的企图,并迫使他们不得不好好工作。显然,他认为自己生来就是一名工作勤奋、表现优异的好员工,有责任监督那些懒惰无能之辈。怪不得他的下属不信任他、不愿意在他手下工作,怪不得他的同僚认为他既孤僻又自大。而比尔则认为自己远比同事优秀,比他们更应该得到提升。

在接下来的培训中,我们渐渐发现,比尔不但难以和同事建立良好的关系,和家人的关系也不好。他认为自己的妻子和孩子既任性又冲动,他对待他们的态度和对待同事差不多。没过多久,他的妻子也来找我们进行心理咨询。比尔处理人际关系时争强好胜的习惯显然令她十分痛苦,她感到越来越绝望,已经准备离开他了。我们设法让她明白,她可以改变比尔对待她和孩子的方式,而不必一走了之。我们鼓励她单方面地帮助比尔、鼓励比尔,并协助她完成这一任务。

我们以换位思考作为核心内容,对比尔进行了持续不断的训练,使他逐渐意识到他在公司、在家里的行为不但无法带来成功,而且会造成相反的效果。在工作方面,他没有让员工的能力得到充分发挥,反而让他们心生怨恨、不再忠于自己的岗位,以致他们在工作中偷工减料、蓄意破坏。在家里,他的行为更是逼得妻子要与他离婚。

他意识到,要想处理好人际关系,他就应当采取与现在恰好相反的方式。具体说来,当别人做得好时,他应当表扬他们、奖励他们,而不是视而不见;当别人做得不够好时,他应当帮助他们,而不是批评他们、惩罚他们。下一步是让他意识到,尽管他表现得十分积极,他的内心深处却承受着极大的压力,已经达到了岌岌可危的程度。一方面,他开始极度渴求下属与家人的帮助;另一方面,他终于意识到他的行为只会令自己众叛亲离,而更加难以得到他们的帮助。

他开始试着改变自己,但对于公司来说,他的改变不仅微不足道,而且为时已晚。他终究还是被解雇了。然而,这件事也有好的一面,那就是让他丢下了过去的包袱,在另一家公司重新开始。在新的工作环境中,他与其他职员间的关系大有改善,这一进步反映出了他在坚韧性培训中获得的收获,也说明他已经有所改变。他有生以来第一次做到帮助他人、鼓励他人。他的下属工作十分努力,对他忠心耿耿,同僚和上司也都很尊重他。作为回报,他也获得了他们的帮助与鼓励。此外,他和家人至今仍然生活在一起,而且越来越亲密,家庭也越来越美满。

(资料来源:萨尔瓦多·麦迪、黛博拉·克沙巴,《顶住职场压力》,姜玮译,北京大学出版社2009年版)

启示:

读过了比尔的故事,请你好好想一想,自己是如何与单位里的人相处的,有没有人用恶劣的态度对待你?他们是否认为你对工作没有兴趣或是没有能力把工作做好?如果答案是肯定的,那很可能是因为巨大的压力令他们失去了理智,看不到他们的行为正在损害你们之间的关系。幸好,这种局面也有可能朝另一个方向发展,使你和同事之间更加亲密无间。

第一节 员工人际关系概述

一、员工人际关系的概念

1. 人际关系的概念

在社会生活中,人不可避免地处于群体之中,也必然发生与他人的交互作用。通过语言、思想、感情等各种联系方式,既影响对方,也受对方影响。这种表示人与人之间相互交往与联系的关系,就称为人际关系。人际关系实质上反映的是人与人之间相互寻求满足需要的一种心理状态。人与人之间由于满足了各自的需要,双方就会感到愉快,继而发生亲密的关系。相反,如果人与人之间没有满足需要,甚至发生了冲突,一时又未得到解决,双方就会不愉快;甚至产生抑郁、忧伤、苦闷、孤立等心理状态,从而关系会变得疏远。这种情况如果长期不能解决,还会影响人的身心健康。因此,人际关系也可以说是人与人之间心理上直接联系的一种情感体验。

心理学家认为,每个人都有人际关系的需求。这些需求可分为三类:包容的需求、控制的需求和感情的需求。此外,个体行为的表现也可分为主动表现和被动期待他人两类,由此形成一个人特有的对人际关系的基本倾向,即人际反应特性。以上是从"正面"来说明人际反应特性的。相反的特性也是存在的:与包容相反的是排斥、疏远等;与支配相反的是抗拒支配、轻视秩序和权威;与感情相反的是冷淡、厌恶等。人的人际关系倾向是所有这些类型的可能的不同组合。例如,主动包容且感情动机强烈的人,将会受到大多数人的欢迎。

2. 员工人际关系的内涵

员工人际关系是员工与员工之间在工作岗位、生活等活动过程中直接的心理上的联系或心理上的距离。具体包括以下几个方面。

(1) 人际关系是交往的结果。

(2) 人际关系离不开一定的群体背景。

(3) 人的个性是调节人际关系的重要心理因素。

(4) 情感状态是人际关系最鲜明的心理特色。

二、员工人际关系的重要性

建立良好的员工人际关系,有利于企业保持内部的各种秩序和联系,有利于企业增强对外的沟通和联系。对于协调各种人际关系,提高员工的工作效率,以至于推进企业的持续发展,都具有重要意义。

美国著名的教育学者戴尔·卡耐基有一句名言:一个人事业上的成功,只有15%是因为他的专业技术,另外的85%要依赖人际关系、处事技巧。同样的,美国人际关系学家艾伯特·爱德华·魏格恩在他的研究报告中也指出,在对4000名失去工作的人员进行调查后发现,只有400人即总数的10%是因为工作能力达不到要求而被开除的,其余90%是因为不能很好地处理人际关系而被解雇的。人除了睡眠之外,其余时间的70%是花在人与人之间的各种直接、间接的沟通上。其中,9%以书面形式进行,16%以阅读形式进行,75%则是以听取别人说话及自己说话的交谈方式进行。

研究均表明,人际交往是员工不可或缺的一种生活、工作、学习方式,它强烈地影响着员工的生活、工作和学习,甚至能左右他们的成败。

1. 良好的人际关系促进员工调节心理、增进健康

心理学家认为,人类心理的适应,最重要的是对人际关系的适应;而人类心理的病态,则主要是由于人与人之间关系的失调。由此我们可以看出,心理健康问题主要是由人际关系失调引起的,人际交往对员工的心理起到一种调节的作用。研究表明,心理健康的员工乐于与他人交往,能用信任、友爱、宽容的态度与人相处。通过相互交流,能够丰富人的精神生活,满足其心理的需求,就会感到愉悦;通过相互交流,诉说个人的喜怒哀乐、爱憎恐悲,就会引起对方的情感共鸣,从心理上产生一种归属感和安全感。而另外一些员工因性格孤僻、不合群,加之缺乏良好的心理素质,在生活、工作中只讲索取,不讲奉献,总是与人格格不入,人际关系十分紧张,久而久之,会积累许多无法排遣的烦恼、忧愁和苦闷,也就必然会造成心理上的障碍,影响身心健康,最终导致心理失衡。可见,良好的人际关系对员工的身心健康是多么重要。

2. 良好的人际关系可以帮助员工理解他人、认识自我

人际关系给员工提供了一个自我认识、自我修正的参照。好的人际关系有助于人与人之间的协调。因为良好的人际关系,可以提高员工的自我意识,让他们看清自己的行为是否符合企业的行为标准,是否符合社会道德规范,从而肯定或改变自己的行为。如果一名员工经常独来独往,缺乏与人交流,他对自己的认识就缺少了一个"参照系",失去了衡量自己的尺子和照鉴自己的镜子,长此以往,员工就会囿于自己的小圈子里,不能正确地认识自己,也不能正确地认识别人,从而走入死胡同。

员工在与别人的交往和比较中认识自己,通过交往,可以发现自己身上好的或不好的东西,也能了解别人的长处和短处,从而做到"以人为镜",不断调整和改进自己。同时,通过交往,也可以从他人对自己的态度和评价中,从他人与自己的亲疏关系中来认识自己的形象,修正自己的行为。

3. 人际关系方便员工获取信息、增加知识

现代社会已是一个网络信息的时代,对于企业来讲,更多的信息意味着获得成功的概率更大。对于员工而言,更多的信息可以促进个人的全面发展,启迪思想,优化知识结构,增加工作技能,广结良缘……一个人一生的时间和精力都是有限的,如何在有限的人生中,获取更多的知识,除了从书本上吸收养分外,通过社交建立起良好的人际关系是一种有效和便捷的途径,更何况有些知识是书本上学不到的。诺贝尔物理奖获得者杨振宁曾提到,他经常在普林斯顿高等研究院同一群年轻学者聚会和辩论,这对他开展科研工作有重大影响。交流与合作能碰撞出智慧的火花,触发天才的灵感,利用聚会等形式切磋学习,交流心得,以获得对自己有用的信息,这在中外古今的人际交往中不乏先例。我国古代许多的诗人、作家,在酒宴间乘兴赋诗,在游乐中妙笔生花就是很好的例证,而且中国古代学者早就强调了良好的人际关系在学习中的重要性。对此,英国作家萧伯纳形象地比喻说:如果你有一个思想,我有一个思想,彼此交换,我们每个人就有了两个思想。人际交往比之于从书本获得信息在内容上更广泛,渠道更直接,速度更快捷。随着交际范围的扩大和频率的提高,人会认识更多的人,听到更多的事,获得更多的信息。所以大学生应该好好把握人际交往这一获取信息的渠道,提升自己的文化素养,以求得更快、更全面的发展。

4. 人际关系强化员工集体意识、团队精神

人作为社会成员,有着强烈的合群需要,要使群体和谐有序,就必须遵守共同的游戏规则。每个人都有自己的性格特点、动机、目的、要求和期望,但个人在自然面前又显得如此渺小和软弱,靠单打独斗是永远不会取得成功的,为了共同的奋斗目标,大家应该团结起来达到协调和默契,最终赢得胜利。所以人际关系的协调,在员工个人的发展和企业集体的发展过程中至关重要,良好的人际交往能够产生合力,促进员工之间的团结和协作,增强整体效应,产生汇聚合力。也只有这样,才能达成员工个人与企业集体双方目标的实现。

三、员工之间人际关系的注意事项

健康的人际关系可以保证成员间的有效沟通,实现良性的互动,使员工在工作中形成最佳组合,有效地消除企业内耗,提高内部凝聚力。员工处理人际关系的注意事项主要有如下几个方面。

1. 不要心胸狭窄

有些员工通常会因为工作上的一点不顺心、待遇上的一点不如意,就耿耿于怀,和同事之间产生误会,在心中积下了怨气。这种做法不仅会损伤身体,而且会伤害他人,甚至会招来灾祸。对于这样的员工,企业人力资源部门应加以教育和辅导。

2. 切勿猜疑

有些人总是疑神疑鬼,对同事缺乏应有的信任。遇到别人三五成群地交谈,就怀疑是议论自己,说自己的坏话,自己的东西丢了,不去仔细寻找,就怀疑是同事偷走了,遇到上司与其他同事交谈,就嫉妒,最终导致同事之间关系紧张。对此类员工,企业要积极引导教育。

3. 要约束自我,学会自控

在日常交往中,人与人之间总是存在差异。这就要求员工学会约束自我,多体谅他人,迁就他人。

4. 员工之间多沟通,和谐相处

多沟通能增进员工间的相互了解,多从对方角度看问题,互相理解,以达到和谐相处。

 案例思考

不会沟通,从同事到冤家

小贾是公司销售部一名员工,为人比较随和,不喜争执,和同事的关系处得都比较好。但是,前一段时间,不知道为什么,同一部门的小李老是处处和他过不去,有时候还故意在别人面前指桑骂槐地说小贾的不是,对跟小贾合作的工作任务也都有意让小贾多做,甚至还抢了小贾的好几个老客户。起初,小贾觉得都是同事,没什么大不了的,忍一忍就算了,但是看到小李总是这样,小贾一赌气,就告状到了经理那里。经理把小李批评了一顿,从此,小贾和小李成了绝对的冤家了。

(资料来源:百度文库)

问题:

1. 小贾和小李分别有哪些做得不对或者不妥的地方?
2. 如果你是小贾,遇到小李处处针对这件事你会怎么做?

分析:

小贾所遇到的事情是在工作中常常出现的。在一段时间里,同事小李对他的态度大有改变,这应该是让小贾有所警觉的,小贾应该反省自己是不是哪里做错了。但是,小贾只是一味忍让,忍让不是一个好办法,更重要的是多沟通。小贾应该考虑是不是小李有了一些什么想法,有了一些误会,才让他对自己的态度变得这么恶劣,他应该主动及时地和小李进行真诚的沟通,比如问问小李自己是不是什么地方做得不对。任何一个人都不喜欢与人结怨,在矛盾初期,多采用沟通的方法通常会使大事化小,小事化了。

第二节　正确处理同事之间的关系

在工作中,有许多方方面面的人际关系,需要我们去处理和经营。其中最主要的,也是最容易被忽视的人际关系就是与同事的关系,能否与同事打好交道、搞好关系事关重大。

一、处理同事关系的原则

1. 真诚相待,谦虚和善

职场与学校文化差异较大,这个社会也许不像你想象得那么美好,但也绝不像有人说的那么险恶。当然,如果是新员工,同事对你的感觉还比较陌生,你就会觉得自己是局外人一样,也可能会产生自卑感。这是可以理解的,但不应成为你的负担。你可以主动、真诚地与人沟通,保持谦虚和善,并使自己尽快融入同事的圈子中。

2. 加强沟通,展现实力

企业是一大机器,员工就好比零件,只有各个零件都工作起来,这台机器才可能正常启动。这也是同事之间应该遵循的一种工作精神或职业操守。所以员工作为企业中的个体,一方面既要有自己的个性,另一方面又要能很好地融入集体。无论员工自己处于什么职位,都需要与同事多沟通,谦虚谨慎,在工作上展现自己的能力和水平,以得到同事的尊重和信任。

3. 欣赏他人,不吝赞美

一成不变的工作容易使人乏味,如果你能在与人沟通时适当加点"调味剂",相信你的沟通效果会更好,同事间的关系也会更加融洽。比如,一句由衷的赞美或一个真诚得体的建议,会让同事感觉到你对他的重视,当然,也无形中增加他人对你的好感。

二、正确处理与同事关系的技巧

1. 处理矛盾的技巧

（1）"治人"先"治己"。出现问题，应先从自身找原因，从而产生强烈的"治人效应"，化解矛盾，解决问题。

（2）居中、有度。要能客观居中，不偏不倚，并且有度，即意见提得恰到好处，掌握好提意见的分寸、时机和态度。

（3）适时回避，"釜底抽薪"，使对方头脑冷静，便于解决问题。

（4）取长补短，增进团结。

（5）以德报怨，以情感之。即使别人做了对不起自己的事，也要以德报之。

2. 增进同事间感情的技巧

（1）不要显得自己高人一等，要多向对方学习。

（2）多一点沟通和理解。

（3）在工作上对事不对人。

（4）不要说对方忌讳的话，多站在对方立场讲话。

（5）多赞扬对方好的一面。

（6）宽容大度，不要斤斤计较，不在背后说别人的坏话。

 案例思考

公司人与人之间关系处理

公司两个同事，A 和 B，差不多同时来到公司，随着二人在公司的发展，都得到了升职，各自负责一个小部门。平时工作上也有合作，私底下也会讨论老板的不是，因为没有直接的冲突，相处得还不错。

事情的转变起源于他二人上层直接主管的调离，调离后的工作一分为二，A 主要负责业务工作，B 主要负责人事、薪资等工作。原本没有直接冲突的二人，现在产生了矛盾。B 由于从原先熟悉的业务工作岗位调整到人事工作岗位，有一种失落感，而 A 感觉工作量增加了，自己纯粹就是一个干活机器，什么权利也没有。

公司的领导为了调和局面，给 A 增加了工资，给 B 增加了部分业务工作。但是事实却使双方矛盾加深了。A 感觉领导偏爱 B，各方面照顾 B，而 B 感觉又给自己增加了工作，而且工作和 A 的还有交叉，好像自己归 A 管一样。于是两人开始互相找茬。首先是 B，对 A 下面的员工薪资调整找茬，找出各种理由阻止 A 的提议的实施；A 于是提出 B 一直不签到的事实，让 B 每天也老老实实签到。

（资料来源：臧有良、暴丽艳，《管理学原理》，清华大学出版社 2007 年版）

问题：

1. 是否可以运用前面所提到的关系处理的技巧来解决这个问题？

2. A 和 B 二人感觉不满的根本原因是什么？

分析：

理想状态下的人与人之间的公平合理是不存在的。个人要意识到这一点，还要多与上级沟通。

第三节　正确处理与上级的关系

对你的领导，你可能把他看做自己的朋友，也可能把他看做自己的"敌人"。但是无论如何，你的领导毕竟是你的领导，既然如此，倒不如运用你的沟通技巧，让他站到你的这一边，"化敌为友"，与领导建立良好的人际关系。这样，你们双方都会感到很愉快。

一、处理与上级关系的原则

1. 尊重而不吹捧

作为下属，我们必须尊重领导，支持领导的工作，维护领导的权威，这也是下属的本分。首先，对领导在工作上要支持、尊重和配合；其次，在生活上要关心；再次，在问题面前积极主动、不退缩，有时领导处于矛盾的焦点上，下属要积极主动，不回避矛盾，承担责任，帮领导排忧解难。

2. 请示而不依赖

一般说来，作为部门主管在自己职权范围内大刀阔斧、创造性地工作，这是值得倡导的，也是为领导所欢迎的。下属不能事事请示领导，遇事没有主见，大小事不做主。这样领导也许会觉得你没有办事能力，处处依赖领导。该请示汇报的必须请示汇报，但决不要过分依赖。

3. 主动而不越权

对工作应积极主动，敢于直言，善于提出自己的意见，不能唯唯诺诺、四平八稳。在处理同领导的关系上要克服两种错误认识：一是领导说什么是什么，叫怎么样就怎么样，好坏没有自己的责任；二是自恃高明，对领导的工作思路不研究、不落实，甚至另搞一套，阳奉阴违。当然，下属的积极主动、大胆负责是有条件的，要有利于工作的顺利进行，有利于维护领导的权威，有利于维护团体内部的团结，但在某些工作上不能擅自超越自己的职权。

二、向领导请示汇报的程序

1. 仔细聆听领导的命令

在确定了一个项目或者一项工作的大致方向和目标之后，领导通常会指定专人来负责该项工作。如果领导明确指示你去完成某项工作，那你一定要用最简洁有效的方式弄清楚领导的意图和工作的重点。此时你不妨利用传统的"5W2H"的方法来快速纪录工作要点，即弄清楚该命令的时间（when）、地点（where）、执行者（who）、为了什么（why）、需要做什么工作（what）、怎么样去做（how）、需要多少工作量（how much）。

在领导下达完命令之后,立即将自己的记录进行整理,再次简明扼要地向领导复述一遍,看是否还有遗漏或者自己没有领会清楚的地方,并请领导加以确认。如领导要求你完成一项关于ABC公司的团体保险计划,你应该根据自己的记录向领导复述并获取领导的确认。你可以说:"总经理,我对这项工作的认识是这样的,为了增强我们公司在团体寿险市场的竞争力(why),您希望我们团险部门(who)不遗余力(how)地于本周五之前(when)在ABC公司总部(where)和他们签订关于员工福利保险的合同(what),请您确认一下以上是否还有遗漏。"如果领导对你关于目标的理解点头认可了,那么你可以进入下一个环节。

2. 与领导探讨目标的可行性

领导在下达了命令之后,往往会关注下属对该问题的解决方案,他希望下属能够对该问题有一个大致的思路,以便在宏观上把握工作的进展。所以,作为下属,在接受命令之后,应该积极开动脑筋,对即将负责的工作有一个初步的认识,告诉领导你的初步解决方案,尤其是对于可能在工作中出现的困难要有充分的认识,对于在自己能力范围之外的困难,应提请领导协调别的部门加以解决。比如上例中关于争取ABC公司的员工福利保险合同这个目标,你应该快速地反映行动的步骤和其中的困难。

3. 拟定详细的工作计划

在明确工作目标并和领导就该工作的可行性进行讨论之后,你应该尽快拟定一份工作计划,再次交与领导审批。在该工作计划中,你应该详细阐述你的行动方案与步骤,尤其是对你的工作时间进度要给出明确的时间表,以便于领导进行监控。

4. 在工作进行之中随时向领导汇报

现在,你已经按照计划开展工作了,你应该留意自己工作的进度是否和计划书一致,无论是提前完成还是延迟了工期,你都应该及时向领导汇报,让领导知道你现在在做什么,进度如何,成效如何,并及时听取领导的意见和建议。

5. 在工作完成后及时总结汇报

经过部门同事的共同努力,你们终于完成了这项工作,获得了ABC公司的团险保单,当大家都在兴高采烈地庆功之时,作为部门主管的你仍不应该有松懈的理由。你应该及时对此次工作进行总结,总结成功的经验和其中的不足之处,以便于在下一次的工作中改进提高。同时不要忘记在总结报告中提及领导的正确指导和下属的辛勤工作。至此,一项工作的请示与汇报才算基本结束。

千万不要忽视请示与汇报的作用,因为它是你和领导进行沟通的主要渠道。你应该认真地做每一次的请示汇报工作,充分展示自己的工作能力和严谨认真的工作态度,让领导对你的信任和赏识程度逐步加深。

 思维练习

请填写以下关于向领导请示与汇报的工作单,思考一下你的请示与汇报工作是否做到了尽善尽美?

指导：
- 如何记录命令要点？
- 如何制订详细的工作计划？
- 如何确定工作时间表？
- 如何根据工作时间表把握工作进度？
- 如何及时向领导反馈信息？
- 在总结汇报时，你做到要点突出、层次清楚了吗？

三、正确处理与上级关系的技巧

由于个人的素质和经历不同，不同的领导会有不同的领导风格，与各种性格的领导打交道要特别注意运用技巧。仔细揣摩每一位领导的不同性格，在与他们交往的过程中区别对待，运用相应的沟通技巧，会获得更好的沟通效果。

1. 控制型领导的性格特征和与其沟通的技巧

1）性格特征

（1）强硬的态度。

（2）充满竞争心态。

（3）要求下属立即服从。

（4）实际，果决，旨在求胜。

（5）对琐事不感兴趣。

2）与其沟通的技巧

对这类人而言，与他们相处，重在简明扼要，干脆利索，不拖泥带水，不拐弯抹角。面对这一类人时，无关紧要的话少说，直截了当，开门见山地谈即可。

此外，他们很重视自己的权威性，不喜欢下属违抗自己的命令。所以应该更加尊重他们的权威，认真对待他们的命令，在称赞他们时，也应该称赞他们的成就，而不是他们的个性或人品。

2. 互动型领导的性格特征和与其沟通的技巧

1）性格特征

（1）善于交际，喜欢与他人互动交流。

（2）喜欢享受他人的赞美。

（3）凡事喜欢参与。

2）与其沟通的技巧

面对这一类型的领导，切忌公开赞美，如若要赞美，则赞美的话语一定要真心诚意，言之有物，否则虚情假意的赞美会被他们认为是阿谀奉承，从而影响他对你个人能力的认识。

要亲近这一类人，应该和蔼友善，也不要忘记注意自己的肢体语言，因为他们对你的一举一动都会十分敏感。另外，他们还喜欢与下级当面沟通，喜欢下级能与自己开诚布公地谈问题,即使有对他的意见,也希望能够摆在桌面上交谈,而厌恶在私下里发泄不满情绪的下级。

3. 实事求是型领导的性格特征和与其沟通的技巧

1)性格特征

(1)讲究逻辑而不喜欢感情用事。

(2)为人处世自有一套标准。

(3)喜欢弄清楚事情的来龙去脉。

(4)擅长理性思考而缺乏想象力。

(5)是方法论的最佳实践者。

2)与其沟通的技巧

与这一类领导沟通时,可以省掉说家常的时间,直接谈他们感兴趣而且实质的问题。他们喜欢直截了当的方式,对他们提出的问题也最好直接作答。在进行工作汇报时,多就一些关键性的细节加以说明。

 技能训练

你和你的领导已经共事了一段时间,判断你的各级领导都是具有何种领导风格的人,思考一下如何与他们更好地沟通?

第四节 正确处理与下级的关系

作为一名部门主管,你除了要为部门的经营策略、业务数量、客户关系等问题殚精竭虑,还需要关注怎样处理好与下级的关系。能否建立一个关系融洽、积极进取的团队,很大程度上取决于你是否善于与下级进行沟通,取决于你是否善于运用沟通技巧。

一、正确处理与下级关系的原则

1. 公正而不谋私

(1)领导者行为要公正,办事要廉洁,既不损公肥私,又不损人利己。

(2)领导者用人时,应任人唯贤,而不任人唯亲。

(3)领导者在涉及自己责任时,要严于律己,主动承担责任,而不是推卸责任,更不能嫁祸于人。

(4)领导者对下级和群众光明磊落,处事公道,赏罚分明。

(5)领导者处理下级之间的矛盾时,要一视同仁,秉公办事,不能亲此疏彼。

2. 平等待人、不摆架子

领导者如果在待人的态度上,要给人一种平等、亲近之感,不能摆架子,这样才更容易得到下级的理解与支持。

3. 权限明确,不越权

在管理工作中,上级和下级都有自己相应的职责和权力,应当明确职责和权力的划分。如果职责、权力划分不当,就必然影响上下级之间的关系。

二、下达命令的技巧

命令是上级对下级特定行动的要求或禁止。下达命令的目的是要让下级照你的意图完成特定的行为或工作;它也是一种沟通,只是命令带有组织阶层上的职权关系;它隐含着强制性,会让下级有被压抑的感觉。若上级经常都用直接命令的方式要求员工做好这个,完成那个,也许部门看起来非常有效率,但是工作品质一般无法提升。为什么呢?因为直接命令剥夺了下级自我支配的原则,压抑了下级的创造性思考和积极负责心,同时也让下级失去了参与决策的机会。

命令虽然有缺点,但要确保下级能朝组织确定的方向前行,命令是绝对必要的,那么要如何使用命令权呢?

命令的目的是要让下级照你的意思做出指定的行为或完成指定的工作,因此你下达命令时应该考虑下面两个方面。

1. 正确传达命令意图

你下达命令时,要正确地传达命令,不要经常变更命令;不要下一些自己都不知道原由的命令;不要下一些过于抽象的命令,以免让下级无法掌握命令的目标;不要为了证明自己的权威而下命令。正确地传达命令的意图,是比较容易做到的,你只要注意"5W2H"的重点,相信你就能正确地传达你的意图。

2. 使下级积极接受命令

如何能提升下级积极接受命令的意愿呢?你可用提升下级意愿的沟通方式替代大部分的命令。对命令的含义我们应该打破固有的窠臼,不要陷于"命令即等于服从"的错误认知。

命令应该是上级让下级正确了解他的意图,并让下级容易接受并愿意去执行。

或许你会说,在工作上,上级有权力,不管下级是否愿意,都必须要执行。的确,下级惧于上级的职权,必须要执行,但有意愿的执行和没意愿的执行,其执行的结果会产生很大的差异。下级若有意愿去执行,会尽全力把命令的工作做好;没意愿时,一般会应付了事。

那么,如何让下级有执行命令的意愿呢?你必须注意下列五个传达命令的沟通技巧。

1) **态度和善,用词礼貌**

就像在前面谈到的问题一样,在我们身边,作为一名上级领导,你在与下级员工沟通的时候可能会忘记使用一些礼貌用语,如"小张,进来一下"、"小李,把文件送去复印一下",这样的用语会让下级有一种被呼来唤去的感觉,感觉缺少对他们起码的尊重。因此,为了改善和下属的关系,使他们感觉自己受到尊重,不妨使用一些礼貌的用语,例如"小张,请你进来一下"、"小李,麻烦你把文件送去复印一下"。要记住,一位受人尊敬的上级领导,首先应该是一位懂得尊重别人的上级领导。

2) **让下级明白这件工作的重要性**

下达命令之后,告诉下级这项工作的重要性,如,"小王,这次项目投标是否能成功,将决定我们分公司今年在总公司的业绩排名,对分公司来说至关重要。希望你能竭尽全力争取成功"。可通过告诉下级这份工作的重要性,来激发下级的成就感,让他觉得"我的领导很信任我,把这样重要的工作交给了我,我一定要努力才不负众望"。

3) 给下级更大的自主权

一旦决定让下级负责某一项工作,就应该尽可能地给他更大的自主权,让他可以根据工作的性质和要求,更好地发挥个人的创造力。例如,"这次展示会交由你负责,关于展示主题、地点、时间、预算等请你做一个详细的策划,下个星期你选一天汇报你的计划"。还应该让下级取得必要的信息,例如,"财务部门我已经协调好了,他们会给你提供一些你可能需要的报表"。

4) 共同探讨状况,提出对策

即使命令已经下达,下级也已经明白了工作重点所在,上级领导也已经相应地进行了授权,但也切不可就此不再过问事情的进展,尤其当下级遇到问题和困难,希望上级领导协助解决时,更不可以说"不是已经交给你去办了吗"之类的话,我们应该意识到,他之所以是你的下属,就是因为他的阅历、经验、能力等方面可能不如你,那么这时候我们应该和下级员工共同分析问题、探讨状况,尽快提出一个解决方案。例如,"我们都已经了解了目前的情况,下面我们来讨论一下应对措施,好吗?"

5) 让下级提出疑问

可询问下级有什么意见和建议,如:"小王,关于这个投标方案,你还有什么意见和建议吗?"你可采纳下级好的意见,并称赞他,如"关于这个问题,你的建议很好,就照你的意思去做"。

上述这五个传达命令的沟通技巧能提升下级接受命令、执行命令的意愿,只有上级领导的意图被下级积极地去执行,才可能创造一个和谐的员工关系氛围,也才能提高工作效率。

技能训练

指导:

请回想一下你在赞美或批评下级时的情况,回答下列问题。

- 常常赞美你的下级吗?
- 对他们的赞美是发自内心的吗?
- 能针对下级的具体行为及时给予赞美吗?
- 喜欢当众赞美或批评你的下级吗?
- 当下级不在场的时候,还会赞美他吗?
- 常常因为害怕影响与下级的关系而不愿当面批评他吗?
- 批评常常令下级难堪吗?
- 在批评下级的时候能做到对事不对人吗?

三、赞扬下级的技巧

1. 赞美的作用

赞美他人,是我们在日常沟通中常常遇到的情况。要建立良好的人际关系,恰当地赞美他人是必不可少的。美国一位著名社会活动家曾推出一条原则:"给人一个好名声,让他们去达到它。"事实上被赞美的人宁愿做出惊人的努力,也不愿让你失望。

赞美能使他人满足自我的需求。心理学家马斯洛认为,荣誉和成就感是人的高层次的需求。

一个人具有某些长处或取得了某些成就,他还需要得到社会的承认。如果你能以诚挚的敬意和真心实意的赞扬满足一个人的自我,那么任何一个人都可能会变得更令人愉快、更通情达理、更乐于协作。因此,作为领导者,你应该努力去发现你能对下级加以赞扬的小事,寻找他们的优点,形成一种赞美的习惯。

赞扬下级是对下级的行为、举止及进行的工作给予正面的评价,赞扬是发自内心的肯定与欣赏。赞扬的目的是传达一种肯定的信息,激励下级。下级有了激励会更有自信,想要做得更好。

2. 赞美的技巧

赞美作为一种沟通技巧,不是简单随意地说几句恭维的话。赞扬下级也有以下一些技巧及注意点。

1) 赞扬的态度必须真诚

赞美下级必须真诚。每个人都要真诚,真诚是人际沟通顺畅的最重要的因素。英国专门研究社会关系的卡斯利博士曾说过:"大多数人选择朋友都是以对方是否出于真诚而决定的。"如果你在与下级交往时不是真心诚意,那么要与他建立良好的人际关系是不可能的。所以在赞美下级时,你必须确认你赞美的人的确有此优点,并且要有充分的理由去赞美他。

2) 赞扬的内容要具体

赞扬要依据具体的事实评价,除了广泛的用语,如"你很棒","你表现得很好","你不错",最好要加上对具体事实的评价。例如,"你的调查报告中关于技术服务人员提升服务品质的建议,是一个能解决目前问题的好方法,谢谢你提出这有用的办法"。

3) 注意赞扬的场合

在众人面前赞扬下级,对被赞扬的员工而言,当然受到的鼓励是最大的,这是一种赞扬下级的好方式;但是采用这种方式时要特别慎重,因为被赞扬者的表现若不是能得到大家客观的认同,其他下级难免会有不满的情绪。因此,公开赞扬最好是能被大家认同及公正评价的事项。例如:业务竞赛的前三名、获得社会大众认同的义举、对公司有重大的贡献……这些值得公开赞扬的行为都是公平公开竞争下产生的,或是已被社会大众或公司全体员工认同的。

4) 适当运用间接的赞美

所谓间接的赞美就是借第三者的话来赞美对方,这样往往比直接赞美对方的效果要好。比如你见到你下属的业务员,对他说:"前两天我和刘总经理谈起你,他很欣赏你接待客户的方式,你对客户的热心与细心值得大家学习。好好努力,别辜负他对你的期望。"

间接赞美的另一种方式就是在当事人不在场的时候赞美,这种方式有时比当面赞美效果更好。一般来说,背后的赞美都能传到本人耳中,这除了能起到赞美的激励作用外,更能让被赞美者感到你对他的赞美是诚挚的,因而更能加强赞美的效果。所以,作为一名项目主管,你不要吝惜对下级的赞美,尤其是在面对你的领导或者他的同事时,恰如其分地夸奖你的下级,他一旦间接地知道了,会在感情上与你更近一步,你们的沟通也就会更有成效。

总之,赞美是人们的一种心理需要,是对他人敬重的一种表现。恰当地赞美别人,会给人以舒适感,同时也会改善与下级的人际关系。所以,在沟通中,我们必须掌握赞美他人的技巧。

俗话说:金无足赤,人无完人。在我们的沟通活动中,往往会发现下级的缺点和错误,这时要及时地加以指正和批评。有人说赞美如阳光,批评如雨露,二者缺一不可,这是很有哲理的。我们在与下级的沟通中,既需要真诚的赞美,也需要中肯的批评。

四、批评下级的方法

俗话说:良药苦口,忠言逆耳。有人认为,批评就是"得罪人"的事。所以有些上级从不当面指责下级,因为他们不知道如何处理之后的人际关系,因而使下级的错误一直无法得到纠正。有些上级指责下级后,不但没有达到使下级提高的目的,反而使下级产生了更多的不满。事实上,之所以会产生这样的后果,恐怕还在于我们在批评他人的时候缺乏技巧。医药发展至今,许多良药已经包上了糖衣,早已不苦口了;那么我们为什么不能研究一下将批评他人的技巧变成忠言不逆耳呢?

1. 以真诚的赞美作开头

俗话说:尺有所短,寸有所长。一个犯了错误的人,并不等于他一无是处。所以在批评下级时,如果只提他的短处而不提他的长处,他就会感到心里不平衡,感到委屈。一名员工平时工作业绩很好,偶尔出了一次质量事故,如果批评的时候只指责他出的事故,而不肯定他以前的成绩,他就会感到以前"白干了",从而产生抗拒心理。研究表明,被批评的人最主要的障碍就是担心批评会伤害自己的面子,损害自己的利益,所以在批评前要帮他打消这个顾虑,甚至让他觉得你认为他是"功大于过"的,那么他就会主动放弃心理上的抵抗,对你的批评也就更容易接受。

2. 要尊重客观事实

批评他人通常是比较严肃的事情,所以在批评的时候一定要客观具体,应该就事论事,要记住,我们批评他人,并不是针对个人,而是针对他的错误的行为。比如说,你作为一名编辑去校对清样,结果发现版面上标题中有一个字错了而校对人员没有发现,这时你应该对他进行批评,你可以说:"这个字你没有校出来。"你也可以说:"你对工作太不负责任了,这么大的错误都没有校正出来。"很显然,后面的说法会难以被对方接受,因为你的话语让他很难堪,也许他只是一次无意的过失,你却上升到了责任心的高度去批评他,这很可能把他推到你的对立面去,使你们的关系恶化,也很可能导致他在今后的工作中出更多的纰漏。

3. 指责时不要伤害下级的自尊与自信

不同的人由于经历、知识、性格等自身素质的不同,接受批评的能力和方式也会有很大的区别。在沟通中,我们应该根据不同的人采取不同的批评技巧。但是这些技巧有一个核心,就是不损对方的面子,不伤对方的自尊。因此,指责时要运用一些技巧,要对事不对人,语气要委婉。例如:"我以前也会犯下这种过错……","每个人都有低潮的时候,重要的是如何缩短低潮的时间","像你这么聪明的人,我实在无法同意你再犯一次同样的错误","你以往的表现都优于一般人,希望你不要再犯这样的错误"。

4. 以友好的态度结束批评

正面批评下级,对方或多或少会感到有一定的压力。如果一次批评不欢而散,那么对方一定会增加精神负担,产生消极情绪,甚至对抗情绪,这会为以后的沟通带来障碍。所以,每次的批评都应尽量在友好的气氛中结束,这样才能彻底解决问题。在会见结束时,你不应该以"今后不许再犯这样的错误"这样的话作为警告,而应该鼓励对方,提出充满感情的希望,比如说"我想你会做得更好"或者"我相信你",并报以微笑。让下级把这次见面当成是你对他的鼓励而不是一次意外的打击。这样会帮他打消顾虑,增强改正错误、做好工作的信心。

5. 选择适当的场所

要对下级进行指责,最好选单独的场合。你的独立的办公室、安静的会议室、午餐后的休息室,或者楼下的咖啡厅都是不错的选择。

每个人都会犯错,你要有宽广的胸襟包容下级的过失;本着爱护下级的心态,同时注意上面的几个要点。当下级做错事,应该被指责时,不要犹豫,果敢地去做。正确、适时的指责,对下级、对整个部门或企业都具有正面的效应。

 案例思考

一封没有寄出的信

1863年6月,葛底司堡战役的第三天,南方将军罗伯特·李率军向南撤退,途中恰遇一场暴雨,田野顿时成了一片泽国。当他们抵达波托马克时,一条河流横在他们的前头,河水猛涨,漫无边际,根本无法渡过。而背后又有北方的追兵。显然,罗伯特·李的部队陷入了绝境。这对北方联军则是一个难得的战机——一举歼灭或俘获他们。这样,旷日持久的战争就会立即结束。怀着这个迫切的愿望,林肯下了一道命令,要求米德将军率领部队向罗伯特·李发起攻击,并且命令他事先不要召集军事会议以免贻误战机。在发出电报的同时,林肯特地给米德写了一封手令,要他立即行动。可是这位将军却反其道而行之,硬是先召集了军事会议。他犹豫、观望,寻找种种借口反复打电报向林肯进行解释。结果,河水退了,罗伯特·李的队伍也就过河而去。这件事简直把林肯气疯了,他冲着他的儿子罗伯特·林肯大声喊着:"我的天啊!这是怎么搞的?这是什么意思?我们已经把他们套住了,伸手就可抓获。可是我说什么、做什么都调不动这支队伍。在这种情况下,几乎任何一位将军都能够把罗伯特·李收拾掉,要是我在那里,我自个儿也能够把他狠狠地揍一顿!"

失望之余,林肯坐了下来,提起笔给米德写了一封信。当时的林肯,在措辞上已非常谨慎和节制。而这封在1663年写成的信则不能不说是极为尖锐地指责了米德。

我亲爱的将军:

眼下罗伯特·李已经逃之夭夭。由此而给我们带来的后果,我想您横竖是不会领会的。他曾是一只瓮中之鳖,要是我们当初伸手将他抓获,配合我们近来节节取得的胜利,这场战争本可结束了。而今天呢?还得像现在这样没完没了地打下去。……为此,我感到无比悲恸!

当米德读到这封信时,他会做何反应?然而,米德压根儿没有见到这封信,这是怎么回事呢?

当时林肯的陆军部长埃德温·斯坦东,曾花了整整十年的功夫去研究林肯的一生。据他的猜想是这样的:林肯写好这封信后,抬头向南望去,自言自语地说:"等一等,也许我有些操之过急,我是坐在这安静的白宫里,发一道命令,要米德去进攻,这是非常轻松的事情。要是我当时在葛底司堡,同米德一样,目睹那血肉横飞的惨状,耳闻受伤士兵的痛苦呻吟和死亡时撕裂肝胆的惨叫,也许我不会急不可待地去下令进攻。一旦我有了米德那样的胆怯心理,我也会重复他所做的一切。不管怎么说,事情已经过去了,这封信发出去又有什么用处呢?我是发泄了胸中的怨气,而米德呢?他肯定要竭力为自己申辩,这会激起他强烈的不满情绪,自然也会指责我的不是,这样一来,势必损害一个指挥员的威信,最终会迫使他辞去军职。"

想想过去,那些尖刻的指责又有哪一次产生了积极的效果呢?于是林肯将这封信搁在了一旁……一直到他去世后才从他的一大堆文件中冒了出来。

(资料来源:杨广德,《历史大观园(下)——中外名人趣闻大观》,明天出版社1990年版)

问题:

林肯没有把信寄出去,对此你有什么启发?

分析:

消极的批评不会带来积极的效果。

 技能训练

指导:

请回想一下,在工作过程中,你的领导是如何批评指正你的?

- 直接入正题,劈头盖脸指出你的错误。
- 批评你的时候带有明显的个人感情倾向,会有侮辱人的行为。
- 以严厉的方式准确指出你的错误。
- 友好真诚地指出你的问题,并不吝赞美。

五、领导风格与行为特征

(一)领导风格的定义及种类

1. 领导风格的定义

美国依阿华大学的研究者、著名心理学家勒温和他的同事们从 20 世纪 30 年代起就进行关于团体气氛和领导风格的研究。他们认为,领导风格一般指习惯化的领导方式,主要是思考与行为方式,特别是针对下级的管理方式所表现出的种种特点,它是长期的实践形成的,极具个性化。领导方式无优劣之分,只有适合不适合之分。

每一位领导者都有其与工作环境、经历和个性相联系的与其他领导者相区别的风格。领导风格研究的理论价值和实践意义在于它更能反映现实的领导活动,解释领导有效性的差异。

2. 领导风格的种类

依据领导者个人对决策权集中的程度可以将领导风格分为如下四类。

(1)独裁型领导。

独裁型领导指决策权基本集中在最高领导者手中,下级在大多数决策中没有发言权的一种领导类型。

(2)民主型领导。

民主型领导指除了少数重大问题由领导者作出决策外,一般的决策均由下级作出的一种领导类型。

(3)参与型领导。

参与型领导是民主型领导的一种特殊形式,其主要特点是大多数决策是在与下级协商一致的基础上达成的,把人际关系的协调放到首位。

(4)放任型领导。

放任型领导指决策权基本授予下级,领导者主要负责指导、协调和激励员工的一种领导类型。

(二)不同领导风格的行为特征

1. 独裁型领导

(1)行为特征。

多数决策由领导者作出,下级的职责主要是执行决策,领导者对下级的工作进行严密的监督。在管理风格上,属于以工作为中心的管理态势,不重视对人际关系的协调。

(2)优缺点。

优点:有利于统一指挥,有利于政令畅通。

缺点:不容易发挥下级的创造性和主动性。

(3)适用范围。

主要适用于规模较小的企业或者下级的素质较差的情形。

2. 民主型领导

(1)行为特征。

按照下级的职责范围授权决策;鼓励和吸收下级参加有关决策的制定;对下级的监督比较宽松。既重视人际关系的协调,又注重生产效率的提高。

(2)优缺点。

优点:有利于发挥下级的主动性和创造性。

缺点:如果下级的素质较差,则容易影响工作的开展。

(3)适用范围。

主要适用于企业规模较大、部门较多或者下级的素质较高的企业。

3. 放任型领导

(1)行为特征。

给予下级充分的自主权,问题一般由下级作出决定;通过协调、指导来调动下级的积极性和创造性。给下级提供必要的支持和帮助;但基本上不对其进行监督,以形成良好的人际关系。

(2)优缺点。

优点:相信下级的责任心和能力,为充分发挥下级的积极性和主动性创造条件。

缺点:如果权力过于分散,削弱领导,将难以完成企业目标。

(3)适用范围。

主要适用于高科技、高智力,需要创造性强的下级或者部门。

4. 参与型领导

(1)行为特征。

在与下级协商一致的基础上达成大多数的决策;把人际关系的协调放到首位。乐于听取员工的意见,在作出决定以前同有关人员商议;尽量用说服的方法,使别人接受自己的想法。

(2)优缺点。

优点:多数决策在协商一致的基础上达成,有利于决策的贯彻执行。

缺点:决策的达成需要花费较长时间,而且可能由于妥协不能满足管理上的需要。某些个人、团队可能只为自己的利益发表意见,导致作出的决策不完善。

(3)适用范围。

主要适用于企业员工凝聚力较强、素质较高的企业。

六、怎样做一个合格的领导者

1. 缩短距离,增进了解

在领导关系中,领导者与下级之间,由于职位和地位的不同,往往自觉或不自觉地产生一种心理隔阂。作为领导者必须缩短与下级之间的心理距离,建立起融洽的人际关系。而要从心理上与下级保持融洽的关系,领导者就要正确认识下级的尊重需要。用人首先要识人,要用人、认识人、了解人是前提。对人才的了解是否正确,决定了用人是否恰当。兵随将转,无不可用之才。作为一个领导者,你可以不知道下级的缺点,却不能不知道下级的优点。

2. 严格要求，宽以待人

领导者对下级要严格要求，不能因怕影响与下级的关系，而降低标准，放松管理。作为领导者必须使自己下达的命令和布置的任务，适合下级人员的能力和客观条件；而不能要求下级对实际达不到的工作目标负责。领导者要有宽广的胸怀和气度，对于下级的不足，应该持宽容和体谅的态度。下级工作中出现了失误，领导者要及时指出并给予帮助，而不能把失误"储存"起来，"秋后算总账"。领导者对于没有做好的工作，应主动承担责任，而不能文过饰非、推卸责任。领导者光有识人的智慧还不够，还必须从关心爱护人出发，这样做，人才才能心甘情愿地为你所用。

3. 言传身教，关心爱护

作为领导者只是说得多，做得少，或是只要求下级去做，自己不能身体力行，就不能真正树立起领导的威信，对下级就缺乏应有的号召力，影响力。俗话说，"喊破嗓子，不如做出样子"，作为一个领导者，要处理好同下级的关系，重要的不是看他讲得如何，而是看他做得怎样。领导者尊重、爱护下级，是处理与下级关系的重要方法。作为领导者，只有关心、爱护下级，才能使下级感到组织上的关怀和温暖，以饱满的热情投身到事业中去。

首先是在工作上关心。工作中尊重下级的自主权，既交代任务，又传授方法，使下级感到既有压力，又有动力。其次是在生活上关心。要了解他们的疾苦，善于倾听下级的呼声，凡是有条件解决的一定要尽力帮助解决；有些问题暂时不能解决的，也要向下级解释清楚，这样才能解决下级的后顾之忧，充分调动下级的积极性。同时，也加深了上下级之间的感情。最后是在组织上关心。作为领导者，对待下级干部既要大胆使用，又要积极培养提高。

本章小结

本章主要阐述和讨论了员工人际关系的内容。主要有：人际关系的含义、员工人际关系的内涵、搞好员工人际关系的重要性及处理员工人际关系的注意事项；处理好同事关系的原则、正确处理与同事关系的技巧；向领导请示汇报的程序和要点、处理与上级关系的原则、正确处理与上级关系的技巧；正确处理与下级关系的技巧，与下级关系的原则；领导下达命令的技巧、赞扬下级的技巧、批评下级的方法、正确处理与下级关系的原则、领导的风格与能力。

问题思考

1. 员工人际关系的内涵？它包括哪些方面？
2. 处理员工人际关系应注意哪些方面？
3. 简述向领导请示汇报的程序和要点。
4. 领导赞美下级的技巧有哪些？
5. 领导的风格和能力有哪些类型？

作业习题

一、判断题(共8小题。请在正确表述后打"√"在错误表述后打"×"。)

1. 一个有效的人际关系应该是健康的、充满了信任和活力的,它应该使员工在暖暖的氛围中感觉到人生的美好、工作的满足,从而激励所有的成员为实现企业的共同目标而奋斗。( )

2. 管理者欲成为一个有效的员工激励的成功者,就必须了解人际关系,把握人际关系,利用人际关系激励员工为你服务而使你永立不败之地。( )

3. 同在一个办公室,你是下级,要接受上级领导,就要尊重他。( )

4. 事物是变化的,处好同事关系,要适时而动,因人而异,不可千人一法、万事一方。( )

5. 社会交换理论认为,组织与员工之间是一种互惠互利的相互关系,双方均需要有一定的付出,也需要得到一定的收益。( )

6. 专制型领导风格是要靠非权力性影响力进行领导,尽量根据下级的个性、特点与兴趣安排工作任务,领导者决策和执行迅速果断,效率比较高。( )

7. 领导风格一般指习惯化的领导方式,主要是思考与行为方式,特别是针对下级的管理方式所表现出的种种特点。( )

8. 作为一个领导者,你可以不知道下级的短处,却不能不知道下级的长处。( )

二、单选题(共8小题。多选、不选或错选均不得分。)

1. 美国著名的教育学者戴尔·卡耐基有一句名言:一个人事业上的成功,只有15%是由于他的专业技术,另外的85%要依赖( )。
   A. 人际关系、处世技巧　　　　B. 情感状态
   C. 学历和知识　　　　　　　　D. 勤奋

2. 处理同事关系的原则有( )。
   A. 真诚相待、谦虚和善　　　　　　　　　　B. 归属承诺
   C. 善良　　　　　　　　　　　　　　　　　D. 大方

3. 处理与上级关系的原则有( )。
   A. 注意送礼　　B. 言听计从　　C. 努力工作　　D. 主动而不越权

4. 互动型的领导的性格特征有( )。
   A. 善于交际,喜欢与他人互动交流　　B. 不喜欢享受他人对他们的赞美
   C. 凡事不喜欢参与　　　　　　　　　D. 缺乏想象力

5. 指决策权基本授予下属,领导者主要负责指导、协调和激励员工的一种领导类型是( )。
   A. 独裁型领导　　B. 民主型领导　　C. 参与型领导　　D. 放任型领导

6. 赞美的技巧包括( )。
   A. 用不真诚的态度　　　　　　B. 用不具体的内容
   C. 注重赞美的场合　　　　　　D. 运用直接的赞美

7. 独裁型领导的行为特征是多数决策由（　　）作出。
A. 领导者下属　　　B. 领导者同事　　　C. 领导者上司　　　D. 领导者自己
8. 批评指责下级的地点最好选在（　　）。
A. 不独立的办公室　　　　　　　　B. 嘈杂的会议室
C. 午餐时的休息室　　　　　　　　D. 楼下的咖啡厅

三、案例分析题（共2个案例，10个单选小题。多选、不选或错选均不得分。）

案 例 一

王先生是一家公司的部门经理，以下是他的一段亲身经历：

我的下属中有一位李司机，30多岁，有一个女儿。有一天，他满脸通红、非常尴尬非常不好意思地坐在我对面的椅子上说："经理，我想跟你说点事儿。"我说："你说吧。""我买了经济适用房，我想贷款，但是首付不太够。""哦，这是小事儿，你说缺多少钱？"他很尴尬地回答："好像还缺一万五千元。"当时我就说了一句："哦！"结果他马上青筋暴露，特别生气的样子，二话不说就走了。

这就造成了我和他之间的一个误会，事后，我才意识到自己错了，我的那个"哦"可能让他误认为我根本没有把他的要求当回事儿。其实我当时就像好解决方案了，方案一是告诉李司机一万五千元不是个大数，自己可以借；方案二是可以先帮李司机付钱，然后每个月从他的工资里扣钱。但是，这些解决方法我没有马上说出来，结果导致了误会的发生。直到我离职，这个司机也没有理睬过我，虽然他是我的下属，我们还是公事公办，我要求他做什么，他一定会好好完成，但心与心的距离却拉得非常远，而且是无法修补的。

（资料来源：百度文库）

1. 员工人际关系就是员工在工作过程中所形成的一种社会关系，包括（　　）。
A. 金钱关系　　　　　　　　　　　B. 员工与顾客之间的关系
C. 上下级领导关系　　　　　　　　D. 企业之间的关系
2. 该案例中，部门经理与李司机发生误会是因为（　　）。
A. 沟通不及时　　　　　　　　　　B. 沟通不平等
C. 沟通主动　　　　　　　　　　　D. 沟通不够真诚和深入
3. 处理同事关系要遵循（　　）的原则。
A. 尊重、理解　　　　　　　　　　B. 有时信任、有时帮助
C. 关注　　　　　　　　　　　　　D. 协商谈判
4. 正确处理与下级关系的原则包括（　　）。
A. 平等、尊重　　　　　　　　　　B. 一分为二看问题
C. 交谈　　　　　　　　　　　　　D. 多打电话
5. 正确处理与同事关系的技巧包括（　　）。
A. "治人"先"治己"　　　　　　　B. 仔细分析人
C. 不要回避　　　　　　　　　　　D. 取长补短，多教育人

案 例 二

玫琳凯·艾施是20世纪美国企业界的一个新秀。她在20世纪60年代用5000美元积蓄办起玫琳凯化妆品公司，开业时雇员仅9人。20年后，该公司发展成为拥有5000多

名员工、年销售额超过3亿美元的大企业。

玫琳凯·艾施是如何将一个小公司做成一家大企业的呢？总结她的成功之道，最重要的是她"精通人际关系学"。

艾施之所以特别重视人际关系，是因为她从实践工作中得到了启发。

在她还没有独立创业的时候，为了能同自己所供职的公司副总裁握手，艾施排队等候了足足3个小时。然而，11次失败之后，她最终等到了让她终生难忘并影响了她一生的握手——副总裁同她握手、打招呼，眼睛却瞧着她身后等候接见的队伍还有多长！

时至今日，她仍然对当初的情形耿耿于怀："直到今天，我一想起那件事还伤心，当时，我暗暗对自己说，假如有朝一日我成为被人们尊崇的人，我一定要把注意力全部集中在站在面前同我握手的人身上。"因此，成为企业领导者之后的艾施，总是尽力处理好与团队每一位成员的关系。

有人问道："你是怎么做到这一点的？你难道不觉得累吗？"艾施说："当然，做到这一点很不容易，但是我从来没想过要放弃，因为我曾亲身体验被一个对于自己来说很重要的人冷遇是什么滋味。处理好上下级关系永远是至关重要的。切记，永远不要用你不喜欢被对待的方式对待任何人。"

每逢圣诞节、公司周年纪念日，艾施都给员工寄发祝贺卡片，员工过生日时也会收到一份写有她亲笔贺词的生日卡和两份免费午餐招待券。对于那些高级管理人员，艾施同样也会给他们送圣诞礼物和生日礼物。有一年，她在圣诞节送给销售主任每人一只"熊小姐"，拉一下它身上的线，它就会说"你是好样的"或者"我爱你，你了不起，你什么都能干"。

"秘书周"时，全体秘书都会获得一束鲜花和一只咖啡杯。新进员工进入公司一个月之内，会获得艾施的亲自接见。

在玫琳凯公司内部，必须严格贯彻男女平等的原则。每个人都在同一家自助餐厅吃饭；办公室门上不挂任何职衔，必须为访客开门。该公司没有所谓的低层员工，大家都受到同等待遇。

玫琳凯的化妆品全部在达拉斯的工厂内生产。公司每年发给生产线工人三套工作服；女孩子会拿到一套鲜红色类似跳伞衣的便服，以及红色宽松短衫与长裤；男人则穿着蓝长裤、衬衫、便帽。工厂内有空调设备，相当舒适。

春季一来，所有员工得参加年度大会，艾施和儿子罗吉斯报告公司财务状况，并与员工直接交换意见，年度大会的气氛十分热烈。员工说，这种对玫琳凯公司的产品以及公司的成功所付出的热忱是真诚而不造作的。他们表示，只要一进到办公室或厂房，立刻可感受到这种热情和朝气。

玫琳凯的正式员工中有不少人做过公司的独立销售员，能力强的销售员收入相当可观。根据《广告时代》杂志调查，玫琳凯公司销售主任比其他化妆品公司主任的薪水还要高。

艾施还规定，凡是加入公司届满一年的员工，都可以得到一条镶有饰物的金链。当进入公司三周年、六周年、九周年……的时候，他们得到的纪念品是其他首饰。当他们在公司工作十五周年时，他们得到的是一件镶有钻石的首饰。

另外，该公司也鼓励员工进修。公司附设大专与中学课程，如果员工能得到A或B

的成绩,公司将全额补助学费。

在玫琳凯化妆品公司,团队成员间的融洽更体现在公司内部如家庭般的气氛上。玫琳凯化妆品公司中的人从不互称先生、夫人或小姐。公司办公室的门上也没有职位标志,而且除了开会之外,门总是敞开着的。虽然这样做可能会因别人的突然闯入影响工作,但是艾施认为,重要的是人们知道他们可以来找她讨论任何重大问题。她愿意公司的姑娘和小伙子们定期来看自己,向她诉说他们的抱负和梦想。

虽然艾施以其学位和表现自豪,但赢得员工对她如此忠心的却是她的"个人式沟通"。

(资料来源:白山,《千万别伤了员工的心,员工管理中的十道心灵鸡汤》,北京工业大学出版社 2011 年版)

1. 玫琳凯·艾施能将一个小公司做成一家大企业是因为她(　　)。
   A. 很会赚钱　　　　　　　　　B. 精通人际关系学
   C. 会处理领导关系　　　　　　D. 掌握很高的技术
2. 就领导风格的种类来说,玫琳凯·艾施应该是一位(　　)。
   A. 独裁型领导　　B. 民主型领导　　C. 参与型领导　　D. 放任型领导
3. 正确处理与下级关系的原则不包括(　　)。
   A. 公正而不谋私　　　　　　　B. 平等而不摆架子
   C. 权限明确而不越权　　　　　D. 多给小恩惠
4. 玫琳凯化妆品公司在员工人际关系的管理上最重要的和成功的是(　　)。
   A. 给员工最为丰厚的物质利益
   B. 招收比较高学历的员工,关注员工的学习进修
   C. 处理好与团队每一位成员的关系、对人的关注、男女平等、团队成员间的融洽关系
   D. 以上都是

第三章 沟通管理

 能力要求

了解沟通的含义、要素,沟通的两种方式、双向性、三个行为,沟通失败的原因及高效沟通三原则;

掌握沟通程序、有效发送信息的技巧、关键沟通技巧——积极聆听、有效反馈技巧;

了解有效的肢体语言、有效沟通的基本步骤;

学会使用人际风格沟通技巧、电话沟通技巧、接近客户的技巧、会议沟通的技巧。

 考核重点

沟通;沟通要素;沟通过程;有效沟通;沟通技巧。

 案例导入

杨瑞的困惑

杨瑞是一个典型的北方姑娘,在她身上可以明显地感受到北方人的热情和直率,她坦诚,有什么说什么,总是愿意把自己的想法说出来和大家一起讨论,正是因为这个性格,她在上学期很受老师和同学的欢迎。今年,杨瑞从西安某大学的人力资源管理专业毕业,经过四年的学习,她认为自己不但掌握了扎实的人力资源管理专业知识,而且具备了较强的人际沟通技巧,因此她对自己的未来期望很高。为了实现自己的梦想,她毅然只身去广州求职。

经过将近一个月的反复投简历和面试,在权衡了多种因素的情况下,杨瑞最终选定了东莞市的一家研究生产食品添加剂的公司。她之所以选择这家公司,是因为该公司规模适中、发展速度很快,最重要的是该公司的人力资源管理工作还处于尝试阶段,加入公司后她将是人力资源部的第一个人,因此她认为自己施展能力的空间很大。

但是到公司实习一星期后,杨瑞就陷入了困境。

原来该公司是一个典型的小型家族企业,企业中的关键职位基本上都由老板的亲属担任,其中充满了各种裙带关系。尤其是老板安排了他的大儿子做杨瑞的临时上级。而这个人主要负责公司研发工作,根本没有基本的管理理念,更不用说人力资源管理理念,在他的眼里,只有技术最重要,公司只要能赚钱,其他的一切都无所谓。但是杨瑞认为越是这样就越有自己发挥能力的空间,因此在到公司的第五天,杨瑞拿着自己的建议书走向直接上级的办公室。

"王经理,我到公司已经快一个星期了,我有一些想法想和您谈谈,您有时间吗?"杨瑞走到经理办公桌前说。

"来来来,小杨,本来早就应该和你谈谈了,只是最近一直扎在实验室里就把这件事忘了。"

"王经理,对于一个企业尤其是处于上升阶段的企业来说,要持续企业的发展必须在管理上狠下工夫。我来公司已经快一个星期了,据我目前对公司的了解,我认为公司主要的问题在于职责界定不清;雇员的自主权力太小致使员工觉得公司对他们缺乏信任;员工薪酬结构和薪酬水平的制定随意性较强,缺乏科学合理的基础,因此薪酬的公平性和激励性都较低。"

杨瑞按照自己事先所列的提纲开始逐条向王经理叙述。

王经理微微皱了一下眉头说:"你说的这些问题我们公司也确实存在,但是你必须承认一个事实——我们公司在赢利。这就说明我们公司目前实行的体制有它的合理性。好了,那你有具体方案吗?"

"目前还没有,这些还只是我的一点想法而已,但是如果得到了您的支持,我想方案只是时间问题。"

"那你先回去做方案,把你的材料放这儿,我先看看然后给你答复。"说完王经理的注意力又回到了研究报告上。

杨瑞此时真切地感受到了不被认可的失落,她似乎已经预测到了自己第一次提建议的结果。

果然,杨瑞的建议书石沉大海,王经理好像完全不记得建议书的事。杨瑞陷入了困惑之中,她不知道自己是应该继续和上级沟通还是干脆放弃这份工作,另找一个发展空间。

(资料来源:百度文库)

启示:

从这个案例中我们可以看到沟通在我们的生活、学习、工作中无处不在。沟通作为人类最基本、最重要的活动方式和交往过程之一,不仅在管理中占据重要的地位,而且在其他的人类行为中也扮演着十分重要的、不可或缺的关键角色。人类社会及人类社会中的任何一个基本组织,都是由两个或多个个体所组成的一个群体,沟通是维系组织存在,保持和加强组织纽带,创造和维护组织文化,提高组织效率、效益,支持、促进组织不断进步发展的主要途径。可以说,天下没有不需要进行沟通的组织。没有沟通,就不可能形成组织和人类社会。家庭、企业和国家,都是十分典型的人类组织形态。人类在社会组织如企业中要实施管理,必须通过沟通。沟通是管理的核心和本质。

第一节 沟通概述

一、沟通的含义及要素

（一）沟通的定义

沟通是指为了一个设定的目标,把信息、思想和情感在个人或群体间传递,并达成共同协议的过程。

根据上述定义,沟通有以下三个方面的含义。

(1) 沟通是双方的行为,必须有信息的发送者和接受者。

其中,双方既可以是个人,也可以是群体或组织。

(2) 沟通是一个传递和理解的过程。

如果信息没有传递给对方,则意味着沟通没有发生。而信息在被传递之后还应该被理解,一般来说,信息经过传递之后,只有接受者感知到的信息与发送者发出的信息是完全一致时,才是一个有效的沟通过程。

(3) 要有信息内容,并且这种信息内容不像有形物品一样由发送者直接传递给接受者。

在沟通过程中,信息的传递是通过一些符号来实现的,如语言、身体动作和表情等,这些符号经过传递,往往都附加了传送者和接受者一定的态度、思想和情感。

（二）沟通的要素

(1) 信息。这里所说的信息包括想法、观点、资料、情感等,范围比较宽泛。

(2) 发送者。发送者将这些信息进行编码,使之成为接受者能够理解的一系列符号,如文字、图表、语言、手势等。

(3) 渠道。发送者将信息进行编码后选择一定的方式进行传递,由于选择的符号类型不同,传递的方式也不同,如口头交谈、书面报告、电话、体态语言等。

(4) 接受者。接受者将这些符号进行解码(译码),使之成为具有特定含义的信息。解码过程关系到接受者能否正确理解信息,以及信息所包含的特定含义和内容。接受者根据这些符号传递的方式,选择相对应的接受方式。由于发送者和接受者对信息的理解和接受程度,受到双方知识、技能、态度、价值观、环境等多种因素的影响,所以对同一个信息,不同的接受者可能会产生不同的理解。

(5) 编码和译码。信息的传递,要经过信息发送者的组织与接收信息者的解说注释。例如,父母亲经常对青少年子女说:"我们好爱你。"而青少年子女感受到的是:"你们口口声声说爱我。家只不过是吃饭、睡觉的地方,跟旅馆没有两样。"两者之间有很大的落差。

(6) 反馈。发送者通过反馈来了解所传递的信息是否被对方准确无误地接受。反馈构成了信息的双向沟通,反馈有利于增强沟通的有效性和信息传递的准确性。

(7) 噪音。噪音是指妨碍信息沟通的因素,可能是物理噪音,也可能是非物理噪音。噪音存在于沟通过程的各个环节,并有可能造成信息的曲解和失真。如模棱两可的语言、难以辨认的字迹、嘈杂的人声、此起彼伏的电话铃声等噪音干扰,都可能导致沟通失效。

二、沟通的方式、特性和行为

(一)沟通的方式

按照沟通媒介的不同,可将沟通划分为语言沟通、非语言沟通和电子媒介沟通,语言沟通又可分为口头沟通和书面沟通两种;非语言沟通主要包括身体语言沟通和副语言沟通两种方式。

1. 语言沟通

(1)口头沟通。

口头沟通是沟通信息传递的重要通道,包括人与人之间面谈、电话沟通、讨论会、演讲会等。口头沟通既可以是面对面的直接信息交流,也可以是群体的会议和讨论;既可以是正式的交谈,也可以是非正式的闲聊。

口头沟通的优点是双向交流,信息能得到及时传递和反馈。在这种沟通方式下,信息可以以最快的速度被传递,并在最短的时间内得到反馈,接收信息的听众若有疑问可以迅速向发送者提出。同时,面对面的口头沟通可使下级感觉自己被尊重和重视。除此之外,电话沟通有利于沟通信息的快速传递,节省了时间。

口头沟通的缺点是信息传递过程中会存在失真的可能,每个人都倾向于以自己的方式解释信息,经过组织层级的层层过滤后,真正的意义可能面目全非。

(2)书面沟通。

书面沟通是指以书面文字的形式进行的沟通,它可以使信息得到长时间的保存。在一般情况下,发送者与接受者双方都拥有沟通记录,如果双方对传递的信息有疑问,可以通过后期的查询解决。对复杂的活动来说,采取书面记录的方式,更有利于双方的信息沟通。例如企业的销售统计报表和每天的销售记录可以作为买卖双方发生问题时查询的依据。

书面沟通的优点是传播的内容正式、逻辑性强、条理清楚。因为经过书面表达出来的信息是经过反复思考、认真推敲的,减少了口头沟通的情绪、他人观点的影响,对于沟通内容的大规模传播非常有利。书面沟通包括向外发送的广告、一般性文件、公告、往来信函、备忘录等。在处理明确的常规信息时,组织往往采用这种沟通方式。

但是书面沟通也有缺陷,相对于口头沟通,书面沟通消耗时间较长,沟通的效率比不上口头沟通;另一个主要缺点是,不能及时提供沟通的反馈,书面信息的查询等比口头沟通要慢得多,需要信息发送者花较长的时间来确认信息是否已被接收并被准确地理解。

2. 非语言沟通

人们在沟通时,动作往往比语言更为有效,非语言沟通要素中的动作在沟通中所起的作用是非常重要的。专家认为,人际沟通中65%的意义由非语言信息传达。

非语言沟通渠道主要包括身体语言沟通和副语言沟通。其中身体语言包括动作、手势、面部表情、服饰与仪态等。一般认为有声的口头语言沟通作用于人的听觉,而丰富的身体语言作用于人的视觉,这两种信息同时协调传递,不仅可以使人听到绘声绘色的讲述,通过丰富多彩的表情、姿态、动作,还能获得形象的感受。同时,运用得好的身体语言可以体现使用者高深的文化修养,树立其良好的个人形象,从而增加个人魅力。

非语言沟通主要是通过声音、语调、字间停顿等来实现的。心理学研究表明,一句话的含义往往不仅取决于其字面的意义,还取决于它的弦外之音,语调的变化可能使得同样一句话表达截然相反的两种意思。

非语言沟通的作用主要表现在以下方面。

(1) 可以用身体语言代替话语。例如伸出两个手指比出 V 字形表示胜利,摇头表示"不",点头表示"是"或"同意"。许多用有声语言所不能传达的信息,运用身体语言却可以很好地传达。另外,身体语言作为一种特定的形象语言,可以产生有声语言所不能达到的效果,每个人在日常工作中都在自觉或不自觉地使用非语言沟通方式。

(2) 非语言沟通可以用来补充意义。例如可以用手势表示以下五种情况:①强调所说的话;②表示途径或思考的方向;③表示位置,如服务员可能对客人说"请坐那一桌";④用来描述,如用手势说明某种物体的尺寸;⑤用来模仿。

(3) 非语言沟通可以作为发送者表达情感的论据。非语言沟通大多数是人们的非自觉行为,它所包含的信息往往是在沟通主体不知不觉中表现出来的。一般是沟通主体内心情感的自我流露,可知性较小,所传递的信息也更具有真实性。因此,要正确了解一个人的心理活动和真实思想,观察其身体语言非常重要。例如某人因为愤怒而表现得面目狰狞,但是其有声语言可能表达的是对此事不在意。

 技能训练

请你做一个练习,测试一下你的非语言沟通能力。

指导:

按照下列给出的标准,给表 3-1 中的每个句子打分:

1. 从不;2. 有时;3. 通常是这样;4. 总是这样。

表 3-1　非语言沟通能力测试

问　　题	得　　分
1. 我在听人讲话时保持不动,不摇晃身体,不摆动自己的脚,或者表现出不安定	
2. 我直视讲话者,对目光交流感到舒适	
3. 我关心的是讲话者说什么,而不是自己如何看或者自己的感受如何	
4. 欣赏时,我很容易笑和显示出活泼的面部表情	
5. 当我在听时,我能完全控制自己的身体	
6. 我以点头来鼓励讲话者随便说或以一种支持、友好的方式来听他的讲话	
总分:	

如果你的得分大于 15,则说明你的非语言沟通技巧非常好;如果你的得分为 10～15,说明你处于中间范围,应该进行一定的改进;如果你的得分低于 10,那么请学习聆听

技巧。

3．电子媒介沟通

电子媒介沟通是指充分利用传真、闭路电视、互联网、电子邮件、QQ等电子媒介所进行的沟通。在网络时代,电子媒介的优点主要体现在信息传递快速便捷、容量大、成本低,不受空间距离限制,可多人接受信息。

上述几种沟通方式的优缺点比较如表3-2所示。

表3-2　几种沟通方式的比较

沟通方式		优　点	缺　点	举　例
语言沟通	口头沟通	传递快捷,反馈快捷,信息量很大	传递中经过层次愈多,失真愈严重,核实愈困难	面谈、讲座、电话沟通、讨论会等
	书面沟通	持久,有形,可核实	效率低、反馈慢	报告、备忘录、信件、文件、布告、内部期刊等
非语言沟通		信息意义十分明确,内涵丰富,真实	传递距离有限,界限模糊,只能意会,不能言传	声音、目光、体态、语调等
电子沟通		快速传递,信息量大,一份信息可同时传递给多人,费用低	缺乏丰富的情感交流	传真、闭路电视、互联网、电子邮件等

（二）沟通的特性——双向性

我们在工作和生活中,常把单向的通知当成了沟通。你在与别人沟通的过程中是否是一方说而另一方听呢？这样的沟通效果非常不好,换句话说,只有双向的信息交流才叫做沟通。任何单向的信息传输都不叫沟通。因此沟通的另外一个非常重要的特征是沟通一定是一个双向的过程沟通。（见图3-1）

图3-1　沟通的双向性

 技能训练

指导：

回忆一下你在沟通中是否做到双向沟通？若没有做到,你如何改进？（见表3-3）

表3-3　双向沟通技能测试表

造成不良沟通的原因		改　进
你说的多,问的少	你问的多,说的少	
举例：	举例：	

（三）沟通的三个行为

沟通的三个行为即说、听、问。（见图3-2）

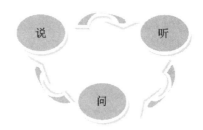

图 3-2　沟通的三个行为

要形成一个双向的沟通，必须包含三个行为，既有说的行为、听的行为还要有问的行为。换句话说，考察一个人是否掌握了沟通技巧，主要看他这三种行为是否都出现。

 案例思考

面试中的沟通测试

　　一家著名的公司在面试员工的过程中，经常会让10个应聘者在一个空荡的会议室里一起做一个小游戏，很多应聘者在这个时候都感到不知所措。他们在一起做游戏的时候，面试官就在旁边看，他们不在乎你说的是什么，也不在乎你说的是否正确，主要是看面试者三种沟通行为是否都表现出了，以及这三种行为的比例如何。如果一个人要表现自己，他的话会非常多，始终在喋喋不休地说，可想而知，这个人将是第一个被淘汰的人。如果你坐在那里只是听，不说也不问，那么，也将很快被淘汰。只有在游戏的过程中有听有说，同时会问的人才会留到最后，这样就意味着他掌握了良好的沟通技巧。

（资料来源：柳青、蓝天，《有效沟通技术》，中国社会科学出版社2003年版）

分析：

我们每一个人在沟通的时候，一定要掌握良好的沟通技巧：说、听、问三种行为都要出现，并且这三者之间的比例要协调，如果具备了这些，你将成为一个良好的沟通者。

三、沟通的三个原则及沟通失败的原因

（一）沟通的三个原则

1．谈论行为不谈论个性

谈论行为就是讨论一个人所做的某一件事情或者说的某一句话。在工作中，我们发现有些职业人士在和我们沟通的时候严格遵循了这个原则，就事论事地和你沟通，虽然显得有一丝冷淡，但这恰恰是一个专业沟通的表现。

2．明确无误

明确无误就是在沟通的过程中，你说的话一定要非常清晰明了，让对方有一个准确的唯一的理解。在沟通过程中有人经常会说一些模棱两可的话，就像经理会拍着你的肩膀

说:"你今年的成绩非常好,工作非常努力。"好像是在表扬你,但是接下去他还说一句:"明年希望你要更加努力。"这句话又好像在鞭策你,说你不够努力。这就使人不太明白:沟通传达给我的到底是什么意思?所以,沟通一定要明确。

3. 学会倾听

倾听是一种完整获取信息的方法。伏尔泰说:耳朵是通向心灵的窗户。松下幸之助曾把自己的全部经营秘诀归结为一句话:首先细心倾听他人的意见。美国著名的玛丽凯化妆品公司创始人玛丽·凯曾说过:一位优秀的管理者应该多听少讲,也许这就是上天为什么赐予我们两只耳朵、一张嘴巴的缘故吧。对管理者来说,倾听不仅可以使其获得重要的信息,获得别人的信任和友谊,还可以激发对方的谈话欲望,发现说服对方的关键。但管理者要真正学会倾听,并不是件容易的事情,现实中"听"不进常常有三种表现:一是根本不听;二是只"听"一部分;三是不正确地"听"。

(二)沟通失败的原因

在我们日常工作中,关于沟通管理大家并不陌生,但有不少管理者一直在抱怨,"我和他没法沟通","跟他说上一百遍他还是他"。其实出现这些沟通上的障碍可能与我们自身有着极大的关系。

1. 高高在上

这类障碍是由于身份、地位不平等造成的。沟通双方身份平等,则沟通障碍最小,因为双方的心态都很自然。例如,与上级交流时,下级往往会产生一种敬畏感,这就是一种心理障碍。另外,上级和下级所掌握的信息是不对等的,这也使沟通的双方发生障碍。

2. 自以为是

人们都习惯于坚持自己的想法,而不愿接受别人的观点。这种自以为是的倾向是构成沟通的障碍因素之一。

3. 偏见

沟通中的双方有一方对另一方存在偏见,或相互有成见,这会影响沟通的顺畅。

4. 不善于倾听

沟通的一个重要环节是倾听,沟通不可能是一个人的事情。当有一方在表达时,另一方必须专注倾听才能达到沟通的效果。而人一般都习惯于表达自己的观点,很少用心倾听别人的。

5. 缺乏反馈

沟通的参与者必须反馈信息,才能使对方明白你是否理解他的意思。反馈包含了这样的信息:有没有倾听,有没有听懂,有没有全懂,有没有准确理解。如果没有反馈,对方以为他已经向你表达了意思,而你以为你所理解的就是他所要表达的,造成误解。为了消除误解,沟通双方必须有反馈。

6. 缺乏技巧

技巧是指有效沟通的方式,目的是消除因方法不当引起的沟通障碍。关于沟通技巧,主要从下面一些角度去认识：

(1) 你会正确表达想法吗？

(2) 你能够按对方希望的时间和方式表达想法吗？

(3) 你能够与不同职位、不同性格的人进行沟通吗？

(4) 如果已经产生误解，你能够消除吗？

 技能训练

在工作和生活中造成沟通失败的原因是什么？你将如何改进？

沟通失败的原因技能训练如表 3-4 所示。

表 3-4 沟通失败的原因技能训练表

失 败 原 因	以前如何处理	将来如何改进
高高在上		
自以为是		
偏见		
不善于倾听		
缺乏反馈		
缺乏技巧		
补充：		
总结：		

 案例思考

用 心 倾 听

对于沟通失败的苦恼，美国汽车推销之王乔·吉拉德曾有过一次深刻的体验。一次，某位名人来向他买车，他推荐了一种最好的车型给这位客人。客人对车很满意，马上就要成交时，客人却突然变卦离去。

乔为此事懊恼了一下午，百思不得其解，到了晚上 11 点他忍不住打电话给那位客人："您好！我是乔·吉拉德，今天下午我曾经向您介绍一款新车，眼看您就要买下，却突然走了。这是为什么呢？"

"你真的想知道吗？"

"是的！"

"实话实说吧，小伙子，今天下午你根本没有用心听我说话。就在签字之前，我提到我的儿子吉米即将进入密歇根大学读医科，我还提到他的学科成绩、运动能力以及他将来的抱负，我以他为荣，但是你毫无反应。"

(资料来源：轶名，《用心倾听》，《商业故事》2011 年第 4 期)

分析：

乔失败的原因就是：没有用心听讲。在沟通过程中，如果不能够认真聆听别人的谈话，也就不能够"听话听音"。

第二节　有效沟通的技巧

一、沟通过程

沟通的过程是一个完整的双向沟通的过程：发送者要把他想表达的信息、思想和情感，发送给接受者。当接受者接到信息、思想和情感以后，会提出一些问题，也就是给对方一个反馈，这就形成一个完整的双向沟通的过程。在发送、接受和反馈的过程中，我们需要注意的问题是：怎样做才能达到最好的沟通效果？因为发送信息者在双向互动下，容易受到干扰从而影响沟通效果。下面我们来仔细地分析一下沟通的过程，如图3-3所示。

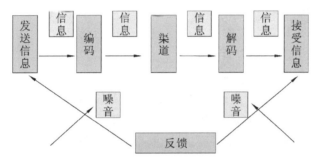

图3-3　沟通的过程图

从图中我们可以看到，沟通从发送者开始，发送者形成了需要传递给别人的思想、感情、观点或消息。首先要将它们编码成可传送的信息形式，如声音、文字、图形或手势等。经过编码的信息通过一定的媒介或渠道，如电话、电台、电视、网络、报刊、书籍等传递给接受者。接受者试图理解所接收到的信息，就得进行解码。

整个沟通过程还会受到"噪音"的影响。"噪音"可能来自周围环境，也可能是渠道本身的问题，还可能是发送者或接受者的心理因素所至。由于噪音会影响沟通的效果，因此为了确定沟通的有效程度，杜绝失真情况发生，沟通过程的反馈是必要的。

1．单向沟通和双向沟通

按照是否进行反馈，沟通可分为单向沟通和双向沟通。

1）单向沟通

单向沟通是没有反馈的沟通，是指自上而下或自下而上，或都是一方向另一方的单方面的主动沟通。

单向沟通不能确定接受者是否准确地理解了所接收到的信息。

2）双向沟通

双向沟通是有反馈的沟通，是双方的、双向的互动沟通。

双向沟通的信息准确性较高，接受者有反馈意见的机会，反馈有利于准确理解所接收到的信息。

2. 单向沟通与双向沟通的比较(见表3-5)

表3-5 单向沟通与双向沟通的比较

因　素	结　果
时间	双向沟通比单向沟通需要更多的时间
信息和理解的准确程度	双向沟通中接受者理解信息的准确程度大大高于单向沟通
接受者和发送者置信程度	在双向沟通中,接受者和发送者比单向沟通中的接受者和发送者更相信自己对信息的理解
满意	在双向沟通中,接受者和发送者都比较满意,单向沟通则不然
噪音	由于与问题无关的信息较易进入沟通过程,双向沟通的"噪音"比单向沟通要大得多

3. 单向沟通与双向沟通的应用

(1) 一个组织如果只重视工作的速度与成员的秩序,宜用单向沟通。

(2) 命令传达等可用单向沟通。

(3) 如果要求工作的正确性高、重视成员的人际关系,则宜采用双向沟通。

(4) 处理陌生的新问题,上级组织的决策会议,双向沟通的效果较佳。

(5) 从领导者个人来讲,如果经验不足,无法当机立断,或者不愿下级指责自己无能,想保证权威,那么单向沟通对他有利。

二、语言沟通技巧

(一) 发送信息的技巧

在沟通过程中,信息发送是沟通的第一环节。这里指的信息,包括信息、思想和情感。在沟通中,发送的不仅仅是信息,还有思想和情感。在发送信息的时候,需要注意以下几个问题。

1. 选择最优的信息发送方式(how)

当你在工作中要发送一个信息时,首先要考虑的是用什么方式去发送它。想一想,你在工作中经常通过哪些方式与别人沟通,有电话、电子邮件(e-mail)、传真,也有面对面的会议沟通等方式。

在沟通的过程中,我们为了得到良好的沟通效果,首先要选择正确的发送信息的方式。因为不同方式所达成的结果之间的差距是非常大的。

发送方式要根据沟通内容来选择。例如:你的一份报告传给你的同事或交给你的上级,更多是一种信息的沟通。我们和客户的沟通,更重要的是为了增进和客户之间的感情和取得客户的信任。这个时候,信息是次要的,情感是主要的。所以说,在选择方法的过程中,首先要考虑到内容本身是以信息为主还是以思想和情感为主,然后根据沟通内容的偏重度来选择合适的方法。

另外,还需要对几种常用的信息发送方式有所了解。

第一,电子邮件。e-mail 是一种越来越普及的信息发送方式,也是一种非常流行、方便快捷且成本低廉的沟通方式。现在许多员工上班的第一件事就是打开电脑,看一看自己有没有新的电子邮件,并用它进行快捷的人际沟通。

电子邮件的优势主要是可以传递大量的、准确的信息,甚至很多视频都可以通过电子邮件来传递。所以,在传递大量信息的时候,电子邮件是首选。

电子邮件的不足之处是它不可能很好地传递你的思想和情感,它不适合用于沟通情感。

第二,电话。打电话是我们传统而常见的一种沟通方式。我们知道电话的沟通也是通过语言沟通,但是电话的语言沟通里不仅仅包含你说的内容,也包含了一些你说话的语气、语调、停顿等,这也是一种肢体语言的表现,这些肢体语言能够传递给对方一定的情感和思想。所以可以说打电话是一种包含一定的信息,也包含一定的思想和情感的沟通方式。

电话和电子邮件就包含的信息量相比,电话的信息量会少一些,因为在电话沟通中,对方不可能一下子记住太多的信息,所以说电话是针对一些短小的信息,简单思想情感传递的有效方式。如,"你是否能够开会"、"明天你是否来办公室"等,工作中在确认某件事情的时候,用电话是比较好的。电话有一个突出的优势,就是它传递信息速度快,如当我们遇到紧急情况时,首先会想到是拨打紧急号码(如 110、119),而不是发电子邮件。

第三,面谈。面谈是在客观条件(如距离等)允许的条件下,最好的沟通方式,不光可以保证信息的准确性,还可以透过非语言沟通了解双方的更多真实想法。

 案例思考

增进感情的沟通

一家著名的公司为了增进员工之间的相互信任和情感交流,规定在公司内部 200 米之内不允许用电话进行沟通,只允许面对面的沟通,结果产生了非常好的效果,公司员工之间的感情非常融洽。而现在很多公司更多地采用电子邮件、电话、互联网等方式进行沟通,却忽略了最好的沟通方式——面谈。致使在电子化沟通方式日益普及的今天,人和人之间的了解、信任和情感日渐淡化。所以,不论作为一个沟通者或者作为一个管理者,你一定不要忘记尽量多地使用面谈这种方式进行沟通。

(资料来源:百度文库)

问题:

这个公司规定沟通方式对你有什么启发?

启示:

1. 最好的沟通方式是面对面的沟通。
2. 选择恰当的沟通时间,应充分考虑对方的情绪。

传递信息的两种方式:一种是语言,另一种就是肢体语言。在同别人进行沟通的时候,你说什么话是很重要的,但如果再加入相应的肢体语言,你所要传递的信息内容就会更加确切。只注重语言却不注重肢体语言,沟通效果是会打折的。就像我们每人每天都会接收到很多的口号式的信息,没有任何肢体语言,如饭店服务员没有任何肢体语言参与的"欢迎光临",是否让你感觉到真的是欢迎光临呢?我们接收到的仅仅是"欢迎光临"这四个字带给我们的信息,却没有通过她说这句话时肢体语言传递给我们情感。

 技能训练

传递信息时,有效利用语言和肢体语言两种方式来明确表达信息的内容,其技能训练如表 3-6 所示。

表 3-6 利用语言与肢体语言传递信息技能训练表

确定信息内容		是√ 否×
语言	① 是否详细地记录下上级的命令内容?	
	② 是否耐心地听上级把话讲完?	
	③ 不清楚的地方是否向上级说明?	
	④ 针对上级的命令,是否就自己的能力、工作计划完成期限、工作的难易度预估自己执行的可能性?	
肢体语言	① 主管呼叫时,是否立刻有精神地回应?	
	② 是否携带笔记用具及备忘录至主管处?	

2. 谁该接受信息(who)

我们在发送信息的时候还需要考虑以下问题:

(1) 信息接受的对象是谁?

(2) 接受者的关注点在哪里?

(3) 所传递信息是否符合接受者的观点?

(4) 所传递信息能否满足接受者的需要?

(5) 所传递信息是否适合接受者的情绪?

3. 在何处发送信息(where)

发送信息时,还需要考虑在什么样的环境和场所下发送给对方。发送信息的场所的选择已经越来越引起人们的关注。在实践中很多管理者已经越来越认识到,环境对沟通效果的影响非常大,所以要根据信息的内容、接受者的情绪,以及接受者与发送者的关系认真选择发送信息的场地。如在工作中,上下级之间的沟通,选择在上级的办公室中进行,通常是达不到好效果的,可以选择公司楼下咖啡厅等可稍稍让精神放松的场所。

 案例思考

两次不同的裁员

受全球经济危机的影响,一家网站公司经营受到严重打击,最后公司决定裁员。第一次裁员,地点选在公司的会议室,通知全部被裁人员到会议室开会,在会议上宣布他们被辞退,并且公司要求每一个人接到辞退通知后立即收拾自己的东西离开办公室,公司所有被裁员工都感到非常沮丧,甚至包括很多留下的人也感到沮丧不已,这极大地影响了公司员工的士气。第二次裁员的时候,公司吸取上次的教训,不是把大家叫到会议室里,而是选择了另外一种方式:单独约见被裁人员到星巴克咖啡厅。在这样的环境里宣布公司的决策:公司经营不善致使他暂时失去了这份工作,请他谅解,并给他一个月时间寻找下一份工作。这次裁员的效果和上一次相比有天壤之别,基本上所有的员工听到这个消息后,都欣然地接受了,并且表示,如果公司需要他,他会毫不犹豫地再回到公司。那么,这样一种方式无论是对被裁人员还是仍然留在公司的员工来说,他们得到的不仅仅是裁员这个信息,更感受到公司对每一位员工的情谊。

(资料来源:罗德乔·E.,《信息与沟通》,清华大学出版社 2009 年版)

问题:

两次裁员沟通的效果为什么不同?

分析:

两次裁员,由于选择了不同环境,所得到的效果是截然不同的。

 技能训练

发送信息时需要注意哪几个问题?(见表 3-7)

表 3-7 发送信息时需注意的问题

需要注意的问题	要 点	具体内容确认
问题 1 how? 决定信息发送的方式	电子邮件; 电话; 面谈; 信函	
问题 2 when? 何时发送信息	时间是否恰当; 接受者情绪是否稳定	
问题 3 what? 确定信息内容	简洁; 强调重点; 熟悉的语言	
问题 4 who? 谁该接受信息	谁是你的信息接受对象; 先获得接受者的注意; 接受者的观念; 接受者的需要	
问题 5 where? 何处发送信息	地点是否合适; 环境是否不被干扰	

(二)积极聆听的技巧

发送完信息后,对方就要去接收信息,即聆听。发送信息和聆听信息哪一个更重要呢?冷静地思考后你会发现,其实在沟通中,听比说更重要,聆听是一种重要的非语言性沟通技巧。

1. 积极聆听的四原则

(1) 聆听者要适应讲话者的风格。

每个发送信息的人说话的音量和语速是不一样的,你要尽可能适应他的风格,尽可能接收更多、更全面、更准确的信息。

(2) 聆听不仅仅用耳朵听,还应该用眼睛看。

耳朵听到的仅仅是声音,而眼睛看到的是对方传递的思想和情感。所以,聆听应该是耳朵和眼睛共同在工作。

(3) 要理解对方。

聆听的过程中一定注意,要站在对方的角度去想问题,而不是站在对立面。

(4) 鼓励对方。

在听的过程中,与对方保持目光交流,并且适时地点头表示赞同与鼓励,表现出聆听的兴趣。

2. 积极聆听的四步骤

(1) 准备聆听。

在聆听讲话者讲话之前,做好聆听的准备,如调整好姿态等。

(2) 发出准备好聆听的信息。

聆听者需要给讲话者一个信号,表示我做好了认真接受你传递的信息的准备;其次,聆听者要准备聆听可能与自己不同的意见,这时要从对方的角度想问题。

(3) 采取积极的行动。

积极的行动包括频繁地点头、鼓励对方继续说。在聆听的过程中,也可以身体略微前倾,表示积极的态度和倾听的兴趣。这样,对方也会有更多的信息发送给你。

(4) 理解对方全部的信息。

聆听是为了准确、全面地理解对方的信息。在沟通的过程中你没有听清楚、没有理解时,应该及时告诉对方,请对方重复或者解释一下。这一点是我们在沟通过程中常常容易疏忽的。

3. 积极聆听的五层次

在聆听的过程中,因为每个人的聆听技巧不一样,所以看似普通的聆听却又分为五种不同层次的聆听效果。

(1) 听而不闻。

所谓听而不闻,简而言之,可以说是不做任何思考地去听,也就是俗话说的"左耳进右耳出"。我们不妨回忆一下,在平时的工作中,什么时候会发生听而不闻?如何处理听而不闻?听而不闻的表现是不做任何思考,你可以从他的肢体语言看出,他没有和你做眼神交流,可能会左顾右盼,他的身体也可能会倒向一侧。听而不闻,是不能取得良好沟通效果的。

(2) 假装聆听。

假装聆听就是作出聆听的样子让对方看到,实际上并没有用心在听。在工作中常有假装聆听的现象的发生。例如:你在和客户交谈的时候,客户心里有另外一种想法,出于礼貌他在假装聆听,其实他根本没有听进去。假装聆听的人会努力作出聆听的样子,他们的身体会大幅度地前倾,甚至用手托着下巴,实际上是没有听。

(3) 选择性的聆听。

选择性的聆听,就是只听一部分内容,倾向于聆听所期望或想听到的内容,这也不是一种好的聆听。

(4) 专注的聆听。

专注的聆听就是认真地听,同时进行思考。

(5) 设身处地的聆听。

这种聆听是要站在对方的角度上去听,去理解他。设身处地的聆听是为了理解对方,多从对方的角度着想:他为什么要这么说?他这么说是为了传达什么样的信息、思想和情感?如果你的上级和你说话的过程中,他的身体向后仰过去,那就证明他没有认真地与你沟通,不愿意与你沟通。当对方和你沟通的过程中频繁地看表,也说明他现在想赶快结束这次沟通,你必须去理解对方:是否对方有急事?可以约好时间下次再谈,对方会非常感激你的通情达理,这样做将为你们的合作建立基础。

(三) 有效反馈的技巧

1. 反馈的定义

在沟通过程中,最后一个步骤是信息反馈。反馈就是沟通双方期望得到一种信息的回流。简单地说就是,我给你信息,你也要给我信息反馈。

2. 反馈的类型

反馈有两种:一种是正面的反馈,另一种是建设性的反馈。正面的反馈就是对对方做得好的事情予以表彰,希望好的行为再次出现。建设性的反馈,就是在别人做得不足的时候,你给他一个建议。建设性的反馈是一种建议,而不是一种批评,这是非常重要的。在工作中,我们也会经常接收到一些负面的反馈,说你做的事情没有做好。那么,在接收的过程中,我们的心情会是什么样的呢?自然会不愉快。接收到负面的反馈不仅不会帮助到你,反而给你带来了很多负面的影响。

3. 反馈的重要性

在沟通过程中,没有反馈的信息,沟通就不完善,因为信息传递过去了却没有回来,是一种单向的行为。所以说,没有反馈就不能称为完整的沟通。反馈,就是给对方一个建议,目的是帮助对方,把工作做得更好。

在反馈的过程中,我们一定要注意以下情况并不是反馈:第一,指出对方做得正确的或者是错误的地方。反馈是你给对方的建议,为了使他做得更好。第二,对于他人的言行的解释,也不是反馈。例如"我明白你的意思,你的意思是……",这也不是反馈,这是聆听的一种。第三,对于将来的建议,也不是反馈。反馈就是就刚才你接收到的这些信息给对方一个建议,目的是使对方做得更好。

4. 反馈的技巧

(1) 如何给予反馈。

第一,反馈要针对对方的需求。

反馈要站在对方的立场和角度上,针对对方最为需要的方面,给予反馈。例如,在半年绩效评估中,下级渴望知道上级对他工作和能力的评价,并期待上级能为自己指明下一步努力的方向。如果上级在绩效评估之后不反馈,或者只是轻描淡写地说一下,则会挫伤下级的积极性。

第二,反馈要具体、明确。

以下给出的是错误与正确反馈的两个例子:

① 错误的反馈。"小李,你的工作真是很重要啊!"这种表述方式很空洞,小李也不知道为什么自己的工作就重要了,因此这种反馈不能真正给对方留下深刻的印象。

② 正确的反馈。"公司公文和往来信函处理得是否妥当,是一个公司素质高低的表现,代表着一个公司的水平、精神和文化。小李,你的工作很重要。"这种对下属的反馈就不是空洞的、干巴巴的说教,而能起到事半功倍的效果。

第三,反馈要有建设性。

上级容易武断地给下级的意见或想法下结论,比如有的往往带着批评或藐视的语气说"你的想法根本就行不通"、"小伙子,你还是太年轻了"等,弄得下级很没趣,也挫伤了下级沟通的主动性和积极性。如果我们换一种态度,以建设性的、鼓励的口气反馈下级的意见或想法,效果就会不同,比如:"小王,你的意见很好,尽管有些想法目前还不能实现,但是,你很肯动脑筋,很关心咱们部门业务的开展,像这样的建议以后还要多提啊!"

第四,反馈要对事不对人。

积极的反馈就事论事,忌讳损伤别人的面子和人格尊严,带有侮辱性的话语千万不要说,比如"你是猪脑子啊"之类的言语,这些只会加深双方的敌对情绪,与最初的沟通目的适得其反。

(2) 如何接受反馈。

接受反馈是反馈过程中一个十分重要的环节,在接受反馈时应该做到以下几点。

第一,耐心倾听,不打断。

接受反馈时,一定要抱着谦虚的态度,以真诚的姿态倾听他人反馈意见。无论这些意见在你看来是否正确和是否中听,在对方反馈时都要暂时友好地接纳,不能打断别人的反馈或拒绝接受反馈。打断反馈包括语言直接打断,比如"不要说了,我知道了";也包括肢体语言打断,比如不耐烦的表情、姿势等。如果你粗鲁地打断别人对你的反馈,其实就意味着沟通的中断和失败,你从对方那里得不到更多、更重要的信息。

第二,避免自卫。

自卫心理是每一个人本能的反应。对方在向你反馈时,如果你仅仅站在自己的立场,选择性地接受,则一旦听到对自己不利、不好或自己不想听的话,就会急着去辩解,此时,明智的对方会马上终止反馈,但这样的自卫行为,会使你无法从对方那里得到更有用的反馈信息,也无法认识自己的错误并完善自己。

第三,表明态度。

别人对你反馈之后,你要有一个明确的态度,比如理解、同意、赞成、支持、不同意、保留意见等。若不明确表示自己对反馈的态度与意见,对方会误解你没有听懂或内心有对抗情绪,这样就会增加沟通成本,影响沟通质量。

第三节 有效的肢体语言沟通技巧

一、肢体语言的定义

肢体语言又称身体语言。身体的各种动作可以代替语言借以达到表情达意的沟通目的。谈到由肢体表达情绪时,我们自然会想到很多惯用动作的含义。诸如鼓掌表示高兴、赞同,顿足代表生气,搓手表示焦虑,垂头代表沮丧,摊手表示无奈,捶胸代表痛苦。

二、肢体语言沟通的技巧

好的第一印象会赢得对方一定的信任,并愿意以合作的态度与你沟通。当我们与别人进行沟通的时候,多长时间对方会对我们产生一个印象或者说第一印象?科学家认为,当我们出现在别人面前的时候,7秒钟就可以产生对你的第一印象。所以在沟通过程中,要把握好前7秒钟,争取要给对方留下一个良好的第一印象。

表情、眼神、衣着,以及一两句简单的问候语还有简单的动作,这些构成了第一印象。在沟通过程中,我们的表情、眼神是对方是否对你有一个良好印象、是否对你产生信任的一个非常重要的因素。所以,在沟通之前,我们要做一个必要的准备,以便给对方留下良好的第一印象。

 思维练习

你的首次效应好吗?

指导:

下面共有12道题,每道题三个选项。根据自己的实际情况选择,完成后将各题所选选项前面的序号相加即为总得分。

(1) 与人初次会面,经过一番交谈,你能对对方举止谈吐、知识能力等方面作出积极、准确的评价吗?
①不能 ②很难说 ③我想可以
(2) 你和别人告别时,下次相会的时间地点:
①对方提出的 ②谁也没有提 ③我提出的
(3) 当你第一次见到某人,你的表情:
①紧张局促,羞怯不安 ②大大咧咧,漫不经心 ③热情诚恳,自然大方
(4) 你是否在寒暄之后,很快就找到与双方共同感兴趣的话题?
①必须经过较长一段时间才能找到 ②我觉得这很难 ③是的,对此我很敏锐

(5) 你与人谈话时的通常坐姿：
①跷起"二郎腿" ②两腿叉开 ③两膝靠拢
(6) 你同对方谈话时,眼睛望着何处？
①盯着自己的纽扣,不停玩弄 ②看着其他的东西或人 ③直视对方的眼睛
(7) 你选择的交谈话题：
①自己所热衷的 ②对方所感兴趣的 ③两人都喜欢的
(8) 第一次交谈中,你和对方谈话所占用的时间：
①我多于对方 ②对方多我少 ③差不多
(9) 会面时你说话的音量总是：
①很低,以致别人听得较困难 ②柔和而低沉 ③高亢热情
(10) 你说话时姿态是否丰富：
①很安静,一动不动 ②偶尔做些手势 ③常用姿势补充言语表达
(11) 你讲话的速度怎么样：
①速度相当快 ②十分缓慢 ③节律适中
(12) 假若别人谈到了你兴趣索然的话题,你将如何？
①打断别人,另起一题 ②显得沉闷、忍耐 ③仍然认真听,从中寻找乐趣

说明：

分数为0~22：首次效应差。也许你感到吃惊,因为很可能你只是依着自己的习惯行事而已。你本心是很愿意给别人一个美好印象的,可是你的不经心或缺乏体贴、或言语无趣,无形中却让对方做出关于你的错误的勾勒。必须记住交往是种艺术,而艺术是不能不修边幅的。

分数为23~46：首次效应一般。你的表现中存在着某些令人愉快的成分,但同时又偶尔有不够精彩之处,这使得别人不会对你印象恶劣,但你也不会产生很强的吸引力。如果你希望提升自己的魅力,必须首先在心理上重视自己的最佳形象。

分数为47~60：首次效应好。你的适度、温和、合作给第一次见到你的人留下了深刻的印象。无论对方是你工作范围抑或私人生活中的接触者,无疑他们都有与你进一步接触的愿望。你的问题只在于注意那些单向的对你"一见钟情"者。

三、用好"沟通视窗"理论

1."沟通视窗"的定义

美国心理学家Joe Lufthe和Harry Ingam从自我概念的角度对人际沟通进行了深入的研究,并根据"自己知道—自己不知"和"他人知道—他人不知"这两个维度,将人际沟通划分为四个区,人们将此理论叫做"沟通视窗"理论,也称为"乔哈里视窗"。（见图3-4）

	自己知道	自己不知
他人知道	开放区	盲区
他人不知	隐藏区	未知区

图3-4 "沟通视窗"分区图

(1) 开放区。开放区就是你自己知道,同时别人也知道的一些信息。开放区的信息

多为一些个人的信息,如姓名、性格、居住地、工作单位等。

(2) 盲区。这个区通常是关于自己的某些缺点,可能是自己意识不到,但是别人知道的你的缺点。

(3) 隐藏区。这个区就是关于自己的某些信息,只有你自己知道,别人不知道,如阴谋、秘密等。

(4) 未知区。就是关于你的某一些信息,你自己不知道,别人也不知道。例如某人患的某种疾病,自己不知道,也没有去医院检查,别人也不知道,但事实上早已患病了,只是大家都还没有发现而已。

2. 掌握"沟通视窗"的运用技巧

1) 开放区的运用技巧

开放区的特点是他的信息他知道,别人的信息他也都知道,这样的人通常是善于交往的人、非常随和的人,也更容易赢得我们的信任,我们较容易与他进行合作、沟通。要想使你的开放区域变大,就要多说、多询问,询问别人对自己的一些建议和反馈。

2) 盲区的运用技巧

如果一个人盲区的信息量最大,会是什么样的一种人?是一些不拘小节、夸夸其谈的人,他有很多不足之处,别人都看得到,而他看不到。造成盲区大的原因是他说的太多,问的太少,他不去询问别人对他的反馈。所以,在沟通中,不仅要多说而且要多问,避免造成盲区过大。

3) 隐藏区的运用技巧

如果一个人隐藏区的信息量最大,那么关于他的信息,往往会只有他自己知道,别人都不知道。这一般是内心很封闭的人或者说是很神秘的人。对这样的人,人们对他的信任度就低。人们在和他沟通的过程中,合作的态度可能会有所保留,因为他很神秘、很封闭。为什么会造成隐藏区信息量过大呢?主要是他问的多,但是说的少。关于他的信息,他不喜欢主动告诉别人,所以说如果别人觉得你是隐藏区很大的人或者别人觉得你是一个非常神秘的人,原因可能就是你说的太少了。

4) 未知区的运用技巧

未知区大,意味着关于他的信息,他和别人都不知道,换句话说,就是他不愿说也不愿去问,这可能是非常封闭的人,关于他的信息,他不去问别人不去了解,也不去告诉别人。封闭很可能会使他失去很多机会,别人可能不了解他能做这件事情,他自己也不知道能做这件事情。现在竞争变得越来越激烈,每个人都要努力去争取更多的工作机会,争取更多的机会来成就自己的事业,那么这种未知区很大的人,就很可能会失去很多的机会,失去机会就意味着要落后,甚至要被社会淘汰。所以一定要尽可能缩小自己的未知区,主动地通过别人去了解自己,主动地去告诉别人我能做什么。

第四节 有效沟通的基本步骤

完成一次有效的沟通,一般会有六个步骤。

一、事前准备

发送信息的时候要选择好发送的方式、发送的内容和发送地点。我们在工作中,为了提高沟通的效率,要事前准备这样一些内容。

1. 设立沟通的目标

这是非常重要的,我们在与别人沟通之前,心里一定要有一个目标,我们希望通过这次沟通达到什么样的一个效果。

2. 制订计划

有了目标就要有计划,怎样与别人沟通,先说什么,后说什么。

3. 预测可能遇到的异议和争执

要对可能出现的异议和产生的争执做提前预测,并做好相关应对准备。

4. 对情况进行 SWOT 分析

SWOT 分析是一个企业战略规划工具,它包括分析企业的优势(strengths)、劣势(weaknesses)、机会(opportunities)和威胁(threats)。因此,SWOT 分析实际上是将对企业内外部条件各方面内容进行综合和概括,进而分析组织的优劣势、面临的机会和威胁的一种方法。

将 SWOT 分析运用于沟通,就是要明确沟通双方的优劣势,选择一个更合理的双方更易接受的方式以实现预定目标。

二、确认需求

确认需求的三个步骤:第一步是提问;第二步是积极聆听,要感同身受地去听,要用心和脑去听,为的是更能理解对方的意思;第三步是及时确认,当你没有听清楚、没有理解对方的话时,要及时提出,一定要完全理解对方所要表达的意思,做到有效沟通。

沟通中,提问和聆听是常用的沟通技巧。我们在沟通过程中,首先要确认对方的需求是什么。如果不明白这一点就无法最终达成一个共同的协议。要了解别人的需求、了解别人的目标,就必须通过提问来达成。沟通过程中有三种行为:说、听、问。下面主要讲一下问,提问是非常重要的一种沟通行为,因为提问可以帮助我们了解更多更准确的信息,所以,提问在沟通中常会用到。在开始的时候会提问,在结束的时候也会提问:你还有什么不明白的地方? 同时,提问还能够帮我们去控制沟通的方向。

三、阐述观点和 FAB 原则

阐述观点就是怎么样把你的观点更好地表达给对方,这是非常重要的,就是说我们的意思说完了,对方是否能够明白,是否能够接受。表达观点的时候,有一个非常重要的原则,就是 FAB(feature,属性;advantage,作用;benefit,利益)原则(见图 3-5)。在阐述观点的时候,按 FAB 原则的顺序,对方更能听懂、更能接受。

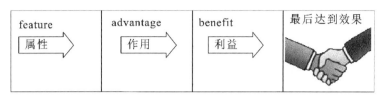

图 3-5　FAB 原则

四、处理异议

在沟通过程中,有可能对方会提出异议,就是表示对方不同意你的观点或对你的观点有怀疑。在工作中你想说服别人是非常难的;同样,别人说服你也是非常困难的。因为成年人不容易被别人说服,只有可能被自己说服。所以,在沟通中一旦遇到异议之后就会使沟通破裂。

当在沟通中遇到异议时,我们可以采用的一种类似于借力打力的方法,也叫"柔道法"。具体做法不是强行说服对方,而是用对方的观点来说服对方。在沟通中遇到异议之后,首先了解对方的观点,当对方说出了一个对你有利的观点的时候,再用这个观点去说服对方。在沟通中遇到了异议要用"柔道法",让对方"自己"来说服自己。

解决人际关系问题中最具威力的三个字是"我理解"。在沟通过程中,要营造一个让对方可以畅所欲言、表达意见的环境,要展现支持、理解、肯定的态度,要尊重对方的情绪及意见,要真诚地站到对方的角度去感同身受,让他觉得与你交谈是件轻松愉快的事。

五、达成协议

沟通的结果就是最后达成一个协议。请一定要注意:是否完成了沟通,取决于最后是否达成了协议。

在达成协议的时候,要做到以下几点。

(1) 对别人的支持表示感谢。
(2) 就达成的结果向对方表示感谢。
(3) 与合作伙伴、同事分享成功。
(4) 积极转达外部的反馈意见。
(5) 对合作者的出色工作给予回报。

六、共同实施

在达成协议之后,要共同去实施。达成协议是沟通的一个结果。但是在工作中,任何沟通的结果都意味着一项工作的开始,要共同按照协议去实施。如果达成了协议,却没有按照协议去实施,对方会觉得你不守信用,你就是失去了对方对你的信任。信任是沟通的基础,如果你失去了对方的信任,那么下一次沟通就会变得非常困难,所以说针对所有达成的协议一定要努力去实施,出色完成目标。

技能训练

制订沟通计划(见表3-8)。

表 3-8 沟通计划表

沟通计划表	
沟通的目的	
参加沟通者	
沟通地点	
开场白重点	
沟通进行项目及自己表达的重点	项目1:
	项目2:
	项目3:
结果	达成共识点:
	实施:
	差异点:
下次沟通重点	
本次沟通重点	

第五节 人际风格沟通技巧

在生活和工作中,我们会遇到形形色色的人,而每一个人在沟通中所表现出的特征都不一样。我们常说"见什么人要说什么话",这就需要和不同的人选择不同的沟通技巧,这个技巧就是人际风格的沟通技巧。

一、选择与沟通对象接近的方式

我们在工作生活中,会遇见不同类型的人。只有掌握了不同的人在沟通中的特点后,才能选择与他风格相对应的方式与其沟通。

二、人际风格的分类

在沟通过程中,我们依据一个人在沟通过程中的情感流露的多少,以及沟通过程中作出决策是否果断,把所有的人分为四种不同的类型,即分析型、和蔼型、表达型和支配型。

1. 分析型

有的人在作决策的过程中不果断,感情流露也非常少,说话啰唆,问了许多细节仍然不能作出决定,这样的人属于分析型的人。

2．支配型

这类人感情不外露,但是做事非常果断,总喜欢指挥你、命令你。

3．表达型

这类人感情外露,做事果断、直接,他们还很热情、有幽默感、活跃,动作非常多并且经常很夸张,他们在说话的过程中,往往会借助一些动作和表情来表达他的意思。

4．和蔼型

和蔼型的人,感情流露很多,喜怒哀乐都会表现出来,他们总是微笑着看你,但是他说话很慢,表达也很慢。

这四种不同类型的人在沟通中的反应是不一样的,我们只有很好地了解了不同人在沟通中的特点,并且用与之对应的沟通方式和他沟通,才能够保证我们在沟通过程中游刃有余。

三、与不同风格的人沟通的技巧

了解了人际风格的分类,接下来要了解对方的性格特征,并选择与此类型人对应的沟通技巧,正所谓"对症下药",事半功倍。

(一)分析型人的特征和与其沟通的技巧

1．特征

(1) 严肃认真。

(2) 动作慢。

(3) 有条不紊。

(4) 合乎逻辑。

(5) 语调单一。

(6) 准确语言,注意细节。

(7) 真实的。

(8) 有计划、有步骤的。

(9) 寡言的、缄默的。

(10) 喜欢使用图表说明问题。

(11) 面部表情少。

(12) 喜欢有较大的个人空间。

2．与其沟通的技巧

我们遇到分析型的人,在和他沟通的时候要注意以下几点。

(1) 要注重细节。

(2) 要遵守时间。

(3) 要尽快切入主题。

(4) 要一边说一边拿笔在纸上做记录,像对方一样认真一丝不苟。

(5) 不要有太多的眼神交流,更要避免有太多的身体接触,说话或倾听时身体不要太向前倾,应该略微向后仰,因为分析型的人强调安全,喜欢有较大的个人空间。

(6) 在同分析型的人沟通时,一定要注意正确并尽量多地使用专业术语,这是这类人很看重的。

(7) 在同分析型的人沟通时,要尽量多列举一些具体的数据,要多做计划,多使用图表。

(二)支配型人的特征和与其沟通的技巧

1. 特征

(1) 果断。

(2) 有作为。

(3) 喜欢指挥人。

(4) 强调效率。

(5) 独立。

(6) 有目光接触。

(7) 有能力。

(8) 说话快且有说服力。

(9) 热情。

(10) 语言直接,有目的性。

(11) 面部表情比较少。

(12) 喜欢使用日历。

(13) 情感不外露。

(14) 有计划性。

(15) 审慎的。

2. 与其沟通的技巧

我们遇到支配型的人,在和他沟通的时候要注意以下几点。

(1) 和他沟通的时候,可以问一些封闭式的问题,他会觉得效率非常高。

(2) 对于支配型的人,要讲究实际情况,要有具体的依据和大量创新的思想。

(3) 支配型的人非常强调效率,要在最短的时间里给他一个非常准确的答案,而不是一种模棱两可的结果。

(4) 同支配型的人沟通的时候,一定要直接,不要有太多的寒暄,直接说出你的来意,或者直接告诉他你的目的,要节约时间。

(5) 说话的时候声音要洪亮、充满信心,在保证发音咬字准确的基础上,适当加快语速,这会让他对你产生依赖。

(6) 在与支配型的人沟通时,一定要有计划,并且最终要落到一个结果上,他较看重结果。

(7) 在和支配型人的谈话中不要感情流露太多,要直奔结果,从结果的方向谈论,不要带有太多感情色彩。

(8) 在和支配型的人沟通的过程中,要主动进行目光交流,因为在他看来积极主动的目光交流是有自信心的表现。

(9) 同支配型的人沟通的时候,身体一定要略微前倾。

(三) 表达型人的特征和与其沟通的技巧

1. 特征

(1) 外向。

(2) 合群。

(3) 直率友好。

(4) 活泼。

(5) 热情。

(6) 快速的动作和手势。

(7) 不注重细节。

(8) 生动活泼、抑扬顿挫的语调。

(9) 令人信服。

(10) 有说服力的语言。

(11) 幽默。

(12) 喜欢陈列有说服力的物品。

2. 与其沟通的技巧

我们遇到表达型的人,在和他沟通的时候要注意以下几点。

(1) 在和表达型的人沟通的时候,我们的声音一定要相应的洪亮。

(2) 要有一些动作和手势。如果我们很死板,没有动作,那么表达型的人的热情很快就消失掉了,所以我们要配合他。当他出现动作的过程中,我们的眼神一定要跟着他的动作,否则,他会感到非常的失望。

(3) 表达型的人特点是"只见森林,不见树木"。所以在与表达型的人沟通的过程中,我们要多从宏观的角度去说一说"你看这件事总体上怎么样","最后怎么样"。

(4) 说话要直截了当,不要拐弯抹角。

(5) 表达型的人不注重细节,甚至有可能说完就忘了。所以达成协议以后,最好与之进行一个书面的确认,这样可以提醒他。

(四) 和蔼型人的特征和与其沟通的技巧

1. 特征

(1) 合作。

(2) 面部表情和蔼可亲。

(3) 友好。

(4) 频繁的目光接触。

(5) 赞同。

(6) 说话慢条斯理。

(7) 耐心。

(8) 声音轻柔,抑扬顿挫。

(9) 轻松。

(10) 使用鼓励性的语言。

(11) 办公室里有家人照片。

2. 与其沟通的技巧

我们遇到和蔼型的人,在和他沟通的时候,我们要注意以下几点。

(1) 和蔼型的人看重的是双方良好的关系,他们不看重结果。

(2) 要对和蔼型人的办公室照片加以赞赏。和蔼型的人有一个特征就是在办公室里经常摆放家人的照片,当你看到这些照片的时候,千万不要视而不见,一定要对照片上的人物进行赞赏,这是他最大的需求,且一定要及时赞赏。

(3) 同和蔼型的人沟通过程中,要时刻保持微笑。如果你突然不笑了,和蔼的人就会想:他为什么不笑了?是不是我哪句话说错了?会不会是我得罪他了?是不是以后他就不来找我了?……他会想很多。所以在沟通的过程中,你一定要注意保持微笑。

(4) 说话语速不要太快,要注意抑扬顿挫,不要给他压力,要鼓励他,去征求他的意见和建议。所以,遇着和蔼型的人要多提问:"您有什么意见?您有什么看法?"问后你会发现,他能说出很多非常好的意见和建议,如果你不问的话,他基本上不会主动去说。所以,要主动去问。

(5) 遇到和蔼型的人一定要时常注意同他保持频繁的目光接触。每次接触的时间不需太长,频率要高,但是不要盯着他不放,要接触一下回避一下,这样沟通效果会更好。

第六节 电话沟通技巧

一、拨打、接听电话的基本技巧和程序

(一) 拨打接听电话的注意事项

为了提高通话效果、正确表达思想,请注意以下事项。

1. 电话机旁应备记事本和笔

若要你回忆一下四天前晚饭的内容,大概不少人都想不起了吧!所以不可太相信自己的记忆能力;重要事项可采取做记录的方法予以弥补。可在电话机旁放置好记录本和笔,当他人打来电话时,就可立刻记录主要事项,以免需记录时措手不及,不仅耽误时间,而且降低工作效率。

2. 先整理电话内容,后拨电话

给别人打电话时,如果想到什么就讲什么,往往会忘却了主要事项还毫无察觉,等挂断了电话才恍然大悟。因此,应事先把想讲的事逐条逐项地整理记录下来,然后再拨电话,边讲边看记录,随时检查是否有遗漏。另外,还要尽可能控制通话时间,言简意赅,抓住纲领,突出重点。

3. 态度友好

有人认为,电波只是传播声音,打电话时完全可以不注意姿势、表情,这种看法真是大错特错。双方的诚实恳切,都饱含于说话声中。若声调不准对方就不易听清楚,甚至还会听错。"言为心声",态度的好坏,都会表现在语言之中。打电话表情麻木时,其声音一定也是冷冰冰的。因此,打电话也应保持微笑并抬头挺胸,保持脊背挺直。

4. 注意自己的语速和语调

急性子的人听慢话,会觉得断断续续,有气无力,颇为难受;慢性子的人听快语,会感到焦躁心烦;年纪大的长者,听快言快语,有时难以充分理解其意。因此,应视对方的具体情况,灵活控制语速,随机应变。

人们在看不到对方的情况下,大多凭第一听觉形成第一印象。因此,讲话时可适当提高声调,会显得说话人有朝气、有活力、有感染力;而如果声调过高,则会给人傲慢、不礼貌的印象,所以要控制好语调。

5. 不要使用简略语、专用语

将"行销三科"简称为"三科"是企业内部的习惯用语,但第三者往往无法理解。专用语仅限于行业内使用,普通顾客不一定知道。有的人不以为然,结果给对方留下了不友善的印象;有的人认为外来语较高雅、体面,往往自作聪明乱用一通,可是不但不能正确表达自己的思想,甚至会发生误会,这无疑是自找麻烦。

6. 养成复述习惯

为了防止听错通话内容,一定要当场复述。特别是同音不同义的词语及日期、时间、电话号码等数字内容,务必养成听后立刻复述、予以确认的良好习惯。文字一看便知,但读音相同或极似的词语,电话中却常常容易搞错,因此,对容易混淆、不易分辨的词语要加倍注意,放慢语速,逐字清晰地发音。

(二)接听和拨打电话的程序

1. 注意点

(1)电话铃响两次后,取下听筒。

过迟接电话,会让打电话的人急躁、丧失耐性,自然也会影响之后的交流;过早接电话会让对方惊慌,因为是在毫无心理准备的情况下听到你的声音。较理想的是,电话铃响两次时,取下听筒,接听电话。

(2)自报姓名的技巧。

如果电话中第一声优美动听,会令打或接电话的人感到身心愉快,故电话中的第一声印象十分重要,切莫忽视。接电话时,第一声可说:"你好,这是××公司。"打电话时则可首先说:"我是××公司××处的×××。"应将第一句话的声调、措词调整到最佳状态。

(3)轻轻挂断电话。

通常是打电话一方先放电话,但对于员工来说,如果对方是上级或顾客,就应让对方先放电话。待对方说完"再见"后,等待 2～3 秒钟再轻轻挂断电话。无论通话过程中你表现得多么完美得体,如果最后毛毛躁躁"咔嚓"一声挂断电话,就会功亏一篑,令对方很不愉快。因此,结束通话时,应慢慢地、轻轻地挂断电话。

2. 接听电话的程序(见图3-6)

图3-6 接听电话的程序

3. 拨打电话的程序(见图3-7)

图3-7 拨打电话的程序

二、转接电话的技巧

1. 确认来电人信息

常有这种情况:顾客打电话找科长,科长却不在办公室。这时,代接电话者态度一定要热情,可用下面的方法明确告诉对方科长不在。据你所知,告诉对方科长回公司的时间,并询问对方:"要我转达什么吗?"对方可能会说出下列几种愿望:①稍后,再打电话;②想尽快与科长通话;③请转告科长……如果科长暂时不能回公司,则可实情相告,如:"我们科长出差在外,如有要紧事,由我帮您与科长取得联系行吗?"

另外,当对方不愿告知具体事由时,要留下他的姓名、电话、公司的名称。若受顾客委托转告,则应边听顾客讲边复述,并按"5W2H"内容,认真记录。通话结束应道别:"我叫××,如果科长回来,定会立刻转告。"自报姓名,其目的是让对方感到自己很有责任感,办事踏实可靠,使对方放心。给科长打电话联系时,应告诉科长:顾客的姓名、公司名称、电话号码、打来电话的时间,并与科长一一确认。无论如何,都必须复述对方姓名及所讲事项。

2. 慎重选择理由

通常,被指定接电话的人不在时,原因很多,如因病休息、出差在外、上厕所,等等。这时,代接电话的你,应学会应付各种情况:告诉对方,××不在办公室时,应注意不要让对方产生不必要的联想,特别不能告诉对方××出差的地点,因其出差所办事情,或许正是不能让对方觉察知晓的商业秘密。

另外,如果我们遇到领导正在参加重要会议,突然接到客户的紧急电话,怎么办?这时应正确判断,妥当处理。

三、应对特殊事件的技巧

1. 当听不清对方说话时

当对方讲话听不清楚时,再问一遍并不失礼,但必须方法得当。如果惊奇地反问"咦"或怀疑地回答"哦",对方定会觉得无端地招人怀疑、不被信任,从而非常愤怒,连带对你印象不佳。如果客客气气地反问:"对不起,刚才没有听清楚,请再说一遍好吗?"对方定会耐心地重复一遍,丝毫不会责怪。

2. 当接到打错了的电话时

有一些职员接到打错了的电话时,常常冷冰冰地说:"打错了。"最好能这样告诉对方:"这是××公司,你找哪儿?"如果自己知道对方所找公司内部的电话号码,不妨告诉他,也许对方正是本公司潜在的顾客。即使不是,你热情友好地处理打错的电话,也可使对方对公司抱有初步好感,说不定就会成为本公司的客户,甚至成为公司的忠诚支持者。

3. 当遇到自己不知道的事时

有时候,对方在电话中一个劲儿地谈自己不知道的事,而且没完没了。员工碰到这种情况,常常会感到很恐慌,虽然一心企盼着有其他人能来接电话,将自己救出困境,但往往迷失在对方喋喋不休的陈述中,好长时间都不知对方到底找谁,待电话讲到最后才醒悟过来:"关于××事呀!很抱歉,我不清楚,负责人才知道,请稍等,我让他来接电话。"碰到这种情况,应尽快理清头绪,了解对方真实意图,避免被动。

4. 接到领导亲友的电话

领导对下级的评价常常会受到其亲友印象的影响。打到公司来的电话,并不局限于工作关系。有时领导的亲朋好友会打来与工作无直接关系的电话,他们对接电话的你的印象,会在很大的程度上左右领导对你的看法。

5. 接到顾客的索赔电话

要求索赔的客户也许会牢骚满腹,甚至暴跳如雷,如果作为被索赔方的你缺少理智,像对方一样感情用事,以唇枪舌剑回击客户,不但于事无补,反而会使矛盾升级。正确的做法是:处之泰然,洗耳恭听,让客户诉说不满,并耐心等待客户心静气消。其间切勿说"但是"、"话虽如此,不过……"之类的话进行申辩,应一边肯定顾客话中的合理成分,一边认真琢磨对方发火的原因,找到正确的解决方法,用真诚感动顾客,从而,化干戈为玉帛,取得顾客谅解。

当面对顾客提出的索赔事宜,自己不能解决时,应将索赔内容准确及时地告诉负责人,请他出面处理。闻听索赔事宜,绝不是件愉快的事,而要求索赔的一方,心情同样不舒畅。也许要求索赔的顾客还会在电话中说出过激难听的话,但即使这样,最后道别时,你仍应加上一句:"谢谢您打来电话。我们今后一定加倍注意,那样的事绝不会再发生了。"这样,不仅能稳定对方的情绪,而且还能让其对公司产生好感。正所谓:"精诚所至,金石为开。"通过对索赔事件的处理,你也能了解公司的不足之处,并以此为突破口进行攻关。当你经过不懈努力,终于排除障碍、解决问题,甚至使产品质量更上一层楼,使企业走出困境,不断繁荣昌盛时,谁又能说索赔不是一件好事呢?

第七节 接近客户的技巧

一、面对接待员的技巧

到一个公司,你最先面对的人就是这家公司的接待员。你与她进行沟通的效果如何,往往会直接决定你在该公司能否成功地开展工作。

1. 你要用坚定清晰的语句告诉接待员你的意图

例如:"你好。我是大明公司的业务代表周黎明,请你帮我通知总务处陈处长,我来拜访他。"

要注意以下几点。

第一,若是突然拜访,如何知道总务处处长姓陈呢?你可用下面的一些方法:伺机询问进出公司的员工,如"总务处王处长的办公室是不是在这边?"对方会告诉你总务处的位置和处长姓陈不姓王。

第二,知道拜访对象的姓及职称后,你最好说出是哪个部门的哪个处长或科长,或是直接讲名字,这样能让接待员认为你和受访对象很熟。你要找的关键人士可能不在办公室,因此你心里要先准备几个拜访的对象,如陈处长不在时,你可拜访总务处的李经理或者张科长。

2. 适时和接待员打招呼

和拜访对象完成谈话后,离开公司时,一定要向接待员打招呼,同时请教她的姓名,以便下次见面时能立即叫出她的名字。

二、面对秘书的技巧

通过了接待员的第一关,我们通常还会遇到秘书的询问。与秘书交谈,也有一些特定的沟通技巧。

1. 向秘书介绍自己,并说明来意

例如:我是大明公司的周黎明,我要向陈处长报告有关融资项目可行性计划的提案事项,麻烦你转答。

注意:向秘书说明来意可使用简短、抽象的字眼或用一些较深奥的技术性专有名词,让秘书认为你的拜访是很重要的。

2. 特殊情况处理

若发现关键人士不在或正在开会时的沟通步骤如下。

(1) 请教秘书的姓名。

(2) 将名片或资料,请秘书转交给拜访对象。此时,业务代表要能让秘书转答一些让关键人士感兴趣的说辞。例如:我想向××总经理报告如何以节省的税金增加个人的保障的情况。

(3) 尽可能从秘书处了解一些关于关键人士的个性、作风、兴趣及工作时间等。

(4) 向秘书道谢。

三、面对关键人士的技巧

1. 接近的技巧

面对关键人士时,你可运用接近客户的谈话技巧。

2. 结束谈话后的告辞技巧

结束谈话后的告辞技巧的注意点如下。

(1) 感谢对方在百忙当中抽时间会谈。

(2) 再次回顾此次会谈中,确认彼此可能需要检查、准备的事项,以备下次会谈。

(3) 退出门前,轻轻地向对方点头,面对关键人士将门轻轻扣上,千万不可背对关键人士反手关门。

四、获取客户好感的六大法则

1. 给客户良好的外观印象

人的外观会给人暗示的效果,因此,你要尽量使自己的外观给初次会面的客户一个好印象。一个人五官甚至头发都会带给人以印象,虽然每个人的长相是天生的,但是也能进行相当程度的修饰。例如有些人的眼神冷峻或双目大小不一,可以利用眼镜把这些不好的地方修饰好;洁白的牙齿能给人开朗净洁的感觉;而头发散乱不整理则会让人感到落魄不值得授予重任。

2. 要记住并常说出客户的名字

名字的魅力非常奇妙,每个人都希望别人重视自己。重视别人的名字,就如同看重本人一样。卡耐基小的时候家里养了一群兔子,他每天寻青草喂兔子,这成为他每日固定的工作,但有时候却没有办法找到兔子最喜欢吃的青草,因此,卡耐基想了一个方法:他邀请了邻近的小朋友到家里看兔子,要每位小朋友选出自己最喜欢的兔子,然后就用小朋友的名字给这些兔子命名。每位小朋友有了以自己名字命名的兔子后,每天都会迫不及待地送最好的青草给与自己同名的兔子。在面对客户时,若能经常、流利地以尊重的方式称呼客户的名字,客户也会对你产生好感。

3. 让你的客户有优越感

让人产生优越感最有效的方法是对他引以为傲的事情加以赞美。若是客户讲究穿着,你可向他请教如何搭配衣服;若客户是知名公司的员工,你可表示羡慕他能在这么好的公司上班。有一位爱普生公司的业务代表,每天约见客户时的第一句话就是:"你的公司环境真好,能在这里上班的一定都是很优秀的人才。"通过一句简单的赞扬,一下就拉近了和客户的距离。客户的优越感被满足,初次见面的警戒心也自然消失了,彼此距离拉近,能让双方的好感向前迈进一大步。

4. 替客户解决问题

十几年前有一则宣传理光复印机的广告,大家对它的广告词一定还记忆犹新:"用普通办公用纸就能复印文件。"大家记住了这份便利,也记住了桂林理光这个产品。十几年前机关文书的复印用纸是使用专用的纸张,对纸质要求非常高,政府机关每年为复印用纸的巨额花销头痛不已。这个问题各家复印机厂商的业务代表都很清楚,但复印机都是自国外进口的,国外没有复印用纸与普通办公用纸的区别,因此进口的机器根本不能为普通办公用纸提供复印。理光公司的一位业务代表,了解了问题后,在拜访某个政府机关的主管前,先去找理光技术部的人员,询问是否能修改机器,使机器能适应普通办公用纸的复印需求,技术部人员仔细研究后,认为可以改进复印机的某些设置,以适应普通办公用纸的纸质。业务代表得到这个讯息后,见到该机关的主管,告诉他理光愿意特别替政府机关解决普通办公用纸复印的问题。客户听到后,对理光产生无比的好感,在极短的时间内,理光的这款机器成为政府机关的复印主力。

由此可见,你在与准客户见面前,若是能事先知道客户面临着哪些问题,有哪些因素困扰着他,并以关切的态度站在客户的立场上表达你对客户的关心,让客户能感受到你愿意与他共同解决问题,他必定会对你产生好感。

5. 自己保持快乐开朗

快乐是会传染的,没有一个人会对一位终日愁眉苦脸、眉头深锁的人产生好感。能以微笑迎人,也能让别人产生愉快的情绪的人,也是最容易争取别人好感的人。因此,作为业务代表的每日修炼课程之一,就是出发前,对着镜子笑上一分钟,使自己的笑容变得亲切、自然。同时对自己说:我很自信,我很快乐,我要成为 top sales。通过这样一种自我沟通、自我暗示的方法,先让自己快乐起来,再用这份快乐和活力去感染他人,这样就为你和准客户的沟通奠定了好的基础。

6. 利用小赠品赢得准客户的好感

你应该让你的客户觉得你不是来签合约的业务代表,而是来进行业务宣传、沟通彼此关系的使者。事实上,许多国际性的知名大公司都备有可以配合本公司形象策划宣传的小赠品,如印有公司办公大厦的小台历,有公司标志的茶杯、签字笔,等等,以供初次拜访客户时赠送给客户。小赠品的价格不高,却能发挥很大的作用,不管拿到赠品的客户喜欢与否,相信每个人受到别人尊重时,内心的好感必然会油然而生。

以上六种方式都能使你的准客户对你立即产生好感,若你能把这六种方法当做你立身处事的方式,让它成为一种自然的习惯,相信你在哪里都会成为一位受欢迎的人物。

第八节　会议沟通的技巧

一、会议的安排

1. 议程安排

议程就是会议的内容及其进度时间表。每次会议都应该有一个议程安排,而且要及时地交到与会者的手上。议程安排要注意以下几点。

(1) 充分考虑会议的进程,写出条款式的议程安排。

(2) 确定会议的召开时间和结束时间并和各部门主管协调。

(3) 整理相关议题,并根据其重要程度排出讨论顺序。

(4) 把议程安排提前交到与会者手上。

2. 挑选与会者

(1) 首要原则是少而精。

(2) 信息型会议,你应该通知所有需要了解该信息的人都参加。

(3) 决策型会议,你需要邀请能对问题的解决有所帮助的人、对决策有影响的权威人士,以及能对执行决策作出承诺的人参加。

(4) 你需要对某些未在会议邀请之列的关键人士说明未邀请参加的原因。

3. 选择会议地点

会议地点的选择要考虑避免干扰和适于沟通,也要考虑会议的规格和类型。

(1) 现场会议室一般比较方便且费用低廉,因此是首选地点。但如果涉及公司的对外公共关系形象或者与会人数很多,则可以考虑租用酒店或展览中心的专用会议室。

(2) 与会者的身体舒适需求不能忽略,应注意会议室的温湿度控制、桌椅的舒适度,灯光和通风设备也应和会议的规模及安排的活动相适应。

(3) 根据你的沟通需要来选用适当的桌椅排列摆放方式。信息型会议中与会者应面向房间的前方,而决策型会议中与会者应面向彼此。

二、会议主持的语言艺术和沟通技巧

1. 成功地开始会议

如果你知道自己将会说些什么来作为开场白,你就会放松下来。更重要的是,你可以给整个会议带来一个好的开始。

(1) 准时开会。

对于每一位职业的商务人士而言,最头疼、最深恶痛绝的事情莫过于有人不守时。在现今高速运转的信息社会,时间意味着商机,时间意味着金钱和财富,时间意味着一切。"浪费别人的时间就等于谋财害命"一点都不夸张。对于会议而言就更是如此,因为不准时召开的会议浪费的是所有与会者的时间,这不仅会使与会者产生焦躁抵触情绪,同时也

会令与会者怀疑组织者的工作效率和领导能力。

(2) 向每个人表示欢迎。

用洪亮的声音向每个人表示热烈的欢迎。如果你面对的是一队新的成员,让他们向大家做自我介绍。如果他们彼此已经认识了,也要确保把客人和大家不很熟悉的成员介绍给大家。

(3) 制定或者重温会议的基本规则。

会议的基本规则是会议中行为的基本准则,你可以做出"不允许跑题"、"聆听每一个人的发言"以及"每人的发言时间不能超过5分钟"这样的规定。如果准则是由与会者共同制定的而不是由会议主持人制定的,效果要更好一些。你可以向与会者询问:"大家都同意这些规定吗?"要得到每一个人的肯定答复,而不要想当然地把沉默当成是没有异议。

(4) 分配记录员和计时员的职责。

如果可能的话,让大家自愿来担任这些职责而不要由主持人指定。计时员负责记录时间并保证讨论持续进行,记录员则负责做会议记录。

2. 会议主持人的沟通技巧

优秀的会议主持人最常用的引导方式是提问题,针对目前所讨论的问题进行引导性的提问,会使众多与会者的思路迅速集中到一起,提高工作的效率。我们常用的问题大致可以分为两类:开放式的问题和封闭式的问题。开放式的问题需要我们花费更多的时间和精力来思考回答,而封闭式的问题则只需一两句话就可以回答了。比如说:"小王,你对这个问题怎么看?"这就是开放式的问题。"小王,你同意这种观点吗?"这就是封闭式的问题。作为一名有经验的会议主持人,你应该善于运用各种提问方式。

3. 圆满地结束会议

无论是什么类型的会议,在会议结束的时候都应重新回顾一下制定的目标、取得的成果和已经达成的共识,另外,需要实施的行动也是很重要的。

(1) 总结主要的决定、行动方案,以及会议的其他主要结果。

(2) 回顾会议的议程,说明已经完成的事项、仍然有待完成的事项,以及下次会议的可能议程。

(3) 给每一位与会者一点时间说会议结束前的最后一句话。

(4) 就下次会议的日期、时间和地点问题达成一致意见。

(5) 对会议进行评估,在一种积极的气氛中结束会议。你可以对每一位与会者的表现表示赞扬,然后大声地说"谢谢各位"以结束会议。

本章小结

本章的主要内容是沟通的含义、要素、方式,沟通失败的原因及高效沟通三原则;沟通过程、关键沟通技巧、有效沟通的基本步骤、人际风格的分类及与不同风格的人沟通的技巧;接近客户的技巧和会议沟通的技巧。

问题思考

1. 沟通的方式有哪些?各种方式的优缺点是什么?
2. 沟通失败的原因通常有哪些?
3. 简述管理沟通的基本要求。
4. 简述有效沟通的基本方式。
5. 简述获得客户好感的六大法则。

 实践活动

分析沟通的障碍

活动目标

通过训练找到在日常工作生活沟通中的主要障碍,以克服和解决障碍,实现沟通思想、交流感情的目的。

训练要求

(1)在表3-9中,列出三项最近参与的沟通事项(并不一定是由自己发起的)。回顾事件过程,分析找出有哪些障碍妨碍了达成共识,提出消除沟通障碍的对策,并把表填写完整。

表3-9 沟通中障碍的分析

交流与沟通事项	障　　碍	消除障碍的对策

(2)努力辨明哪些障碍是由自己造成的。观察体验将它们消除之后沟通效果的变化。
(3)写心得体会,谈谈自己在提高沟通效果方面的感受。

作 业 习 题

一、判断题(共6小题。请在正确表述后打"√"在错误表述后打"×"。)

1. 通过沟通可以交流信息,获得情感与思想的沟通。　　　　　　　　　(　　)
2. 语言沟通更擅长于传递的是感情。　　　　　　　　　　　　　　　　(　　)
3. 不知道做事的意义,也不明白做事的价值,做事的积极性也就不可能高,创造性也就无法发挥出来。　　　　　　　　　　　　　　　　　　　　　　　　(　　)
4. 沟通时要尽可能地达到多种目的。　　　　　　　　　　　　　　　　(　　)
5. 在沟通和交流的过程中,各种障碍都能克服。　　　　　　　　　　　(　　)
6. 一个人隐藏区最大,沉默少语,老实,人们对他的信任就会更高。　　(　　)

二、单选题(共 5 小题。多选、不选或错选均不得分。)

1. 关于沟通的意义不正确的表述是(　　)。
   A. 使人们达成共识,更多地合作　　B. 满足人们彼此交流的需要
   C. 改变人们思想观念　　D. 降低工作的成本,提高办事效率

2. 擅长于传递信息的沟通形式是(　　)。
   A. 语言沟通　　B. 单向沟通　　C. 双向沟通　　D. 肢体语言沟通

3. 以下不属于管理沟通作用的是(　　)。
   A. 有利于上级领导技术水平的提高
   B. 调动下级员工积极性和激发其创造性
   C. 实现统一行动的有效途径
   D. 是下级员工做好工作的一个保障

4. 下列不属于与上司沟通的情况的是(　　)。
   A. 接受指示　　B. 听候安排　　C. 向上汇报　　D. 商讨问题

5. (　　)不是谈判要搭建的沟通平台。
   A. 现实利益　　B. 科学理性　　C. 价值判断　　D. 谈判需求

6. 非语言沟通的作用主要表现在(　　)。
   A. 更加省时省力　　B. 非语言沟通可以用来补充意义
   C. 表达更清楚　　D. 表达更全面

三、案例分析题(共 2 个案例,10 个单选小题。多选、不选或错选均不得分。)

案 例 一

某公司为了奖励市场部的员工,制订了一项海南旅游计划,名额限定为 10 人。可是 13 名员工都想去,市场部经理需要再向上级领导申请 3 个名额。市场部 3 位经理向公司朱总说:"朱总,我们部门 13 个人都想去海南,可只有 10 个名额,剩余的 3 个人会有意见,能不能再给 3 个名额?"朱总说:"筛选一下不就完了吗?公司能拿出 10 个名额就花费不少了,你们怎么不多为公司考虑?你们呀,就是得寸进尺,不让你们去旅游就好了,谁也没意见。我看这样吧,你们 3 个做部门经理的,姿态高一点,明年再去,这不就解决了吗?"朱总没有同意增加名额,显然沟通失败了。

(资料来源:韩智力,《员工关系管理——案例、诊断、解决方案》,广东经济出版社 2007 年版)

1. 案例中,市场部 3 位经理的要求没有得到朱总的同意,这充分反映了他们(　　)。
   A. 不善于进行沟通　　B. 不善于进行思考
   C. 业务能力有问题　　D. 想法不符合实际

2. 市场部 3 位经理提出增加 3 个名额,说明(　　)。
   A. 目的不明　　B. 没有考虑落实公司的指标
   C. 应该在接受指标时与上司讨论　　D. 没有表达出自己疑惑的问题

3. 市场部 3 位经理与朱总的讨论属于口头语言沟通方式中的(　　)。
   A. 小组讨论　　B. 讲话　　C. 简短指示　　D. 一对一交谈

4. 案例中的沟通属于(　　)。
   A. 与上级沟通　　B. 水平沟通　　C. 与下级沟通　　D. 积极型沟通

5. 市场部 3 位经理在沟通中失败的原因是(　　)。
A. 只顾表达自己的愿望和要求,没有考虑公司利益
B. 以自我为中心,不尊重对方感受
C. 没有运用好语言沟通的优势
D. 以上都是

案 例 二

小张对小李说:"我要离开这个公司。我恨这个公司!"小李建议道:"我举双手赞成你报复!一定要给这破公司点颜色看看。不过你现在离开,还不是最好的时机。"小张问:"为什么?"小李说:"如果你现在走,公司的损失并不大。你应该趁着在公司的机会,拼命去为自己拉一些客户,成为公司独当一面的人物,然后带着这些客户突然离开公司,公司才会受到重大损失,非常被动。"小张觉得小李说得非常在理。于是努力工作,经过半年多的努力工作,小张有了许多忠实的客户。再见面时,小李问小张:"现在是时机了,要跳赶快行动哦!"小张淡然笑道:"老总跟我长谈过,准备升我做总经理助理,我暂时没有离开的打算了。"小李笑了,他的初衷实现了。

一个人的工作,只有付出大于得到,让老板真正看到你的能力大于位置,才会给你更多的机会替他创造更多的利润。

(资料来源:程延园,《员工关系管理》,复旦大学出版社 2004 年版)

1. 小李的初衷是(　　)。
A. 离开公司　　　　　　　　B. 给公司造成损失
C. 希望当总经理助理　　　　D. 更多发展机会
2. 以下小李沟通失败的原因不包括(　　)。
A. 没有理解小张的沟通意图　　B. 只考虑自己的意愿,并强加于人
C. 总经理与小张沟通产生了作用　D. 总经理不重视沟通
3. 小张当初与小李的沟通属于(　　)。
A. 侵略型方式　　B. 积极型方式　　C. 退缩型方式　　D. 以上都是
4. 总经理与小张的沟通表明(　　)。
A. 沟通是激发员工工作热情和积极性的一个重要方式
B. 经理人员明确表示将考虑如何采取行动有立竿见影的效果,以增加沟通对象对你的信任
C. 沟通是保证下级员工做好工作的前提
D. 以上都是

案 例 三

IBM 内部的人事沟通渠道可分为三类:员工—直属经理;员工—越级管理阶层;其他渠道。

员工—直属经理的沟通是一条很重要的沟通渠道,其主要形式是:每年由员工向直属经理提交工作目标,直属经理定期考核检查,并把考评结果作为员工的加薪依据。IBM 的考评结果标准有 5 级:未能执行的是第五级;达到既定目标的是第四级;执行过程中能通权达变、完成任务的是第三级;在未执行前能预知事件变化并能做好事前准备的为第二

级;第一级的考绩,不但要达到第二级的工作要求,其处理过程还要能够成为其他员工的表率。

员工—越级管理阶层的沟通有四种形态:其一是"越级谈话",这是员工与越级管理者一对一的个别谈话;其二是人事部安排,每次由10名左右的员工与总经理面谈;其三是高层主管的座谈;其四是IBM最重视的"员工意见调查",即每年由人事部要求员工填写不署名的意见调查表,管理幅度在7人以上的主管都会收到最终的调查结果,公司要求这些主管必须每3个月向总经理汇报调查结果的改进情况。

其他沟通渠道包括"公告栏"、"内部刊物"、"有话直说"和"申诉制度"等。IBM的"有话直说"是鼓励员工对公司制度、措施多提意见的一种沟通形式(一般通过书面的形式进行),员工的建议书会专门有人搜集、整理,并要求当事部门在10天内予以答复。IBM"内部刊物"的主要功能是把公司年度目标清楚地告诉员工。IBM的"申诉制度"是指在工作中,员工如果觉得委屈,可以写信给任何主管(包括总经理),在完成调查前,公司应做到不让被调查者的名誉受损,不大张旗鼓地调查以免当事人难堪。

为了确保沟通目标得以实现,IBM制定了一个"沟通十诫":一是沟通前先澄清概念;二是探讨沟通的真正目的;三是检讨沟通环境;四是尽量虚心听取别人的意见;五是语调和内容一样重要;六是传递资料尽可能有用;七是应有追踪、检讨;八是兼顾现在和未来;九是言行一致;十是做好听众。

(资料来源:百度文库)

根据以上案例,回答1～4题。

1. 案例中,该公司员工关系沟通主要采用(　　)方式。

   A. 直接沟通　　　　B. 间接沟通　　　　C. 上司询问　　　　D. 员工冲突

2. 该公司的员工关系处于(　　)工作状态。

   A. 负面影响多　　　　　　　　B. 和谐、平等沟通

   C. 紧张　　　　　　　　　　　D. 高压式

3. 案例中,该公司的沟通原则是(　　)。

   A. 沟通前先澄清概念　　　　　B. 探讨沟通的真正目的

   C. 传递资料尽可能有用　　　　D. 全部都是

4. 该公司的沟通渠道有(　　)。

   A. "公告栏"　　　　　　　　　B. "内部刊物"

   C. "有话直说"　　　　　　　　D. 以上都是

第四章 绩效管理

 能力要求

了解绩效管理的内涵、作用以及为什么需要绩效管理；
掌握绩效管理的原则和基本内容；
了解绩效管理的实施过程；
学会运用绩效评估的主要方法，能够在解决企业绩效管理问题中实际运用。

 考核重点

绩效；绩效管理；绩效计划；绩效评估；绩效反馈。

 案例导入

A企业绩效评估的困惑

A是一家制造业企业。到年底了，老板开始犯愁了，愁的是奖金怎么发。年初的时候，老板曾经在大会小会上许诺员工，只要大家好好干，年底的时候一定给大家发年终奖，干得好还可以多拿。但是，由于人事部在绩效管理工作上一直没有作为，从1月份拖到2月份，从2月份拖到3月份，一直拖到了年底，老板连基本的绩效评估表都没有见到。现在，兑现承诺的时候到了，拿什么作为发放年终奖的依据呢？思来想去，老板还是认为一定要通过评估，把员工的绩效差异找出来，根据评估分数发放奖金。于是老板紧急召集人事部的所有员工开会，要求必须在半个月之内拿出年终绩效评估方案，否则人事部所有员工的年终奖停发。在老板的强压之下，人事部群策群力，上网找了很多资料，最终"合成"出了一份绩效管理方案。其实，所谓方案，也不能称其为方案。整个方案的核心内容就是几张表，里面列举了员工的工作数量、工作质量、工作态度、遵章守纪等内容。人事部也注意到了方案的漏洞，如果只是上级打分，会存在各自为政的现象。为了保证程序公平，人事部设置了复杂的打分程序，每个人都按照上级、同级、下级等维度进行打分。整个人事部前前后后忙乎了一个月，终于完成了年终评估。结果可想而知，员工对评估结果非常不认同，怨声一片。

（资料来源：赵日磊，《轻松做绩效，让员工和组织一起成长》，中国电力出版社2012年版）

启示：

绩效评估的时候，一定要找到员工行为和企业的业务及员工的职责相关联的那一部分,绩效是员工履行职责并为组织创造价值的结果。因此,要界定清楚绩效的内涵,就一定要把组织的目标、员工的职责和工作计划以及最终结果结合起来谈。

第一节 绩效管理概述

一、绩效管理的内涵

1. 绩效的含义

绩效是指具有一定素质的员工在职位职责的要求下,实现各自结果及在此过程中表现出的行为。绩效是对工作行为以及工作结果的一种反映,也是员工内在素质和潜能的一种体现。它主要包括三个方面的内容。

1) 工作效果

指工作中取得的数量和质量,主要是工作活动所实现的预定目标的程度。工作效果涉及工作的结果。

2) 工作效率

指时间、财物、信息、人力及其相互利用的效率,包括组织效率、管理效率、作业效率等方面。工作效率涉及的是工作的行为方式,是投入大于产出还是投入小于产出。

3) 工作效益

指工作中所取得的经济效益、社会效益、时间效益等。工作效益涉及的是对组织的贡献。

2. 绩效管理的含义

所谓绩效管理,是指为了更有效地实现组织目标,在员工的参与下,由专门的绩效管理人员运用人力资源管理的理论、技术和方法进行绩效计划、绩效沟通、绩效评估、绩效反馈与改进、绩效结果应用等基本过程。

员工绩效的高低直接影响着企业整体效率与效益,因此,掌握和提高员工的工作绩效是企业管理的一个重要目标,而员工绩效管理就是实现这一目标的人力资源管理手段。

3. 绩效管理的基本特征

1) 绩效管理的目的是更有效地实现组织预定的目标

绩效管理本身并不是目的,开展绩效管理是要更大限度地提高组织的管理效率及组织资源的利用效率,进而不断提高组织绩效。总之,更有效地实现组织的预定目标是绩效管理的终极目的。

2) 绩效管理的主体是掌握人力资源知识、专门技术和手段的绩效管理人员和员工

绩效管理由掌握专门知识技能的绩效管理者推动,然后落实到员工身上,最终由每一位员工的具体实践操作实现。可以看出,绩效管理的主体不仅是绩效管理人员,还要包括每一位参与绩效管理的员工。

3) 绩效管理的核心是提高组织绩效

绩效管理的核心是围绕提高组织绩效来展开的,从中所采用的任何具体措施都是为

持续改进组织绩效服务的。绩效管理是"对组织中的事而不对人",以工作评价为中心,考察个人与组织目标达成相关的部分。

4) 绩效管理是一个包括多阶段、多项目标的综合复杂过程

绩效管理是一个过程,有一套完整的PDCA的循环体系,所谓PDCA循环即是计划(plan)、实施(do)、检查(check)、调整(adjust)的循环。落实到绩效管理上就是由绩效计划制订、动态持续的绩效沟通、绩效实施、绩效评估、绩效结果运用等环节构成的循环。

案例思考

绩效评估出了什么问题

A是K公司的员工,大学毕业后加入K公司,从普通员工做到了高级销售经理。K公司年初制订的销售计划较上年初提高将近100%,同时改变绩效评估办法,由原来的季度评估改为月评估,并且实行负激励。尽管员工的反对声音很大,但新办法还是开始实施。然而,一个季度过后,公司业绩离目标渐离渐远,员工的绩效奖金也大幅度减少。A认为是K公司制订计划不切实际,评估目标太高,无法完成;而公司则认为员工干劲不足。在数次沟通无效后,A愤然离职,并带走部分同事和客户资源。

(资料来源:臧有良、暴丽艳,《管理学原理》,清华大学出版社2007年版)

问题:

1. K公司的绩效管理出现了哪些问题?为什么?
2. 给K公司提出一些改革的建议。

分析:

企业要进行准确而有效的绩效评估,必须选择适当的评估标准,并以科学而公正的量度方法去评估。完整的企业绩效评估标准应该包括工作业绩评估标准、工作行为评估标准、工作能力评估标准、工作态度评估标准等内容。同时要按照绩效管理的程序(准备阶段、实施阶段、反馈阶段、运用阶段)进行操作。

如果脱离现实,制定目标的时候没有咨询员工意见,没有与员工充分沟通,绩效目标没有得到全体员工共同认可,那就很难得以真正有效的实施。如果是外部的宏观经济原因导致绩效下降,此时就应该把它考虑在内,对绩效目标进行适当调整。同时,负激励方法不是很好,一般最好不用,因为这会大大降低员工的安全感。最好的做法是设置一个较低的基本工资,同时辅之以业绩浮动奖励。

二、绩效管理的必要性

1. 组织需要绩效管理

组织的总体目标就是生存和发展,从整个组织生存的角度来看,组织的存在就是为了实现一些既定的目标。组织的目标可以被分解为各个部门的目标以及部门内各个岗位上每个员工的目标;而若干个人目标的达成构成了部门目标的达成。组织的整体目标由各

部门的绩效目标综合支持,最终是由每个员工的绩效目标来支持的。绩效管理对于组织的重要性体现在以下两方面:

第一,组织需要将目标有效地分解给各个部门和各个员工,并使各个部门和员工都积极向着共同的企业目标努力。

第二,组织需要监控目标达成过程中各个环节上的工作情况,了解各个环节上的工作结果,监控绩效完成的过程,及时发现阻碍目标有效达成的问题并予以解决。

2. 管理者需要绩效管理

企业的管理者承担着企业赋予的目标,而每个管理者都是通过自己的部门或者团队来实现自己的目标。管理者都渴望在管理上取得成功,因此需要通过绩效管理达成以下目的:

第一,将企业的目标传递给团队中的员工,并取得他们对目标的认同,以便团队成员能够共同朝着目标努力。

第二,通过告诉员工自己对他们的工作期望,使员工了解哪些工作是需要去做的,哪些工作最重要,做得好坏的衡量标准是什么,让员工知道什么样的业绩有什么样的奖惩对应。

第三,及时发现哪些目标还没有实现,及时采取应对措施。

3. 员工需要绩效管理

只要很好地理解了员工对工作的内在需要,人们就会发现绩效评估与管理也是普通员工所需要的。

一方面,每个员工内心都希望能够了解自己究竟取得了什么样的业绩,了解自己的工作做得怎么样,了解企业、上级、他人对自己的评价。

另一方面,员工希望自己取得的工作绩效能够得到他人的认可和尊重,能够得到公平的评价和回报,能够"多劳多得,不劳不得",能够"以业绩论英雄"。

从以上三个方面不难看出绩效管理对于企业管理的重要性,所以任何一家企业都非常有必要制定和完善一套符合企业特点和要求的绩效管理体系,系统地管理企业的绩效,可持续地达成企业的战略目标。

三、绩效管理的作用

1. 绩效管理是实现组织战略目标的基础

企业一般有比较清晰的发展思路和战略,有远期发展目标及近期发展目标,在此基础上根据外部经营环境的预期变化以及企业内部条件制订出年度经营计划及投资计划,从而制定出企业年度经营目标。企业管理者将年度经营目标向各个部门分解,形成各自部门的年度业绩目标,各个部门向每个岗位分解的核心指标则成为每个岗位的关键业绩指标。

2. 绩效管理为组织发展提供重要的支持

企业绩效管理通过设定科学合理的组织总目标、部门目标和个人目标,为企业员工指明了努力方向。管理者通过绩效辅导沟通及时发现下属工作中存在的问题,给下属提供必要的工作指导和资源支持;下属通过工作态度以及工作方法的改进,保证绩效目标的实现。

在绩效评估环节,企业要对个人和部门的阶段工作进行客观公正的评价,明确个人和部门对组织的贡献,通过多种方式激励高绩效的部门和员工继续努力提升绩效,督促低绩效的部门和员工找出差距并改善绩效。在绩效反馈面谈过程中,通过评估者与被评估者面对面的交流沟通,帮助被评估者分析工作中的长处和不足,鼓励下属扬长避短,促进个人充分发展;对绩效水平较差的组织和个人,评估者应帮助被评估者制定详细的绩效改善计划和实施举措;在绩效反馈阶段,评估者应和被评估者就下一阶段工作提出新的绩效目标并达成共识,被评估者承诺目标的完成。在企业正常运营情况下,部门或个人新的目标一般应超出前一阶段目标,激励组织和个人进一步提升绩效。经过这样的绩效管理循环,组织和个人的绩效会得到全面提升。

另一方面,绩效管理通过对员工进行甄选与区分,保证优秀人才脱颖而出,淘汰不适合的人员,同时吸引外部优秀人才,使人力资源能满足组织发展的需要,促进组织绩效和个人绩效的提升。

3. 绩效管理为决策提供重要的参考依据

绩效管理是人力资源管理的枢纽和闸门,贯穿于企业招聘、薪酬管理、培训、升迁、员工发展等整个人力资源管理过程中,是企业人事决策的重要依据。作为一种现代化的管理工具与手段,有效的绩效管理体系能够帮助企业达成使命,体现企业战略执行的能力,创造高业绩,并成为企业成长发展的持续动力源泉。只有以有效而卓越的绩效管理体系和绩效评估体系作为手段,以提高员工的积极性、创造性为目的,形成独具特色的人力资源管理体系,才能拥有其他企业无法模仿的优势,在企业间激烈的竞争中立于不败之地。绩效管理能够帮助企业增强竞争优势。一般行业面对价格战的威胁,对成本的管理显得十分重要,而没有绩效管理的协助,企业是不可能降低成本的。

在绩效管理中,绩效评估管理的应用范围很广。将绩效评估的结果应用于人力资源计划、招聘、选拔、薪酬管理、晋升、调配、辞退等各项具体工作,有助于企业作出正确的人力资源管理决策;应用于人力资源开发,可以提供员工优劣势的信息,帮助员工在现有岗位上创造更佳的业绩,加强员工的针对性培训,为员工的职业生涯和职业道路设计提供建议。

4. 绩效管理促进企业文化建设

企业文化是企业倡导的一种思想价值,绩效管理在企业文化建设中发挥着重要作用。绩效管理自身也蕴含着特定的文化,如鼓励所有员工对企业保持忠诚并尊重顾客等,这些文化也要通过管理来实现。所以说,离开管理的文化只是口号上、书面上的文化,只会流于形式。绩效管理有利于企业文化的有效落实。

概括地说,绩效管理的作用体现在三方面主体上:对于员工而言,绩效管理能够使员工认同企业并产生价值感、归属感;激励员工主动参与企业的管理,并谋求个人的良好发展。可见,绩效管理对于员工具有激励导向作用。

对于管理人员而言,绩效管理能够实现对管理方式进行反馈和有效控制,最终促使整个团队都有良好的表现;理解员工并进行良好沟通,有利于展开针对性的培训。

对于企业而言,绩效管理可以帮助组织达到预期目标,有利于组织改进;避免过程中的不良行为;促使人们做正确的事情,有利于人才培养,并通过惩赏留住表现良好的员工、淘汰表现不合格的员工。

绩效管理是人员管理中最重要的落脚点,对人的管理在于用管理的手段解决管理中的问题,而不是单纯通过对人的好坏评价来解决。绩效管理又是关系到整个组织命运的大事,超出了人员管理的范畴,是企业管理总体层面上的行为。绩效管理是所有管理制度执行的关键,没有绩效管理,人员执行其他制度的自觉性将受到很大影响。有专家做过一次统计,某企业从未实施绩效管理到实施绩效管理,股东投资回报从0跃涨到了7以上,资产回报从4.55%上升到8%,销售额从11%增长到22%。

5. 绩效管理是企业价值分配的基础和价值创造的动力

1) 价值为本是企业存在的基本目的

从企业角度来讲,做管理是要使其产生一个价值,企业生存的根本原因也是要实现其价值,"不赢利的企业是可耻的"。也就是说,赢利是一个企业最重要的目的和目标之一。所有的管理并不是仅仅因为其重要而去做,而是为了产生价值而进行的。

一个企业最重要的价值是经济价值,也就是赢利。对投资者或股东的回报就是赢利的具体体现。

另外,企业存在还有其社会价值,包括政治价值(能源安全,通信安全等)、对社会产生的心理价值、伦理价值等。

经济价值是所有价值的基础,赢利是企业存在的基础。而机关事业单位的基本价值并不是赢利,它们有各自不同的价值目标。

2) 价值是怎么产生的

对企业来说,价值并非是指来源于企业部门和员工各自的所作所为,而是指所做的工作对客户产生了怎样的价值。换言之,企业的价值是来源于市场、来源于客户的,当所做的工作与客户需求相吻合时,这样的工作才是有价值的。

概括来说,所有的管理,都是围绕价值而展开的,其重点在于这样的管理工作本身产生了多大的价值。在此,可以做这样一个补充说明,从财务角度讲,大多数的管理或管理行为都是一种开支和投入,但更重要的是,它还是一种产出和回报。也就是说任何一种管理行为,小到开一个会议,大到下达一个文件,都是为了产出,这就是投入与产出之间的关系。从这个角度看,有很多企业的管理都是没有意义的,管理制度一大堆,"文山"高耸、"会海"汹涌,但是最后对企业的经营没有产生任何效果,甚至对员工的积极性造成打击,这样的管理非但对企业发展不利,而且还可能成为企业进步的障碍。因此,没有价值的管理是没有意义的管理。

3) 企业为什么需要价值

企业通过对土地、资金、人力、信息等要素的组合投入来实现其价值的最大化,要以尽量小的投入获得尽量大的回报。企业管理的好坏,最后是通过绩效来反映和衡量的。

4) 价值的三个环节

价值的创造、评价和分配是价值的三个环节。

价值创造是指企业在创造和实现价值中的关键要素的排序和定位,对价值创造者的认定决定了价值的分配权。

例如,高科技成果的发明者,其科技成果对企业的赢利和竞争起着关键的作用。因此,这些人员的认定极为重要,不能混同于普通员工,甚至是按照级别、资历来确认其身份。又如,在市场导向型企业中,营销和营销人员的作用明显大于生产人员,因此,谁创造价值大、谁在实现价值的过程中产生的作用大,是必须有明确界定的。

价值的评价即绩效评估,具体是指谁创造了多少价值以及对价值好坏进行认定。目前常用的评估体系主要有:以战略目标为导向的绩效评估体系,即围绕其目标评价是否达到及达到程度的好坏;以能力(包括潜能)为核心的价值评估体系;以实际工作成果为核心的评估体系。

价值的分配是指在评价基础上的分配,在组织内部则指薪酬分配、发展机会、培训机会等。分配的标准主要是"谁创造了价值"以及"创造了多少价值"。

第二节 绩效管理的原则和基本内容

一、绩效管理的原则

绩效管理是目前很多人力资源管理者最关注的问题之一。在管理实践中,绩效管理是一把"双刃剑",好的绩效管理制度可以激活整个组织;但如果做法不当,可能会产生许多意想不到的后果,从而使得绩效管理不能发挥其应有的效用。那么,有效的绩效管理应该遵循哪些原则呢?

1. 价值导向原则

在绩效管理实践中,最容易出现的问题是主管没能在评估中就员工的优点和缺点给予明确的反馈信息,没能传达出企业的期望。绩效管理要评价和肯定员工所创造的价值,这种价值评价需要真正能在企业的价值创造体系中发挥引导和激励作用。良好的绩效管理系统可以告诉员工什么是组织所期望的,什么是不允许的,以及应该如何去实现他们的目标。一个能持续促进企业发展的绩效管理系统,必须充分体现企业目标和企业文化,使绩效管理系统真正成为企业文化建设的价值导向。当然,价值分配不仅仅包括物质的分配,也包括挑战性工作任务的分配、职位的晋升等。从人力资源管理实践来看,纯物质性的激励是有限的,而通过工作本身的激励更为长远和有效。所以,在绩效管理实践中,不能仅仅使绩效成为决定个人物质收入的标准,更重要也是更主要的还是要加强工作本身的激励,要不断创造有挑战性的工作岗位并将之赋予有创造、进取的高绩效员工,给他们创造更大的职业生涯发展空间。同时,必须更进一步强调,绩效评估需要真正成为对企业内部成员进行价值分配所参照的客观、合理的依据。

2. 目标细化原则

美国著名管理大师彼得·德鲁克提出,企业的使命和任务,必须转化为目标。如果一个领域没有目标,那么这个领域的工作就会受到忽视。在细化目标时,要以工作岗位分析和岗位实际调查为基础,以客观准确的数据资料和各种原始记录为前提,明确绩效管理的重要意义和作用,制定出全面具体、切合实际并且与企业战略发展目标相一致的指标和标准体系。目标细化即评估指标要细,要做到横向到边,纵向到底。一定要让员工清楚地了解他们的任务和目标,目标越明确,出来的效果越好。否则会造成评估不实,还会导致部门之间不平衡,企业总体战略目标的实现得不到充分保证。绩效管理就是要让每一位员工都享有明确的权利,并承担明确的责任,因此,清晰、合理的评估指标体系具有很大的激励性。管理者必须了解每位员工的具体工作,抓住工作要素,确定工作要领,制定评估标准。一项好的评估制度希望达到的目标是:让被评估者觉得可以接受。绩效评估的指标最好可量化,做到精确衡量和减少评估者的主观偏差。但追求一切衡量指标皆可量化亦不可取。对于非量化指标可以采用描述的方式区分,针对要素或者整体职能区分工作绩效状态,如优秀、称职、不称职等。

3. 双向沟通原则

绩效管理的实质在于通过持续动态的沟通来真正提高绩效,实现企业的目标,同时促进员工的发展。在绩效管理的过程中充分的沟通与反馈是十分重要的,可以说绩效管理就是沟通。

要界定员工在企业中所处的角色,角色的定位决定了员工将担当的职能是什么,能力要求是哪些,需要承担什么样的工作职责。通过有效的绩效互动沟通,才能清晰地了解在一定的情况和环境下员工应当履行什么样的职责。如果缺乏这种沟通,评估者与被评估者将处于分离状态,双方对评估的项目、标准和目的各有自己的理解。为了维护自己的利益,在工作中员工有时不会从企业的整体利益角度出发,而是首先维护自己的利益。通过沟通,管理者把工作项目、要领、目标以及工作价值观传递给被管理者,双方达成充分的共识与承诺。只有员工的认可度提高了,整个目标才会得到很好的执行。如果仅仅是自上而下地压任务,而不和员工商量沟通,员工的积极性、认可度就会比较差。管理不是为了管理而管理,如果管理不能促进员工成长并进一步整合为企业的发展,绩效管理就失去了它的效用。

4. 系统性原则

应当看到,绩效管理不是一个可以脱离企业的日常经营运作而独立运作的系统。只有在一个适合绩效管理的环境和土壤中,它才能真正融入一家企业的血肉当中,成为不可或缺的重要系统。如果不考虑适应性和可接受性,而是硬性地将绩效管理这个系统挤入企业的经营管理系统之中,那么,绩效管理系统反而可能会对企业的日常经营造成很大的负面影响。因为任何一家企业的各项工作都是相互关联着的。如果只注重某一环节而忽视其他环节,往往会导致其他环节的员工心理不平衡,在相关工作中不能很好地配合甚至消极怠工,使企业整体的工作效率问题依旧难以解决,甚至可能发生比以前更糟的情况。例如:每个公司都会讲"我们非常重视人才",但是,观察很多公司实际的运作就会发现,公司里面的文化并不是听到的那样。尤其是参加一些会议,讲话最多的、声音比较大的,都是那些职位比较高的人,基层的员工基本上在旁边唯唯诺诺。这不是一种好的企业文化。为了提高绩效管理的质量和水平,应当着力于绩效评估过程中各个环节的有效管理,如:

加强沟通和反馈,消除被评估者的紧张、抵触等不良心理;评估结束后,应对评估结果进行审查,保证评估结果的双向交流;不断地完善薪酬奖励制度等。

5. 及时反馈原则

实施绩效管理的唯一目的是帮助员工个人、部门及企业提高绩效。它是管理者与员工之间的真诚合作,是为了更及时有效地解决问题,而不是批评和指责员工。另一方面,绩效管理虽然表面上看是关注绩效低下的问题,实质却是旨在促进企业的成功与进步。员工非常重视的一点就是工作反馈,千万不要忽视员工的存在。如果做了三个月,都没人对他的工作能力作出评价,对于一个员工来讲会产生不被重视的感觉。被评估不仅是员工的义务,也是他的基本权利,管理者绝对不能够忽视。评估之后,针对评估结果,各级管理者必须与每一位下属进行面谈。其目的在于肯定业绩,指出不足,为员工职业能力和工作业绩的不断提高指明方向。同时讨论员工产生不足的原因,区分下属和管理者各自应承担的责任,以便形成双方共同认可的绩效改善点。

案例思考

绩效管理=绩效评估?

为了激励员工,某机械设备有限公司决定在公司内部实施绩效管理。该公司总经理决定采用很多企业广泛使用的"月度绩效评估"方法。三个月后,员工积极性未见提高,反而原先表现积极的员工也不积极了。每个部门上交的评估结果也日趋平均,甚至有的部门给所有员工打了相同的分数。整个公司的人际关系变得有些微妙,没有了以前的和谐,同时员工的离职率开始攀升。公司的总经理觉得很困惑:不是说绩效管理好吗?为什么我的"月度绩效评估"取不到一个好的效果,反而产生那么多负面影响?

(资料来源:圣才考研网,《吴照云〈管理学〉笔记和课后习题(含考研真题)详解》,中国石化出版社2010年版)

问题:

绩效评估有用吗?案例中的绩效评估为什么出现负面影响?

分析:

其实,绩效评估只是绩效管理的一个环节,远非绩效管理的全部。绩效评估对工作结果进行评价,只是对前期工作的总结。有的企业试图用绩效评估绑住员工,当成控制下属的"杀手锏",并与员工每个月的月度奖金挂钩,认为员工的工作积极性在利益的驱动下一定能上去。一些管理者也认为手上有了"评估权",下属就好管了。但事实上,很多企业频繁进行绩效评估,非但不能起到激励的作用,而且加剧了上下级之间的矛盾,没有达到应有的激励效果。这样必然会偏离实施绩效管理的初衷,无法起到激励员工的作用,反而会给企业发展带来诸多负面影响。

二、绩效管理的基本内容

通常,绩效管理由如下五个部分组成。

1．制订绩效计划

绩效计划是绩效管理的开始。在这个阶段,管理者和员工通过沟通,主要考虑以下问题:

(1) 员工的主要工作任务是什么(任务描述详细,需数值量化)?

(2) 如何衡量员工的工作(标准)?

(3) 每项工作的时间期限有多长?

(4) 员工的权限是什么?

(5) 员工需要什么样的支持帮助?

(6) 管理者如何帮助员实现目标?

(7) 其他相关的问题,如技能、知识、培训、职业发展等。

以上是制定绩效管理目标的过程,最终结果是形成管理者和员工共同签字的文字记录,即绩效管理目标。

通常,一份有效的绩效目标必须具备以下几个条件:

(1) 服务于企业的战略规划和远景目标;

(2) 基于员工的职务说明书而做;

(3) 目标具有一定的挑战性,具有激励作用;

(4) 目标符合 SMART 原则,即 specific(明确的)、measurable(可衡量的)、attainable(可达到的)、relevant(相关的)、time-based(有截止期限的)。

2．持续不断的沟通

沟通是一切管理所必不可少的重要手段,持续不断的沟通对于绩效管理具有关键性作用。

一般,沟通应符合以下几个原则。

1) 沟通应该真诚

一切的沟通都是以真诚为前提的,都是为预防问题和解决问题而做。真诚的沟通才能尽可能地从员工那里获得信息,进而帮助员工解决问题,为员工提供帮助。

2) 沟通应该及时

绩效管理具有前瞻性,在问题出现时或之前就应该通过沟通将之消灭于无形或及时解决掉,所以及时性是沟通的又一个重要的原则。

3) 沟通应该具体

沟通应该具有针对性,具体事情具体对待,不能泛泛而谈。泛泛的沟通既无效果,也没有效率。所以管理者必须珍惜沟通的机会,关注具体问题的探讨和解决。

4) 沟通应该定期

管理者和员工要约定好沟通的时间和时间间隔,保持沟通的连续性。

5) 沟通应该具有建设性

沟通的结果应该是具有建设性的,给员工未来绩效的改善和提高提供建设性的建议,帮助员工提高绩效水平。

3. 信息的收集和文档记录

绩效目标最终要通过绩效评估进行衡量,因此有关员工绩效的信息资料的收集就显得特别重要。

在这个环节中,管理者要注意观察员工的行为表现,并做记录,同时注意保留与员工沟通的结果记录。必要的时候,请员工签字认可,避免在年终评估的时候出现意见分歧。

做文档的最大好处就是使绩效评估时不出现意外,使评估的结果有据可查,更加公平、公正。

4. 绩效评估和应用

绩效评估一般在年底举行。员工绩效目标完成得怎么样,企业绩效管理的效果如何,通过绩效评估可以一目了然。

绩效评估也是一个总结提高的过程,总结过去的结果,分析问题的原因,制定相应的对策,有利于企业绩效管理的提高和发展。

同时,绩效评估的结果也对企业薪酬分配、职务晋升、培训发展等管理活动起着重要的作用。

5. 绩效的诊断和提高

绩效诊断的主要内容包括:①对企业绩效管理制度的诊断;②对企业绩效管理体系的诊断;③对绩效评估指标和标准体系的诊断;④对评估者全面的、全过程的诊断;⑤对被评估者全面的、全过程的诊断;⑥对企业组织的诊断。

没有完美的绩效管理体系,任何的绩效管理都需要不断改善和提高。因此,在绩效评估结束后,管理者不能忘记要全面审视企业绩效管理的政策、方法、手段及细节,对其进行诊断,不断改进和提高企业的绩效管理水平。

 技能训练

请填写下面的表格(表 4-1),巩固刚刚学到的知识。

表 4-1 绩效管理步骤表

绩效管理的步骤	注 意 事 项
制订绩效计划	
持续不断的沟通	
信息的收集和文档记录	
绩效评估和应用	
绩效的诊断和提高	

第三节 绩效管理的实施过程

绩效管理是管理组织和员工绩效的一种体系。它是由绩效计划、绩效评估和绩效反馈组成的。其中,绩效计划主要是规划企业的愿景、制定企业发展战略以及对绩效进行定义等活动。绩效评估则是对组织和员工的绩效进行衡量和评价的过程。绩效反馈则是通过与组织或部门主管及员工交互讨论评估结果,以达到改善绩效的目的。

绩效管理的程序,大致要经历准备、实施、反馈、运用四个阶段。

(1)准备阶段。包括制订绩效计划,确定绩效评估的内容,制定评估的标准,设计评估表格及对评估者进行必要的培训。

(2)实施阶段。即按事先制定的标准,运用各种方法对员工的实际行为进行绩效评估。

(3)反馈阶段。这个阶段是评估结束后,将评估结果告诉员工,使其明白自己的绩效到底如何。

(4)运用阶段。充分利用评估结果,确保其严肃性和说服力。包括根据结果对不符合实际的评估内容及标准进行修改,以便进行下一轮评估。

一、准备阶段

绩效计划是绩效管理的开始。在制订绩效计划之前,首先要明确本部门的绩效目标,而绩效目标必须具备以下几个条件。

1. 服务于企业的战略规划和远景目标

此规划和目标需详尽,数据化。例如,饮食总公司针对下属各服务部门的经营状况,总结本年度的指标完成情况,估量规划下一年度可达到的经营指标。

2. 基于员工的职务说明书而做

根据各个不同的工作岗位,提出相应的要求,且本部门将企业下达的部门指标分解至各个员工。

3. 目标具有一定的挑战性,具有激励作用

要强调的是,目标虽具有挑战性,但须是一可达值。

4. 目标符合 SMART 原则

设定的目标必须 specific(明确的)、measurable(可衡量的)、attainable(可达到的)、relevant(相关性)、time-based(有截止期限的)。

当目标明确后,我们就可以着手制订相应的绩效计划,在这个阶段,管理者和员工需要进行充分的沟通。

二、实施阶段

1. 绩效沟通

绩效沟通贯穿于绩效管理的全过程。企业的绩效管理,说到底就是上下级间就绩效目标的设定及实现进行持续不断、双向沟通的过程。在这一过程中,管理者与被管理者从绩效目标的设定开始,一直到最后的绩效评估,都必须保持持续不断的沟通,任何的单方面决定都将影响绩效管理的有效开展,降低绩效管理体系的效用。因此,不懂沟通的管理者不可能拥有一个高绩效的团队,再完美的评估制度都无法弥补因管理者和员工缺乏沟通带来的消极影响。

1) 绩效沟通的作用

在绩效管理中,持续不断的沟通是一个恒久不变的原则,具有不可替代的作用。

(1) 通过绩效沟通,才能设定管理者和员工共同认可的绩效目标。

绩效管理的首要环节,就是设定管理者和员工共同认可的绩效目标。员工作为企业组织中的一员,要在企业中承担一定的角色,即在企业中担当什么功能,需要哪些能力,承担什么职责。这些问题只有通过绩效沟通才能得到解决,进而使员工清晰地了解自己在企业中承担的具体角色。这样,管理者与员工对绩效目标及结果都做到"心中有数",员工才能有实现绩效目标的努力方向和动力,管理者才能有量化评估员工的共同认可的标准。在设定绩效目标的过程中,如果管理者忽视了沟通的作用,缺失双向互动沟通,就会形成绩效目标信息只有下达而无上传的情况,这不但影响到员工对绩效目标的了解和认可,还极可能造成制定的目标偏离客观实际甚至重大失误,进而影响整个企业绩效目标的实现。

(2) 通过绩效沟通,才能促进绩效目标履行过程顺利进行。

从绩效管理流程来看,绩效沟通是员工履行绩效目标过程的重要环节,并贯穿于整个履行过程的始终。当绩效目标在履行过程中朝良性方向发展时,通过不间断的沟通,管理者易于掌握员工在目标实施过程中继续提升业绩的空间以及员工在后期工作中的期望和要求;员工也能及时地反馈工作完成情况,从上级管理者那里得到必要的帮助,有利于绩效目标的实现。若绩效目标在履行过程中朝恶性方向发展,良好的绩效沟通将发挥无可比拟的作用。对企业而言,它有助于降低负面影响,及时阻止损失的继续蔓延,甚至会将对企业的负面影响和损失全面清除,对重新提升企业整体业绩起到推动作用;对员工而言,及时的沟通有助于员工改进方法,改变糟糕业绩,避免自己成为企业整体业绩提升的阻碍。

(3) 通过绩效沟通,才能使绩效评估思想深入人心,评估结果令员工信服。

绩效管理不是评估者对被评估者滥用手中职权的"杀手锏",也不是无原则的"走过场"。绩效沟通,可以帮助评估者把工作目标和工作任务等相关内容传递给被评估者。在使评估者明白要评估什么、评估谁、如何评估的同时,也使被评估者明白自己该干什么、怎么干,什么是干得好、什么是干得不好,激励措施是什么。绩效沟通有利于消除分歧,提高评估的认可度。绩效的评估,不是为了制造员工之间的差距,不是划分员工等级的标尺,而是实事求是地挖掘员工的长处、发现其短处,以达到扬长避短,使工作有所改进和提高的目的。另一方面,随着绩效评估思想深入人心,绩效评估这一工具的使用会得到广泛认可,绩效评估结果也就易于被广大员工认同并接受。

总之,绩效沟通无论对管理者还是对员工都具有重要意义。不仅有助于管理者了解工作进展情况,了解被评估员工的工作情况,提高员工对绩效评估及激励机制的满意度,而且有利于员工在工作过程中不断得到关于自己工作绩效的反馈信息,不断改进绩效、提高技能,发现上一阶段工作中的不足,确立下一阶段绩效的改进点。

2) 绩效沟通的方法

绩效沟通的方法可分为正式与非正式两类。

（1）正式沟通方法。

正式沟通方法是事先计划和安排好的沟通方法，如定期的书面报告、面谈、有管理者参加的定期的小组或团队会等。

第一，定期的书面报告。员工可以通过文字的形式向上级报告工作进展，反映发现的问题，主要有周报、月报、季报、年报。当员工与上级不在同一地点办公或经常在外地工作，可通过电子邮件进行交流。书面报告可培养员工理性、系统地考虑问题的能力，提高逻辑思维和书面表达能力。但应注意简化文字，只保留必要的报告内容，避免烦琐。

第二，一对一正式面谈。正式面谈对于及早发现问题，找到和推行解决问题的方法是非常有效的；可以使管理者和员工进行比较深入的探讨，交流讨论不易公开的观点；使员工有一种被尊重的感觉，有利于建立管理者和员工之间的融洽关系。但面谈的重点应放在具体的工作任务和标准上，鼓励员工多谈自己的想法，以一种开放、坦诚的方式进行谈话和交流。

第三，定期的会议沟通。会议沟通可以满足团队交流的需要；定期参加会议的人员相互之间能掌握工作进展情况；通过会议沟通，员工往往能从上级口中获取企业战略或价值导向的信息。但应注意明确会议重点，注意会议的频率，避免召开不必要的会议。

（2）非正式沟通方法。

非正式沟通是未经计划的，其沟通途径是通过组织内的各种社会关系，包括非正式的会议、闲聊、走动式交谈、吃饭时进行的交谈等多种形式。

非正式沟通的好处是形式多样、灵活，不需要刻意准备；沟通及时，问题发生后，马上就可以进行简短的交谈，从而使问题很快得到解决；容易拉近主管与员工之间的距离。

3）把握绩效沟通的关键点，提高沟通的质量

（1）目的要明确。

在绩效沟通过程中，员工应成为沟通的主体，员工的能力、态度、情绪、业绩是沟通的主导内容。管理者需要对员工的主要工作内容及其表现有着比较全面的了解与客观的评价，能够恰如其分地评价下属的工作表现，能够发现其情绪的变化、能力的优缺，真实地进行反馈，适当地进行激励和辅导。这就需要管理者在进行绩效沟通之前明确绩效沟通的目的，在日常的管理过程中做足工夫，才能在绩效沟通过程中有内容可言。

许多管理者把主要精力放在业绩判断上，似乎绩效沟通只是为了辨别清楚下属的业绩水平，而没有更多的目的。这样一来，绩效沟通往往会演变成一场争论，最后不欢而散。所以，有效的绩效沟通，其沟通的内容要全面。有效的绩效沟通包括四个层面的内容：

① 目标任务、标准、工作流程；

② 结果、绩效、员工能力；

③ 职业生涯设计、潜力发挥；

④ 个人和组织利益、生活目标、感情因素。

绩效沟通是信息双向沟通的过程，以任务目标的达成为主要目的，是 PDCA 管理的一个环节。管理者首先针对员工的工作任务、流程，对事不对人，进行客观准确的分析、反馈、评价，以利于今后工作的完善、提升。

沟通中，管理者不仅仅是谈员工个人的工作和绩效、职业生涯等职业要素，还要了解

员工的想法、思想动态、日常管理中的问题和员工的意见、抱怨等非职业要素。非职业要素似乎与员工的业绩无关,但在实践过程中往往成为影响员工工作态度、工作结果的关键因素。

现在的工作者都是职业人,应该具备自我调节的能力。但是,职业人并不等于机器人,在面临巨大的事业挑战和压力时,这些职业人常常产生各种抱怨、动摇。这是企业应该注意的。

(2)沟通的程序要明确和到位。

第一,事前精心准备。回顾职位说明书、计划工作表、绩效评估表等;收集相关资料,包括平日的绩效观察、绩效跟踪记录;收集其他相关部门和员工对于该员工工作表现的评价;准备面谈提纲,这是许多管理者忽视的地方,是由于其对绩效沟通内容的简单理解造成的。

第二,陈述面谈目的。管理者要清晰、明确地告知下属沟通的目的在于对过去的工作进行回顾、总结,对下一阶段的工作做一个计划安排,是就事论事的管理环节之一。

第三,回顾计划及完成情况。管理者应该根据职位说明书、计划工作表、绩效评估表对下属的工作进行回顾,让下属认识到自己的工作与企业、部门目标之间的关系以及自己的完成情况。在这个过程中,管理者要注意事实的准确翔实和描述的客观公正,进行积极正面的评价,善意地提出建设性意见。

第四,告知员工评估结果。管理者告知员工的评估结果应当是基于职位说明书、计划工作表、绩效评估表做出的,而不是管理者主观的打分。这样的评估结果具有客观性、公正性,能够拿得出证据,让下属心服口服。

结果告知后,管理者和员工着重商讨员工不同意的方面。评估双方的地位不同、认识不同,对于评估结果的认可程度不一致是很正常的,所以需要管理者参与式地倾听,以积极的态度,了解员工的想法,了解员工的困难和期望,积极予以协助。最终,双方争取能够达成一致,为后期的合作奠定良好的基础。

4)掌握好两大沟通技术

(1)倾听技术。

第一,培养管理者的倾听素质。在进行绩效沟通时,要培养管理者的倾听素质。倾听是一种双向式沟通,倾听的目的是作出最贴切的反应,通过倾听去了解别人的观点、感受。

第二,呈现恰当而肯定的面部表情。作为一个有效的倾听者,管理者应通过自己的身体语言表明对员工谈话内容的兴趣。肯定性点头、适宜的表情、恰当的目光接触,都是明确地告诉员工:自己正在用心倾听。

第三,避免出现隐含消极情绪的动作。看手表、翻报纸、玩钢笔等动作的意思是:你很厌倦,对交谈不感兴趣,不予关注。

管理者应呈现一种自然开放的姿态。可以通过面部表情和身体姿势表现出开放的交流姿态,但不宜交叉胳膊和腿。必要时上身前倾,面对对方,去掉双方之间的实物,如桌子、书本等。

第四,不要随意打断员工。在员工尚未说完之前,尽量不要下结论,让员工把话讲完;不要轻易打断员工,一定要鼓励他讲出问题所在;在倾听中保持积极回应,千万不要急于反驳;先不急于下定论,务必听清楚并准确理解员工反馈过来的所有信息;再一次与员工核实你已掌握的信息,理清所有问题,使之条理化、系统化,然后迅速作出判断,并明确表达出来。

(2)绩效反馈技术。

管理者要从如下角度历练自己的反馈技术。

第一,多问少讲。发号施令的管理者很难实现从上司到"帮助者"、"伙伴"的角色转换。建议管理者在与员工进行绩效沟通时遵循"二八法则":80%的时间留给员工,20%的时间留给自己,而自己20%的时间内,又可以用80%的时间发问,20%的时间才用来"指导"、"建议"、"发号施令",因为员工往往比管理者更清楚本职工作中存在的问题。换言之,要多提问题,引导员工自己思考和解决问题,自己评价工作进展,而不是发号施令,居高临下地告诉员工应该如何如何。

第二,沟通的重心放在"我们"。在绩效沟通中,多使用"我们",少用"你"。如:"我们如何解决这个问题?""我们的这个任务进展到什么程度了?"沟通时,管理者应体现出对员工的尊重和善意,如:"我如何才能帮助你?"

第三,反馈应具体。管理者应针对员工的具体行为或事实进行反馈,避免空泛陈述,如"你的工作态度很不好"或是"你的出色工作给大家留下了深刻印象"。模棱两可的反馈不仅起不到激励或抑制的效果,反而易使员工产生不确定感。

第四,对事不对人,尽量描述事实而不是妄加评价。当员工做出某种错误或不恰当的事情时,应避免用评价性语言,如"没能力"、"失信"等,而应当客观陈述发生的事实及自己对该事实的感受。

第五,应侧重思想、经验的分享,而不是指手画脚地训导。当员工绩效不佳时,应避免说"你应该……,而不应该……",这样会让员工体验到某种不平等,可以换成:"我当时是这样做的……"

第六,把握良机,适时反馈。

第七,员工犯了错误后,最好等其冷静后再予以反馈,避免令人产生"趁火打劫"或"泼冷水"之感;如果员工做了一件好事,则应及时表扬和激励。

第八,反馈谈话的内容要与书面评估意见保持一致,不能避重就轻,否则会带来不好的效果。

评估者在同员工进行面谈的时候,常会出现这样的情况:对员工的缺点不敢谈或不好谈,总觉得谈缺点时放不下面子,所以,谈出来的主要是优点,对于缺点则一带而过。这样的面谈,看起来气氛不错,双方都觉得愉快,但是,这样的结果常常不好。这种面谈的主要问题有:①员工受到误导,以为自己表现还可以,今后还这样表现下去;②当时双方都愉快,但是,当反映员工真实情况的书面报告出来时,问题就出来了,这时员工有委屈和被戏弄的感觉;③这样的谈话,不能帮助员工解决问题,改善绩效。正确的做法应该是:不回避员工在工作中表现出来的问题,管理者要抓住问题的要害,谈清楚产生问题的原因,指出改进的方法。

在此应特别注意,当员工对所提出的绩效评估意见表示不满意时,应允许他们提出反对意见,而不能强迫他们接受其所不愿接受的评估结论。绩效面谈其实也是管理者对有关问题进行深入了解的机会,如果员工的解释是合理可信的,管理者应灵活地对有关评价做出修正。如果员工的解释不能令人信服,则应进一步向员工做出必要的说明,通过良好的沟通达成共识。

 案例思考

为什么绩效管理没有效用?

　　A公司是一家民营大型纺织企业,面对生产线经验不足、产品合格率低、生产成本居高不下等问题,公司李力总经理决定在2005年10月开始实施绩效管理,并将绩效管理方案的设计、实施、改进等全过程交由人力资源部负责。李总在决定实施绩效管理初期主持了几次会议,之后由于工作忙就没有再参与其中了。半年过去了,李总发现企业生产力并未得到提升,反而出现了更多意想不到的问题,如员工积极性下降、企业文化混乱、上下级产生冲突等。李总觉得很困惑:为什么绩效管理在公司中发挥不到其应有的作用?

(资料来源:王毅,《纺织企业管理基础》,中国纺织出版社2008年版)

问题:

1. 该公司的绩效管理出了什么问题?是方案问题吗?
2. 公司的管理层在绩效管理中应该充当什么角色?
3. 绩效管理的反馈是否需要公司管理层的参与?
4. 本案例中,公司管理层有没有认识到同员工沟通的重要性?

分析:

　　企业管理者认为绩效管理是人力资源管理的一部分,理所当然由人力资源部来做。因此,管理者只负责实施绩效管理的指示,剩下的工作全部交给人力资源部,做得好不好,全由人力资源部负责。而这恰恰是导致绩效管理实施不到位的一个重要原因。人力资源部虽然对绩效管理的有效实施负责,但是并不是完全的责任,人力资源部在绩效管理实施中主要扮演流程制定、工作表格提供和咨询顾问的角色,至于绩效管理的推行和决策则与人力资源无关,人力资源也做不了这样的工作。绩效管理的推行有赖于企业高层的支持和鼓励,高层领导不仅要重视绩效管理的作用,而且要意识到绩效管理绝非一个简单的人力资源问题,而是一个综合的系统管理问题。只有高层领导者有了这样的觉悟并在全体员工中明确系统管理的主旨后,绩效管理的作用才能逐渐突显,发挥出重要的作用。

2. 绩效评估

1) 绩效评估的目的和作用

　　绩效评估是企业人力资源管理的重要内容,更是企业管理强有力的手段之一。绩效评估的目的是通过评估提高每个个体的效率,最终实现企业的目标。

(1)绩效评估的目的。

　　评估的最终目的是改善员工的工作表现,以达到企业的经营目标,并提高员工的满意程度和未来的成就感。美国组织行为学家约翰·伊凡斯维其认为,绩效评估可以达到以下八个方面的目的：

① 为员工的晋升、降职、调职和离职提供依据；
② 组织对员工的绩效评估的反馈；
③ 对员工和团队对组织的贡献进行评估；
④ 为员工的薪酬决策提供依据；
⑤ 对招聘选择和工作分配的决策进行评估；
⑥ 了解员工和团队的培训和教育的需要；
⑦ 对培训和员工职业生涯规划效果的评估；
⑧ 对工作计划、预算评估和人力资源规划提供信息。

(2)绩效评估的作用。

绩效评估最显而易见的作用是为员工的薪酬调整、职务变更提供了依据。但它的作用不仅仅是这些，通过绩效评估还可以让员工明白企业对自己的评价，自己的优势、不足和努力方向，这对员工改进自己的工作有很大好处。另外，绩效评估还可以为管理者和员工之间建立起一个正式的沟通桥梁，促进管理者和员工的理解和协作。具体而言，绩效评估主要有以下几方面的作用：

第一，为员工的薪酬调整、奖金发放提供依据。绩效评估会向每位员工给出一个评估结论，这个评估结论不论是描述性的，还是量化的，都可以作为员工薪酬调整、奖金发放的重要依据。这个评估结论对员工本人是公开的，并且要获得员工的认同。所以，以它作为依据是非常有说服力的。

第二，为员工的职务调整提供依据。员工的职务调整包括员工的晋升、降职、调岗，甚至辞退。绩效评估的结果会对员工是否适合该岗位作出客观、明确的评判。基于这种评判而进行的职务调整，往往会让员工本人和其他员工接受和认同。

第三，为上级和员工之间提供一个正式沟通的机会。评估沟通是绩效评估的一个重要环节，它是指管理者（评估人）和员工（被评估人）面对面地对评估结果进行讨论，指出员工的优点、缺点和需改进的地方。评估沟通为管理者和员工之间创造了一个正式的沟通机会。利用这个沟通机会，管理者可以及时了解员工的实际工作状况及出现问题的深层次的原因，员工也可以了解到管理者的管理思路和计划。评估沟通有利于促进管理者与员工的相互了解和信任，提高管理的穿透力和工作效率。

第四，让员工清楚企业对自己的真实评价。虽然管理者和员工可能经常会见面，甚至经常谈论一些工作上的计划和任务，但是员工还是很难清楚地知道企业对自己的评价。绩效评估是一种正规的、周期性的对员工进行评估的系统，由于评估结果是向员工公开的，员工就有机会清楚企业对他的评估。这样可以防止员工不正确地估计自己在组织中的位置和作用，从而减少一些不必要的抱怨。

第五，让员工清楚企业对自己的期望。每位员工都希望自己在工作中有所发展，企业的职业生涯规划就是为了满足员工自我发展的需要。但是，仅仅有目标，而没有进行引导，也会让员工不知所措。绩效评估就是这样一个导航器，它可以让员工清楚自己需要改进的地方，为员工指明前进的航向，为个人的自我发展铺平道路。

第六，企业及时准确地获得员工的工作信息，为改进企业政策提供依据。通过绩效评估,企业管理者和人力资源部门可以及时准确地获得员工的工作信息。通过这些信息的整理和分析,可以对企业的招聘制度、择人录用方式、激励政策及培训制度等一系列管理政策的效果进行评估。及时发现政策中的不足和问题,从而为改进企业政策提供了有效的依据。

2) 绩效评估的原则

员工绩效评估标准、程序和对评估者的责任都应有明确的规定,而且在评估中应当严格遵守这些规定。同时,评估标准、程序和对评估责任者的规定在组织内部应当对全体员工公开,这样才能使员工对绩效评估工作产生信任感,对评估结果持理解、接受的态度。在绩效评估的过程中必须遵循一定的原则,才能真正发挥它的作用。

(1) 客观评估原则。

绩效评估应当根据明确规定的评估标准,针对客观评估资料进行评估,尽量避免掺入主观性或感情色彩。也就是说要做到用"事实说话",评估一定要建立在客观事实的基础上。其次,要做到把被评估者与既定标准比较,而不是人与人之间做比较。

(2) 单头评估原则。

对各级员工的评估,都必须由被评估者的"直接上级"进行。直接上级相对来说最了解被评估者的实际工作表现,也最有可能反映真实情况。间接上级对直接上级作出的评估评语,不应当擅自修改。这并不排除间接上级对评估结果的调查修正作用。单头评估明确了责任所在,并且使评估系统与组织指挥系统取得一致,有利于加强组织的指挥机能。

(3) 反馈原则。

评估的结果一定要反馈给被评估者本人,否则就起不到绩效评估的教育作用。在反馈评估结果的同时,应当向被评估者就评语进行说明解释,肯定成绩和进步,说明不足之处,提供今后努力的参考意见等。

(4) 差别原则。

评估的等级之间应当有鲜明的差别界限,针对不同的评语在工资、晋升、使用等方面体现出明显差别,使评估带有刺激性,鼓励和激发员工的上进心。

(5) 分层次的原则。

绩效评估最忌讳的就是用统一的标准来评估不同的人和不同的工作要求。对于不同层次的员工,评估的标准和评估的内容应当是不同的。比如说对一般员工的评估,主要评估其完成工作的数量、质量、效益以及工作态度等;而对于主管人员,则不仅要评估其完成工作任务的数量、质量以及效益,还要评估其企业及各部门目标的实现程度,以及作为主管人员在计划、决策、指挥、激励、授权、培养人才等方面的成绩。

 案例思考

这种评估方法对吗?

黄明是某公司生产部门主管,该部门有 20 多名员工,其中既有生产人员又有管理人员。该部门采用的评估方法是排队法,每年对员工评估一次。具体做法是:根据员工的实际表现给其打分,每个员工最高分为100分,上级打分占30%,同事打分占70%。在评估时,20多个人互相打分,以此确定员工的位置。黄明平时很少与员工就工作中的问题进行交流,只是到了年度奖金分配时,才对所属员工进行打分排序。

(资料来源:金圣才,《企业人力资源管理师(三级)过关必做习题集》,中国石化出版社2009年版)

问题:

1. 该部门在评估中存在哪些问题?
2. 产生问题的原因是什么?

分析:

1. 评估存在的问题

(1)评估缺乏客观标准。对生产人员和管理人员的评估,应首先将员工的工作表现与客观标准相比较,而不能仅仅采用排队法这一员工之间主观比较的方法。

(2)评估方式不合理。生产人员和管理人员的工作性质、过程和结果有着本质的不同,因此,应采用不同的标准分别进行评估,而不能混在一起互相打分。

(3)同事打分所占的比重过大。对生产人员和管理人员进行评估时,都应以上级评估为主,而不能以同级评估为主。同事在参与评估时,常受人际关系状况的影响,会影响评估的客观公正性。

(4)主管平时缺少与员工沟通,很少对员工进行指导。导致主管对被评估人员的工作和实际表现不熟悉、不了解,造成评估结果不准确、不公平。

(5)绩效评估应按步骤进行,这样才能有效发挥绩效评估的作用。

(6)评估周期不合理。生产人员和管理人员的评估周期不应都为一年。生产人员的绩效容易发生变化,而管理人员相对稳定。因此,生产人员的评估周期应相对短一些,管理人员的评估周期相对生产人员的评估周期要长一些。

2. 产生问题的原因

(1)主管黄明缺乏绩效管理的相关知识,不能科学有效地在本部门实施绩效管理。

(2)绩效管理目的不明确。绩效管理的根本目的是促进企业和员工的共同发展,而不仅仅是发放奖金。

三、反馈阶段

绩效管理的核心目的是不断提升员工和组织的绩效水平。因此,绩效管理的过程并不是为绩效评估打出一个分数或得到一个等级就结束了,主管人员对员工的绩效情况进行评估后,必须与员工进行面谈沟通,即进行绩效反馈。所谓绩效反馈是指主管人员在绩效评估之后使员工了解自身绩效水平的各种绩效管理手段和过程。

1. 绩效反馈的内涵

绩效反馈与指导是任何一个管理者都必须掌握的重要技能。反馈是绩效管理过程中的必要步骤,是指工在完成目标计划过程中,管理者将工作行为,包括正面行为和负面行为,及时告诉员工。有效的绩效反馈应具备以下几个特点:①目标导向;②及时持续;

③具体相关;④富有成效。

2. 绩效反馈中使用的技巧

1) 就事论事,列举具体行为

绩效反馈过程中应避免使用可能导致反抗情绪的词汇。善于发现并强调员工的优点和长处,在肯定成绩的同时指出不足,这样员工更容易接受。避免直接告诉员工应该做什么,应该通过启发式的谈话,让员工自己总结出该做什么,以减少员工的抵触情绪。

2) 营造愉快的沟通氛围,及时反馈

沟通是双向的,管理者应积极地营造一种愉快的沟通氛围,保证双方交流畅通,反馈及时。反馈最好在双方之间进行真诚的交流,而不应该是一方单向的传递,让对方感到消极或受挫。谈话的时间和地点非常重要,时间地点不合适,宁可不进行谈话。

3) 控制好谈话的时间,高效简捷地解决问题

控制好谈话的时间,几分钟就能解决的问题,却花上一个小时,这样是不可能赢得别人的好感的。为了更好地谈话,应掌握以下谈话技巧:①说话缓慢平和,一次只谈一个问题;②避免居高临下的谈话,找出平等谈话的方法;③即使受到员工的攻击,也不要攻击对方;④不要发表侮辱性的评论,或者显示傲慢的态度,或者将你的想法强加于人;⑤不能告诉员工什么对他有利;⑥给员工提供充分的时间表达自己的观点;⑦要善于鼓励员工讲出自己的感受;⑧一定要等到员工准备接受时再提出自己的建议;⑨注意时刻保持心平气和,多听少说。

4) 直接坦率地指导

绩效优良的员工对自己的工作充满信心,他们很愿意征询改进绩效的建议;而绩效不佳的员工并不知道如何才能做好,他们需要快速直接的反馈指导,告诉他们应该注意什么。事实上,可以坦率地告诉员工要做出改变,至少建议员工做出你认为对员工有利的改变。实践中可以按照以下方法来操作:①与要沟通的员工建立一种共识,即你同意为他们提供直接的、以建设性的改进为基础的绩效反馈;②建立定期指导和反馈谈话时间表;③记录你对员工行为的想法;④指导干预尽可能频繁;⑤在谈话中要坦诚相见,但也应该谨慎评论;⑥提供有效的绩效反馈,帮助员工提高学习。作为一名反馈提供者,在绩效反馈中需要做好三件事:一是用成功行为的具体实例,给予员工清楚而有效的反馈;二是寻找可以指导的时机,多运用表扬的手段;三是与员工共同解决问题。

5) 把指导和被指导的关系变成伙伴关系

指导和反馈不是一个单向的过程,在整个过程中管理者可以和员工学到一样多的东西,随着员工能力的不断提高,他们能提出越来越多的见解和解决问题的方案。这样管理者就和员工之间由指导和被指导的关系变成了伙伴关系,这种角色的转变自然而然,而这种转变会令双方都感受到快乐。

四、运用阶段

绩效评估完成后,形成的评估结果要与相应的管理环节相互衔接,主要体现在以下几个方面。

1. 人力资源规划

为组织提供总体人力资源工作信息，保持组织内部员工的相互关系建立在可靠的基础之上。

2. 招聘与录用

根据绩效评估的结果，可以确定采用何种评估指标和标准招聘、选择员工，以提高招聘的质量并降低招聘成本。

3. 薪酬管理

绩效管理的结果可以作为业绩工资发放的依据。绩效评估越高，业绩工资越高，这是对员工追求高绩效的一种鼓励和肯定。

4. 职务调整

多次绩效评估的结果可以作为员工晋升和降级的依据之一。如经过多次绩效评估，对于业绩始终没有改善的，如果确实是能力不足，不能胜任工作，应当考虑为其调整工作岗位；如果是员工本身态度的问题，经过多次提醒和警告都无济于事，则管理者应当考虑将其解雇。

5. 员工培训与开发

通过绩效评估可以了解员工低绩效的原因，对那些由于知识和技能方面不足未能达成绩效计划的员工，企业可以组织员工参加培训或接受再教育。这样能够增强培训效果，降低培训成本。同时可以根据绩效评估的结果，制定员工在培养和发展方面的特定需求，帮助员工发展和执行目标。

 技能训练

下面哪些行为不利于有效的绩效反馈？

1. 在进行谈话时语气过于直接，认为这样更加客观有效。
2. 直接在员工的办公地点进行绩效反馈的谈话，因为这样可以让周围的人都听到感受到。
3. 对绩效良好和绩效不佳的员工同等对待，因为这样更加公平公正。
4. 在交谈中注意倾听，注重双向沟通。
5. 绩效反馈谈话时间越长越好，因为可以了解更多情况。

第四节 绩效评估的方法

常用的绩效评估方法，总体上可以把它们分为：结果导向型绩效评估方法，例如业绩评定表法、目标管理法、关键绩效指标法等；行为导向型绩效评估方法，例如关键事件法、行为观察比较法、行为锚定评估法、360度绩效评估法等；特质型绩效评估方法，例如图解式评估量表等。

一、结果导向型绩效评估方法

此类评估方法主要依据的是工作绩效,即工作结果,能否完成任务是此类方法首先要考虑的问题,也是评估的重点对象。

1. 业绩评定表法

也可以称为评分表法,是一种出现比较早的常用方法。它是利用事先规定的绩效因素(例如完成工作的质量、数量等)对工作进行评估,把工作的业绩与规定表中的因素逐一对比打分,然后得出工作业绩的最终结果。结果分为几个等级,例如优秀、良好、一般等。这种方法的优点是可以定量比较,评估标准比较明确,便于做出评估结果。它的缺点是标准的确定性问题,评定表制定者需要对工作有相当的了解;而且评估者可能带有一定的主观性,从而不能完全如实评估。

2. 目标管理法

目标管理法(manage by objectives,MBO)是最典型的结果导向型绩效评估法。1954年,现代管理学之父彼得·德鲁克在《管理实践》中最早提出"目标管理"这一思想,将目标分解为一个个小目标。20世纪60年代以来,目标管理法得到广泛推广与应用。它评估的对象是员工的工作业绩,即目标的完成情况而非行为,使员工能够朝着目标方向努力从而在一定程度上有利于保证目标的完成。由此可见,这种方法的优点是能够通过目标调动起员工的积极性,千方百计地促使其改进工作效率;有利于在不同情况下控制员工的工作方向;同时员工相对比较自由,可以合理地安排自己的计划和应用自己的工作方法。它的缺点是目标设定有一定的困难,目标必须具有激发性和具有实现的可能性;对员工的行为在某种程度上缺少一定的评价。

3. 关键绩效指标法

关键绩效指标法(key performance indicator,KPI),是把对绩效的评估简化为对几个关键指标的评估,将关键指标当做评估标准,将员工的绩效与关键指标进行比较的评估方法。它在一定程度上可以说是目标管理法与帕累托定律的有效结合。关键指标必须符合SMART原则。这种方法的优点是标准比较明确,易于评估。它的缺点是对简单的工作制定标准难度较大;缺乏一定的定量性;绩效指标只是一些关键的指标,对于其他内容缺少一定的评估。

4. 个人平衡记分卡

个人平衡记分卡(balanced score card,BSC)是由哈佛大学的罗伯特·卡普兰与波士顿的顾问大卫·诺顿在20世纪90年代最早提出的,它包括财务纬度、顾客纬度、内部业务纬度及学习与成长纬度。在此基础上的个人平衡记分卡能够比较全面地进行评估,通过个人目标与企业愿景的平衡,将平衡计分卡引入人力资源管理,而这一平衡正是实现员工的积极性和可持续的企业绩效的前提条件。

5. 主管述职评估

述职评估是由岗位人员作述职报告,把自己的工作完成情况和知识、技能等反映在报告内的一种评估方法。这一方法主要针对企业中高层管理岗位的评估。述职报告可以在总结本企业、本部门工作的基础上进行,但重点是报告本人履行岗位职责的情况,即该管理岗位在管理本企业、本部门完成各项任务中的个人行为,以及本岗位所发挥作用的状况。

二、行为导向型绩效评估方法

与结果导向型绩效评估方法不同,关键事件法、行为观察比较法、行为锚定评估法、360度绩效评估法等都是以工作中的行为作为主要评估的依据,也就是说评估的对象主要是行为。

1. 关键事件法

关键事件法是客观评估体系中最简单的一种形式,由美国学者弗拉赖根和贝勒斯于1954年提出,通用汽车公司在1955年运用这种方法获得成功。它是通过对工作中最好或最差的事件进行分析,对造成这一事件的工作行为进行认定从而做出工作绩效评估的一种方法。这种方法的优点是针对性比较强,对评估优秀和劣等表现十分有效;缺点是对关键事件的把握和分析可能存在某些偏差。

2. 行为观察比较法

也叫行为观察量表法。这种方法是通过各项评估指标规定出一系列相关的有效行为,将观察到的员工的每一项工作行为同评估标准进行比较评分,每一种行为上的得分相加,得出总分结果比较,同时还要看某一行为出现的次数频率。这种方法的优点是能够有一个比较有效的行为标准,可以帮助建立工作岗位指导书;缺点是观察到的工作行为可能带有一定的主观性。

3. 行为锚定评估法

又称行为定位评分法,也是一种比较典型的行为导向型评估方法。它由美国学者史密斯与肯德尔在美国全国护士联合会资助下研究提出,兰迪特和吉昂在1970年证明它可用于工作动机的评估,所以在20世纪70年代得到了广泛的应用。它侧重具体可衡量的工作行为,评分项目是某个职务的具体行为事例,再通过数值给各项评估项目打分。也就是对每一项职务指标做出评分量表,量表分段是实际的行为事例,然后给出不同的等级对应不同的行为,将工作中的行为与指标对比后做出评估。行为锚定评估法主要针对的是那些明确的、可观察到的、可测量到的工作行为。这种方法的优点是评估指标有较强的独立性,评估尺度较精确;对具体的行为进行评估,准确性更高。它的缺点是评估对象一般是从事具体工作的员工,对其他工作适用性较差;另外一个员工的行为可能出现在量表的顶部或底部,科学设计有助于避免这种情况,但实际中难免出现类似情况。

4. 360度绩效评估法

360度绩效评估法,是爱德华、埃文等在20世纪80年代提出,后经1993年美国《华尔街日报》与《财富》杂志引用后,开始得到广泛关注与应用。它是一种从不同角度获取组织成员工作行为表现的观察资料,然后对获得的资料进行分析评估的方法,包括来自上级、同事、下属及客户的评价,同时也包括被评者自己的评价。这种方法的优点是评估比较全面,易于作出比较公正的评价,同时通过反馈可以促进工作能力的提高,也有利于团队建设和沟通。它的缺点是因为来自各方面的评估,工作量比较大;也可能存在非正式组织,影响评估的公正性;此法的有效实施还需要员工有一定的知识参与评估。

三、特质型绩效评估方法

除了结果导向型绩效评估方法和行为导向型绩效评估方法外,还有一类评估方法,那就是以心理学知识为基础的评估方法——特质型绩效评估方法。其中最常用的是图解式评估量表。图解式评估量表,是一张列举了达到成功绩效所需要的不同特质(如适应性、合作性、工作动机等)的特质表,每一项特质给出的满分是 5 分或 7 分,评估结果一般是"普通"、"中等"或"符合标准"等词语。这种方法适用广、成本低廉,几乎可以适用于企业内所有(至少是大部分)的工作和员工。它的缺点是针对的是某些特质而不能有效地给予行为以引导;不能提出明确又不具威胁性的反馈,反馈对员工可能造成不良影响;一般不能单独用于升迁的决策。

其他绩效评估方法还有直接排序法、对比法、强制分布法、书面叙述法、工作计划评估法、标杆对比法、情景模拟法等。

本章小结

本章首先介绍了绩效管理的内涵、作用以及为什么需要绩效管理;然后阐述了绩效管理的原则和基本内容以及绩效管理的实施过程;最后介绍了绩效评估的主要方法。

绩效是指员工的工作行为、表现及其结果。绩效管理是人力资源管理的重要环节,也是各项人力资源开发利用与管理活动的依据。绩效管理基本流程一般包括准备阶段、实施阶段、反馈阶段以及运用阶段。绩效评估的方法包括结果导向型绩效评估方法、行为导向型绩效评估方法、特质型绩效评估方法三大类。

问题思考

1. 绩效管理的需要主体是谁?
2. 为什么说绩效管理在企业文化中发挥重要作用?
3. 绩效管理是如何作为企业价值分配的基础的?
4. 绩效评估与绩效管理之间的联系和区别是什么?
5. 绩效管理每个阶段的工作内容和实施要点是什么?
6. 绩效沟通的方式有哪些?
7. 绩效评估的方法有哪些?它们各自的优缺点是什么?

作 业 习 题

一、判断题(共 10 小题。请在正确表述后打"√",在错误表述后打"×"。)
1. 建立绩效管理系统通常具有多重目的,这些目的主要是为组织目标服务的。

( )

2. 企业人力资源管理是一个有机系统,系统中的各个环节紧密相连,所以绩效管理并不在其中占据核心地位,只是辅助工具。（　　）

3. 员工的评估程序和结果应对员工本人开放,因为管理者有责任向员工及时准确地提供信息反馈,这体现了绩效评估公开化原则和反馈原则。（　　）

4. 绩效管理的对象是组织的全体成员,就是说组织的内部成员无论从事何种类型的工作,不管其级别如何,不管是管理者还是被管理者,都是绩效管理对象。（　　）

5. 绩效管理的实施是一个循序渐进的过程,具体来说可分为以下四部分:准备、优化、实施、结果运用。（　　）

6. 在绩效管理的实施阶段,系统运行过程中会产生大量新信息,这些信息很可能涉及评估指标和体系,也可能涉及部门和个人,因此需要不断地采集存储此类信息,以便及时调整评估体系。（　　）

7. 绩效评估实施的成功与否,关键点在于绩效评估的结果如何应用;很多绩效评估实施未能成功,其主要原因也是没有处理好绩效评估结果应用中的问题。（　　）

8. 在大多数情况下,绩效评估不需要采取某种类型的等级评定作为基础。（　　）

9. 在绩效评估中,使用多个评估者,可以淡化由于单个人评估的主观因素造成的失真错误。（　　）

10. 行为导向型绩效评估方法的主要内容是:首先利用各种技术来对这些行为加以界定,然后要求管理者对于员工在多大程度上显示出了这些行为作出评价。（　　）

二、单选题(共10小题。多选、不选或错选均不得分。)

1. 绩效管理系统设计包括绩效管理程序的设计与(　　)。
   A. 绩效管理目标的设计　　　　B. 绩效管理制度的设计
   C. 绩效管理方法的设计　　　　D. 绩效管理内容的设计

2. (　　)是企业单位组织实施绩效管理活动的准则和行为的规范。
   A. 绩效管理制度　B. 绩效管理目标　C. 绩效管理方法　D. 绩效管理内容

3. 在绩效管理的各个阶段中,(　　)是绩效管理活动的前提和基础。
   A. 实施阶段　　　B. 准备阶段　　　C. 评估阶段　　　D. 总结阶段

4. 绩效管理活动实施过程中的中坚力量是(　　)。
   A. 高层领导　　　　　　　　　B. 一般员工
   C. 各个层次的管理人员　　　　D. 人力资源部人员

5. 在绩效评估中,通常情况下(　　)评估的准确性和可靠性最难把握。
   A. 同事　　　　　B. 下级　　　　　C. 本人　　　　　D. 客户

6. 在绩效管理实施过程中,最直接影响绩效评估质量和效果的人员是(　　)。
   A. 高层领导　　　B. 一般员工　　　C. 直接上级/主管　D. 人力资源部人员

7. 小王负责公司北方地区销售渠道管理,上级主管在他的绩效管理目标设计过程中错误的做法是(　　)。
   A. 主管直接为他指定绩效目标和要求
   B. 主管帮助他实现绩效目标的计划
   C. 主管对他的绩效目标过程进行及时的指导

D. 主管了解他所在岗位的行为特点,以便对其辅导

8. 行为主导型的评估内容以评估员工的(　　)为主;效果主导型着眼于干出了什么,重点在于产出和贡献,而不关心行为和过程。
   A. 工作效果　　　B. 工作态度　　　C. 工作业绩　　　D. 工作行为

9. (　　)是以实际产出为基础,评估的重点是员工工作的成绩和劳动的结果。
   A. 关键事件法　　　　　　　　B. 结果导向型评估方法
   C. 加权选择量表法　　　　　　D. 行为观察量表法

10. 下列对于目标管理法叙述不正确的是(　　)。
    A. 它使员工目标与组织目标保持一致
    B. 它使管理者专注目标,减少精力损耗
    C. 它以目标作为评估依据,不易出现评估失误
    D. 它有利于对不同部门间的绩效做横向比较

三、案例分析题(共2个案例,10个单选小题。多选、不选或错选均不得分。)

案例一

林某是一家高科技企业的年轻客户经理,有着双学位的学历背景和较好的客户资源,但是个性较强的林某,常常是公司各种规章制度的"钉子户"。果不其然,在公司新的绩效评估方法推行的过程中,林某又一次"撞到枪口上"。林某所在的公司所推行新的评估办法是根据每个员工本月工作的工时和工作完成度对其工作进行评估,评估结果与工资中的岗位工资挂钩,效益工资与员工创造出的相关效益挂钩。因为该公司有良好的信息化基础,工时是根据员工每日在信息化系统上填写的工作安排和其直接上级对员工工作安排工时的核定来累计的,员工的工作完成度也是上级领导对员工本月任务完成情况的客观反映。上月月末,该公司绩效评估专员根据信息化系统所提供的数据,发现林某上月的工时离标准工时差距很大,工作完成度也偏低。经过相关工资计算公式的演算,林某这个月的岗位工资和绩效工资扣掉了几百元钱。

拿到工资后的林某非常激动,提出了如下几点质疑:①工作安排不写不是他的错,因为上级朱某没有及时下达任务;②没有完成相关的经济目标责任也不应该全由他承担,因为这和整个公司的团队实力有关;③和他同一岗位的同事相比,自己的成绩比别人好,而拿到手上的工资却比同事低得多,这太不公平。

带着一身的怨气,林某走进了一向以严明著称的公司董事长赵某的办公室……

(资料来源:王浩、蒋兰英,《如何提高员工忠诚度》,北京大学出版社2005年版)

1. 这是一个典型的因为(　　)造成的纠纷。
   A. 绩效目标沟通　　B. 绩效评估结果　　C. 业务能力有问题　　D. 绩效日常反馈

2. 案例中林某属于(　　)。
   A. 绩效评估的对象　　B. 绩效评估者　　C. 绩效评判者　　D. 以上都不是

3. 林某觉得评估不公正的原因是(　　)。
   A. 评估过程的责任归属有异议　　　B. 横向比较的内部公平性
   C. 缺乏沟通　　　　　　　　　　　D. A和B

4. 案例中的绩效评估者在绩效评估中应遵循的原则不包括(　　)。

A. 客观评估原则　　B. 反馈原则　　　C. 平等原则　　　D. 差别原则

5. 绩效管理的流程不包括（　　）。

A. 绩效目标的拟定　　　　　　　B. 绩效结果评估

C. 绩效日常反馈和沟通　　　　　D. 设置畅通的绩效沟通渠道

案 例 二

李某是某知名软件外包公司研发部的高级工程师，自1995年进入公司以来，表现十分出色，每每接到任务时总能在规定时间内按要求完成，并时常受到客户方的表扬。在项目进行时还常常主动提出建议，调整计划，缩短开发周期，节约开发成本。但在最近的几个月里，情况发生了变化。他不再精神饱满地接受任务了，同时几个他负责的开发项目均未能按客户要求完成，工作绩效明显下降。开发部新任经理方某根据经验判断，导致张某业绩下降的原因是知识结构老化，不再能胜任现在的工作岗位。遂立即向人力资源部提交了关于部门人员培训需求的申请，希望人力资源部能尽快安排李某参加相关的业务知识培训，开阔一下思路。人力资源部接到申请后，当月即安排李某参加了一个为期一周的关于编程方面的培训研讨会。但是一周结束回到公司后，李某的状况没有出现任何改变。

（资料来源：韩智力，《员工关系管理——案例·诊断·解决方案》，广东经济出版社2007年版）

1. 开发部新任经理方某根据经验就判断导致张某业绩下降的原因，这实际上缺乏（　　）。

A. 绩效评估　　　B. 绩效沟通　　　C. 绩效反馈　　　D. 绩效实施

2. 导致员工绩效下降的原因可能是（　　）。

A. 由于组织结构设置、内部流程等方面存在问题

B. 员工与上级的关系、工作地点或环境发生变化等

C. 岗位或工作内容发生变化，态度、知识或技巧没能适应转变

D. 以上均有可能

3. 绩效沟通的作用是（　　）。

A. 通过绩效沟通，才能设定管理者和员工共同认可的绩效目标

B. 通过绩效沟通，才能促进绩效目标履行过程顺利进行

C. 通过绩效沟通，才能使绩效评估思想深入人心，评估结果令员工信服

D. 以上都是

4. 经理方某与李某的事例表明（　　）。

A. 沟通是激发员工工作热情和积极性的一个重要方式

B. 经理人员明确表示你将考虑如何采取行动有立竿见影的效果，以增加沟通对象对你的信任

C. 沟通是保证下属员工做好工作的前提

D. 以上都是

5. 下列不属于正式绩效沟通方式的是（　　）。

A. 闲聊　　　　　　　　　　　　B. 定期的书面报告

C. 一对一正式面谈　　　　　　　D. 定期的会议沟通

第五章 薪酬管理

 能力要求

了解有关薪酬的内涵,报酬、薪酬与工资的区别;
熟悉工资制度的内涵及种类;
了解影响薪酬的企业外部因素、企业内部因素、员工个人因素;
掌握薪酬体系设计与流程;
了解员工福利的内涵与特点;
了解薪酬支付的方式。

 考核重点

薪酬;工资制度;薪酬设计;员工福利;薪酬支付方式。

 案例导入

朗讯的薪酬管理

朗讯的薪酬结构由两大部分构成,一块是保障性薪酬,跟员工的业绩关系不大,只跟其岗位有关。另一块薪酬则与业绩紧密挂钩。朗讯销售人员的待遇中有一部分专门属于销售业绩的奖金,业务部门根据个人的销售业绩,每一季度发放一次。在同行业中,朗讯薪酬的浮动部分比较大,而它这样做是为了将公司每个员工的薪酬与公司的业绩挂钩。

朗讯在招聘人才时比较重视学历,贝尔实验室 1999 年招了 200 人,大部分是研究生以上学历,"对于刚刚大学毕业的学生,学历是我们的基本要求"。对其他的市场销售工作,基本的学历是需要的,但是经验就更重要。学历的作用到了公司之后在比较短的时间内就淡化了,无论做市场还是做研发,待遇、晋升和学历的关系慢慢消失。在薪酬方面,朗讯是根据工作表现决定薪酬。进了朗讯以后薪酬和职业发展跟学历、工龄的关系越来越淡化,基本上只跟员工的职位和业绩挂钩。

朗讯公司在执行薪酬制度时,不仅仅看公司内部的情况,而是将薪酬放到一个系统中考虑。朗讯的薪酬政策有两个考虑,一个方面是保持自己的薪酬在市场上有很大的竞争力。为此,朗讯每年委托一个专业的薪酬调查公司进行市场调查,以此来了解人才市场的宏观情形。这是大公司在制定薪酬标准时的通常做法。另一个考虑是人力成本因素。综合这些考虑之后,人力资源部会根据市场情况给公司提出一个薪酬的原则性建议,指导所有的劳资工作。人力资源部将各种调查汇总后会告诉业务部门总体的市场情况,在这个情况下每个部门有一个预算,主管在预算允许的情况下对员工的待遇作出调整决定。

朗讯在加薪时做到对员工尽可能的透明,让每个人知道他加薪的原因。加薪时员工的主管会找员工谈,根据你今年的业绩,你可以加多少薪酬。每年的12月1日是加薪日,公司加薪的总体方案出台后,人力总监会和各地做薪酬管理的经理进行交流,告诉员工当年薪酬的总体情况、市场调查的结果、当年的变化,以及加薪的时间进度。公司每年加薪的最主要目的是保证朗讯在人才市场中增加竞争力。

高薪酬能够留住人才,所以每年的加薪必然也能够留住人才。但是,薪酬不能任意上涨,必须和人才市场的情况挂钩,如果有人因为薪酬问题提出辞职,很多情况下是让他走或者用别的办法留人。

薪酬在任何公司内都是一个非常基础的东西。一个企业需要有一定竞争力的薪酬吸引人才加入,还需要有一定的薪酬保证力来留住人才。如果和外界的差异过大,员工肯定会到其他地方找机会。薪酬会在中短期时间内调动员工的注意力,但是薪酬不是万能的,工作环境、管理风格、经理和下属的关系都对员工的去留有影响。员工一般会注重长期的打算,公司会以不同的方式告诉员工发展方向,让员工看到自己的发展前景。朗讯公司的员工平均年龄29岁,更多是看到自己的发展。

(资料来源:搜人,《朗讯公司的薪酬管理》,《职业》2003年第2期)

启示:

在薪酬的构成中,学历和资历的因素应该逐渐淡化,更需要强调的是业绩。加薪是保持企业竞争力的重要手段,但是必须清楚地了解市场薪酬水平,并考虑企业人力成本的承受力。薪酬固然重要,但是如果不能提供给员工足够的发展空间,仍然会造成人才的流失,因此企业应在职业生涯规划、环境营造、文化建设方面投入更多的精力,而不是把目光完全放在薪酬方面。

第一节 薪酬概述

一、薪酬的含义及要素

1. 薪酬的含义

薪酬是组织对员工为组织所做的工作或贡献,包括他们实现的绩效、付出的努力、时间、学识、技能、经验与创造所付给的相应回报。其实质是一种公平的交易或交换关系,是员工在向所在单位让渡其劳动或劳务使用权后获得的报偿,是组织内所有员工的货币性和非货币性劳动收入的总和。

2. 薪酬具备的要素

薪酬必须具备两大要素:一是基于对组织或团队的贡献;二是这种贡献必须是有效用的。

二、报酬、薪酬与工资

1. 报酬的定义和构成

报酬(rewards)是一个广泛的概念,是指作为个人劳动的回报而得到的各种类型的酬劳。通常情况下,我们将一位员工因为付出了劳动而获得的所有他认为有价值的东西称为报酬,因此从这个意义上讲,报酬这一概念并非仅仅是一种金钱或者能够折算为金钱的实物概念,它还包括一些心理上的收益。

报酬可以分为内在报酬和外在报酬两大类。内在报酬是指工作者由工作本身所获得的心理满足和心理收益,如参与决策、自由分配工作时间以及方式、较多的职权、较有趣的工作、个人成长的机会、活动的多元化、工作的自主权等。外在报酬是指员工所得到的各种经济收入和实物,又包括经济报酬和非经济报酬。

2. 薪酬的构成

薪酬(compensation)是雇主因使用了员工的劳动而提供的一种回报,指员工从雇主那里得到的各种直接的或间接的经济收入。显然,薪酬是对应报酬的经济报酬部分。

无论是理论界还是实务界,对于薪酬的含义和构成目前还存在着一些模糊的甚至错误的认识,对于薪酬应当包括哪些形式,目前并没有完全一致的定论。但一般来说,研究者普遍将薪酬分为直接薪酬和间接薪酬,其中直接薪酬包括基本薪酬和可变薪酬。

1)直接薪酬

直接薪酬是指员工从雇主那里得到的各种直接经济收入,包括基本薪酬和可变薪酬。

(1)基本薪酬。

基本薪酬是指雇主根据员工所承担或完成的工作本身,员工所具备的完成工作的技能或能力而向员工支付的相对稳定的经济性收入。基本薪酬在很多时候又被称为薪资或固定薪酬,包括以下几种形式:

① 基本工资。即根据员工所在职位、能力、价值核定的薪资,这是员工工作稳定性的基础,是员工安全感的保证。同一职位,可以根据其能力再分成不同的等级。

② 工龄工资。又称为年功工资,是企业按照员工的工作年数,即员工的工作经验和劳动贡献的积累给予的经济补偿。

③ 学历工资。即根据员工在教育机构取得的学历而给予适当的补偿。

④ 职务工资。即按照职务高低、责任大小、工作繁重和业务技术水平等因素确定的收入。

⑤ 技能工资。即根据员工个人所掌握的知识、技术和所具备的能力为基础来进行工资报酬的支付。

(2)可变薪酬。

可变薪酬是指薪酬系统中与绩效直接挂钩的经济型报酬,有时也被称为浮动薪酬或浮动工资,有的学者称之为激励薪酬。可划分为短期可变薪酬和长期可变薪酬,包括以下几种形式:

① 绩效工资。即针对员工工作努力程度和劳动成果的变化而支付的补偿部分。

② 奖金。为员工超额完成了工作任务获取的优秀工作成绩而支付的额外报酬。奖金的发放可以根据个人的工作业绩评定，也可以根据部门和企业的效益来评定。常见的形式有全勤奖金、生产奖、不休假奖金、年终奖、效益奖等。

③ 津贴。也称为附加工资或者补助，是指员工在艰苦或特殊条件下进行工作，企业对员工额外的劳动量和额外的生活费用付出进行的补偿。

④ 分红。它是上市公司在赢利后按股票份额的一定比例支付给持有股票的员工的红利。

⑤ 股票期权。即一个公司授予其员工在一定的期限内，按照固定的期权价格购买一定份额的公司股票的权利，期权价格和当日市场交易价之间的差额就是该员工的获利。

2）间接薪酬

间接薪酬是指员工的福利，是劳动付出的间接回报，一般以实物或者服务的形式支付，包括法定福利（如法定社会保险、失业保险、法定假期、住房公积金等）、个别福利（如企业补充养老金计划、住房津贴、交通费等）、员工服务福利（如儿童看护、医疗保健、家庭理财咨询、工作期间的餐饮服务等）等。

三、薪酬的功能

从根本上来讲，薪酬的功能主要体现在以下三个方面。

1. 保障功能

薪酬的保障功能是指薪酬能够确保和满足员工的基本生活需要，使之能够为企业继续工作下去。员工是企业有价值的资源，是企业经营的第一生产要素。员工必须通过劳动获得薪酬来维持自身和家庭的生活需要，同时也要满足自身和家庭成员发展的需要。因此，薪酬之于员工就如同土地之于农民一样。员工薪酬数额至少要能够保证员工及其家庭的上述需要，否则就会影响员工的基本生活，影响社会劳动力的生产和再生产。通常，员工的基本薪酬部分最能体现薪酬的保障作用。其稳定的、不变的特性能让员工生活无后顾之忧而安心从事其工作，获得安全感。可见薪酬作为绝大多数劳动者的主要收入来源，对于劳动者及其家庭的生活所起到的保障作用是其他任何收入保障手段都无法替代的。

2. 激励功能

薪酬的激励功能是指企业通过薪酬手段来影响员工的工作行为、工作态度和工作绩效，产生激励的作用。首先，合理的有一定吸引力的薪酬能够调动员工的工作积极性，激发他们的潜力，促进他们的工作效率。其次，较高的薪酬可以吸引企业所需要的各方面人才来为企业工作，扩大企业的人力资本存量。最后，有效的企业薪酬体系可以通过各类薪酬的合理构成来增强企业的凝聚力和吸引力，增强员工对企业的归属感，留住人才，用好人才。

3. 社会信号功能

薪酬的社会信号功能比较容易被忽视，是指薪酬可以作为经济社会中的一种市场信号，它能在一定程度上反映一个企业在行业中的地位，以及企业的生产和经营状况。同时,它也反映了一个员工在社会中及组织内部所处的地位。

案例思考

沃尔玛的固定工资加利润分享计划

1962年创立的美国沃尔玛公司是全球最大的零售企业,2001年以后连续多年名列世界企业500强第一位。如此庞大的企业却实现低成本高效率的运行,与其实施的员工薪酬制度有着重要的关系。沃尔玛的薪酬制度是:固定工资＋利润分享计划＋员工购股计划＋损耗奖励计划＋其他福利计划。

沃尔玛的固定工资在行业中是较低的,但是其利润分享计划、员工购股计划、损耗奖励计划和其他福利计划在整个报酬制度中起着举足轻重的作用。

利润分享计划。凡是加入公司一年以上,每年工作时数不低于1000小时的所有员工,都有权分享公司的一部分利润。公司根据利润情况按员工工薪的一定百分比提留,一般为6%。提留后用于购买公司股票,由于公司股票价随着业绩的成长而提升,当员工离开公司或退休时就可以得到一笔数目可观的现金或公司股票。

员工购股计划。本着自愿的原则,员工可以购买公司的股票,并享有比市价低15%的折扣,可以交现金,也可以用工资抵扣。目前,沃尔玛80%的员工都拥有公司股票,真正成为公司的股东。

损耗奖励计划。店铺因减少损耗而获得的赢利,公司与员工一起分享。

其他福利计划。建立员工疾病信托基金,设立员工子女奖学金。从1988年开始,每年资助100名沃尔玛员工孩子上大学,每人每年6000美元,连续四年。

（资料来源:李飞,《美国著名零售企业的薪酬制度》,《中国人才》2004年第5期）

问题:

1. 沃尔玛薪酬制度中的固定工资、利润分享计划、员工购股计划、损耗奖励计划和其他福利中哪些属于直接薪酬,哪些属于间接薪酬？并指出分别属于直接薪酬和间接薪酬中的哪一类。

2. 试分析一下沃尔玛的这种薪酬制度是如何实现保障和激励功能的？

分析:

沃尔玛通过利润分享计划和员工购股计划,建立员工和企业的合伙关系,使员工感到公司是自己的,收入多少取决于自己的努力,因此会关心企业的发展,加倍努力工作。不过,这种薪酬制度也有局限性,最适合成长性、发展型零售企业采用。

四、基本工资构成

基本工资是指劳动者在法定工作时间内提供正常劳动所得的报酬,是劳动者所得工资额的基本组成部分。它是保障员工基本生活且相对稳定的报酬部分,包括以职位为基础的基本工资和以能力为基础的基本工资。基本工资的调整要受到生活费用调整、资历调整、业绩调整、激励工资、知识工资和技术工资的变化而变化。基本工资具有外部竞争性,随着产业的不同,其薪酬水平也有所差异。基本工资主要由公司内部薪酬委员会决定,他们通常以内部的员工工作分析和外部的薪酬调查报告作为考虑的依据。基本工资的决定是发生在实际的绩效表现之前,实证研究发现,大多数的薪酬委员会会以主要的竞争者为参照对象,并且将薪酬定在这些公司里最高薪酬与最低薪酬之间。

我国现在主要有两种工资形式:计件工资和计时工资。

1. 计件工资

计件工资指按照员工生产的合格产品的数量和计价单价支付工资的一种工资形式。它不是直接用劳动时间来计量,而是用一定时间内的劳动成果如产品数量或作业量来计算的。因此,它是间接用劳动时间来计算的。计件工资的优点如下:

(1) 能够准确反映出员工实际付出的劳动量。

(2) 能反映不同等级的员工之间的劳动差别,而且能够反映同等级员工之间的劳动差别。

(3) 能够促进员工经常改进工作方法,提高劳动生产率。

(4) 易于计算单位产品直接人工成本,并促使员工自我激励,可减少管理人员及其工资支出。

计件工资的缺点如下:

(1) 导致员工追求数量而忽略质量。

(2) 为员工努力提供了激励,但这激励有可能并不完善。

(3) 计件工资有可能面临"棘轮效应"。

(4) 员工为增加收入,常会过度工作,有碍身体的健康。

(5) 如果改变计件工资标准,容易引发员工不满。

2. 计时工资

计时工资是以员工在实际工作过程中所费的时间为依据计算工资的工资支付形式。计时工资优点如下:

(1) 能够鼓励和促进员工从物质利益上关心自己业务技术水平的提高,提高出勤率。

(2) 应用广泛,适应性强。

(3) 计时工资并不鼓励员工把注意力仅仅集中在提高产品的数量上,它更注重产品的质量。

(4) 风险较小,保障性强。

计时工资的缺点如下:

(1) 不能起到很好的激励作用。

(2) 单位产品的人工成本难以确定。

(3) 为保持工作效率,需要多设监督人员,因而会增加支出。

第二节 工 资 制 度

工资制度常称为薪酬制度,企业工资制度是关于企业定额劳动、标准报酬的制度,它是企业内部多种分配的基础,是确定和调整企业内部各类人员工资关系的主要依据,也是企业制订内部工资计划的重要参考。薪酬制度是非常复杂的社会经济现象,经过了改革开放30多年的实践和探索,我国企业在打破原有行政性工资体系的基础上,创新了多种工资制度,本节主要介绍技术等级工资制、职能等级工资制、结构工资制、岗位技能工资制。

一、技术等级工资制

1. 技术等级工资制的含义

技术等级工资是员工能力工资等级制度的一种形式,其主要作用是区分不同技术工种之间和工种内部的劳动差别和工资差别。

技术等级工资制是按照员工所达到的技术等级标准来确定工资等级,并按照确定的等级工资标准计付劳动报酬的一种制度。这种工资制度适用于处在生产经营困难期,急需提高核心竞争力、生产能力,需要鼓励员工努力投入生产、参与管理的企业,也特别适用于技术复杂程度比较高、员工劳动差别较大、分工较粗及工作物不固定的工种。

技术等级工资是一种能力工资制度,它的优点是能够调动企业员工学习和钻研各种技术、掌握新技能的积极性,提高个人技术水平,有助于培养员工在组织内各职系的流动性,增加了组织人员安排的灵活性。缺陷是不能把员工的工资与其劳动技能直接联系在一起;调动员工掌握各种技能,易耗费一定的劳动时间,增大了劳动成本和培训成本。

2. 技术等级工资制的组成要素

技术等级工资制由工资标准、工资等级表和技术等级标准三个基本因素组成。通过对这三个组成要素的分析和量化,给具有不同技术水平或从事不同工作的员工规定适当的工资等级。

1) 工资标准

工资标准,亦称工资率,就是按单位时间规定的工资数额,表示某一等级在单位时间内的货币工资水平。依据工资标准支付的工资,是员工完成规定的工作时间或定额以后所支付的工资,称为标准工资。我国企业员工的工资标准主要是按月规定的,企业可根据需要,将月工资标准换算为周、日或小时工资标准。

2) 工资等级表

工资等级表是用来规定员工工资等级数目以及各工资等级之间差别的一览表。它由工资等级数目、工资等级差别以及工种等级线组成。它表示不同的劳动熟练程度和不同工作之间工资标准的关系。

工资等级数目是指工资有多少个级别。工资等级差别是指各工资等级之间的差别,具体指相邻两个等级的工资标准相差的幅度。工种等级线是指规定各工种(岗位)的起点和最高等级的界线。

3) 技术等级标准

技术等级标准又称技术标准,是按生产和工作分类的所有技术工种员工的技术等级规范,是用来确定员工的技术等级和工资等级的尺度。它包括"应知"、"应会"和"工作实例"三个组成部分。技术等级标准有国家标准、部门标准、行业标准和企业标准等几个级别。

二、职能等级工资制

1. 职能等级工资制的含义

职能等级工资制是根据员工所具备、与完成某一特定职位等级工作要求相应的工作能力等级来确定工资等级的一种工资制度。其特点表现在以下几个方面。

1) 职位与工资并不直接挂钩

决定个人工资等级的最主要因素是个人相关技能和工作能力,即使不从事某一职位等级的工作,但经考核评定其具备担任某一职位等级工作的能力,仍可执行与其能力等级相应的工资等级,即职位与工资并不直接挂钩。

2) 职能等级及与其相应的工资等级数目较少

对上下相邻不同的职位等级来说,各职位等级所要求的知识和技能的差别不是很明显。所以,可以把相邻职位等级按照职位对工作能力的要求列为同一职能等级。这样制定出来的职能等级一般只有职位等级的一半甚至更少。

3) 要有严格的评估制度配套

由于决定工资等级的是个人能力等级,所以要确定一个员工的工资等级,首先要确定其职能等级。这就需要制定一套客观、科学而完整的职位和职能等级标准,并按照标准对个人进行客观、准确的考核与评定。否则,职能等级很容易只按照资历确定。另一方面,由于员工能力是不断提升的,所以需建立长期的评估制度,定期对员工的职能等级进行评估。

4) 人员调整灵活,有很强的适应性

这是由第一个特点决定的。由于职能工资等级不随员工职位等级的变动而变动,因而有利于人员的变换工作和调整,能够适应企业内部组织机构随市场变化而做出相应调整的要求。

2. 职能等级工资制的形式

按照每一职能等级内是否再细分档次,职能等级工资制可以分为一级一薪制、一级数薪制和符合岗薪制三种形式。按照员工工资是否主要由职能工资决定,职能等级工资制可以分为以下两种形式。

1) 单一型职能工资制

工资标准只按职能等级设置,职能等级工资几乎占到工资的全部。然而实践中,职能等级工资也包含年龄或工龄因素,如一级数薪制。在同一职能等级内,个人的工资级别或档次主要由工龄长短来决定。当然这里的工龄被认为是与能力成正比的。

2) 多元化职能工资制

按职能设置的职能工资与按年龄要素、基本生活费用确定的生活工资或基础工资以一定比例存在,所形成的就是多元化职能工资。如在全部工资中,职能工资占35%,生活工资占65%。一般趋势是：对新进人员，生活工资比重较大，职能工资比重较小。随着工龄的增加，生活工资的比重逐渐下降，职能工资的比重逐渐上升，直到职能工资占绝大部分。严格来说，多元化的工资已不全部由工作能力所决定了。

三、结构工资制

1. 结构工资制的含义

结构工资制是指基于工资的不同功能，将工资划分为若干个相对独立的工资单元，各单元又规定不同的结构系数，组成有质的区分和量的比例关系的工资结构。结构工资制的构成一般包括六个部分：一是基础工资；二是岗位工资；三是技能工资；四是效益工资；五是浮动工资；六是年功工资。

结构工资制有四大优点：

(1) 工资结构反映劳动差别的诸要素，即与劳动结构相对应，并紧密联系，呈因果关系。劳动结构有几个部分，工资结构就有几个相应的部分，并随前者变动而变动。

(2) 结构工资制的各个组成部分各有各的职能，并分别计酬，可从劳动的不同侧面和角度反映劳动者的贡献大小，发挥工资的各种职能作用，具有比较灵活的调节功能。

(3) 有利于实行工资的分级管理，从而克服"一刀切"的弊病，为改革工资分配制度开辟了道路。

(4) 能够适应各行各业的工资结构特点。

但是，结构工资制也有一定的缺点：

(1) 合理确定和保持各工资单元比重的难度较大；

(2) 由于工资单元多且各自独立运行，工资管理难度较大。

2. 结构工资制的适应范围

结构工资制是我国国有企业在工资制度改革过程中创造出来的一种新的工资制度。工资制度改革之初，为了打破旧的工资体制，在政府允许的自主权范围内，进行内部的工资制度改革，就是在保留旧的工资制度的基础上，引进新的分配机制，建立新的工资单元，逐步形成兼顾各方面关系、体现各种劳动因素的结构工资制。结构工资制的适用范围较广，目前我国有很多企业，包括一些国有企业、民营企业和三资企业，都实行了这种工资制度。从严格意义上讲，岗位技能工资也属于结构工资制。

四、岗位技能工资制

1. 岗位技能工资制的含义

按劳动部1992年《岗位技能工资制试行方案》，岗位技能工资制是以按劳分配为原则，以劳动技能、劳动责任、劳动强度和劳动条件等基本劳动要素评价为基础，以岗位和技能工资为主要内容的企业基本工资制度。从本质上说，岗位技能工资制是结构工资制中更为规范化的一种具体形式。与其他结构工资制形式不同的是，岗位技能工资制是建立在岗位评价的基础上，它充分突出了工资中岗位与技能这两个结构单元的特点。它更有利于贯彻按劳分配的原则，更能调动员工努力提高技术业务水平的积极性。

2. 岗位技能工资制的适应范围

岗位技能工资具有极强的适应性,各种企业,不论大小,均可采用岗位技能工资制。特别是对生产性企业和技术含量较高的企业,采用岗位技能工资制更能显示其优越性。

 案例思考

江铃集团的"日薪制"

用工制度的改革一直是国企改革的难点。一种新的国企用工制度——日薪制,已在江铃汽车集团全面实行,对国内用工制度改革具有很强的借鉴意义。

日薪制是指企业根据生产需要,以日薪作为计酬标准,按照实际工作日每天进行支付的一种短期用工形式。日薪制员工不同于"临时工",也与国企正式职工有明显的区别。日薪制员工的劳动关系不进企业,而由企业委托的中介机构来管理。企业根据生产的需要,提出日薪制员工的招用计划,明确录用条件,交企业委托的人事代理机构组织招聘。人事代理机构根据用人单位的用工需要,公开组织招聘,并对应聘人员把关,将合格者推荐给用人单位。一经用人单位录用,应聘者即与人事代理机构签订劳动协议。一般一线操作工试用期为一至三个月,具有较高学历的技术人员、技术工人试用期为一年,试用期底薪400元/月,干满一年加至480元/月,比同期进厂的固定工高出一档(40元),此后每年享受与固定工同等的按比例加薪待遇。试用期满,每三个月或一年根据生产经营的形势以及用人单位对日薪制员工的工作评价,与人事代理机构续签劳动协议。这种劳动协议一经确立,企业就完全按《劳动法》的规定,为日薪制员工缴纳社保,包括基本养老、医疗、失业、工伤保险等费用。日薪制员工在工作期间的劳保用品,都按同工种固定工标准发放。同时,在用工协议期间,可以享受与用人单位固定工同等的带薪假、婚丧假,在技术等级评定及相关培训、加薪晋级等方面,与固定工待遇完全相同。

2000年10月,江铃集团招收了第一批35名日薪制工人,2001年,江铃集团全年退休员工2000多人,聘用日薪制工人1200多人,人员绝对数减少了,而这一年江铃集团全员劳动生产率却同比提高85%。日薪制员工进公司后勤奋敬业,各显其能。日薪制工人不仅技能水平高,而且劳动纪律好,责任心强,竞争意识明显超过企业固定职工。

同时,日薪制这种市场化的用工机制,还解决了传统的用工制度在人力资源配置上的诸多弊端。企业可以完全从市场订单需求出发来配置人力资源,旺季时大量招进,淡季时自然裁减。当汽车销售市场进入淡季时,江铃集团迅速解聘了几十名日薪制工人,而销售市场回暖时,被暂时解聘的工人又回到原来的工作岗位上。

据江铃集团劳资部门负责人介绍,日薪制员工虽然是合同制工人,但只要他们真正有本事,有能力并且愿意干,公司都会想办法留住他们。江铃集团从深层次入手改革分配制度,打破工龄、资历界限,多劳多得,并让技术参与分配,加大浮动工资比例,实行计件工资制等,同时规定,日薪制员工工作满一年后,只要工作业绩突出,即可与江铃固定职工同水平竞争,享受同等的加薪待遇,还可委以重任,给予重奖并参加企业先进评选。这些措施,不仅有利于留住优秀的日薪制工人,而且对固定工人冲击很大。原来许多固定工做事少,甚至不做事,但工资却不少,而日薪制工人进公司后,一人开多机,一人会多岗,不仅增强了企业的经营活力,也使那些平时吊儿郎当的固定工渐渐失去了市场。他们觉得,再不好好干,就有坐"冷板凳"待岗的危险,于是纷纷投入到学技术、比产能的劳动竞赛中来。许多固定职工虚心向技能高的日薪制工人学习,"两工"互动,取长补短,员工的劳动观念和整体素质开始步入良性循环的轨道。

(资料来源:魏进,《员工管理完全攻略》,中国纺织出版社 2006 年版)

问题:

工资制度(薪酬制度)和用工制度可以改变吗?应该怎样改革?什么时候改革?

分析:

薪酬关系是用人单位与劳动者之间的劳动关系的基本构成部分,以雇佣关系为前提条件。管理者必须明白,通过企业的薪酬支付,员工渴望得到的不仅仅是一定数量、质量和结构的薪酬,而且还是员工从企业获得满足的一个过程,这种满足包括物质利益的满足、作为人的尊严的满足、自我价值实现的满足、人的感情的满足等。通过这一过程,员工会作出评价和选择,评价自我、评价组织、评价企业,从而选择自己的行为及工作状态。

只要符合法律的要求,薪酬制度和用工机制的改革都是可以的、必需的。通过有效用工机制和薪酬分配来激励组织员工是非常正确的,一方面可以提高组织的效率,另一方面可以激活组织,一扫组织中的沉沉暮气。海尔集团总裁张瑞敏称之为"激活休克鱼"。

 经验分享

企业业务代表的六种薪酬制度

业务代表是企业的一线人员,合理的薪酬体系能充分调动业务代表的工作积极性,原先干多干少一个样、干与不干一个样的"大锅饭"制度已经被干多拿得多、干少拿得少的制度彻底代替。至于业务人员到底该拿多少,企业在发薪水的时候究竟发多少,这需要企业建立一套行之有效的薪水制度。

"买力"和"卖力"市场永远是矛盾的,但绝非不可调和,而调和的关键点就是制定一套合情合理的薪酬体系,它是留住人才、维持企业发展的原动力。根据多年服务众多企业的经验,总结出六套薪水制度(见表5-1),其中前三种薪水制度比较常见,而后三种薪水制度目前也有不少企业正逐步施行。

表5-1 企业业务代表的六种薪酬制度

薪酬制度	薪资计算方法	优 点	缺 点
高底薪+低提成	高于同行业的平均底薪,以适当或略低于同行业的提成发放奖励	容易留住具有忠诚度的老业务代表,也容易稳定一些能力相当的人才	往往针对学历、外语水平、计算机等有一定要求的业务代表,门槛比较高

续表

薪酬制度	薪资计算方法	优　点	缺　点
中底薪＋中提成	以同行业的平均底薪为标准，以同行业的平均提成水平发放提成	对于一些能力不错而学历不高的业务代表有很大的吸引力	"比上不足比下有余"，业务代表受中庸思想影响较大，因而激励作用也是"中等"，对于更优秀的人才吸引力不够
少底薪＋高提成	以低于同行业的平均底薪甚至以当地的最低生活保障标准为底薪标准，以高于同行业的平均提成水平发放提成	不仅可以有效促进业务代表的工作积极性，而且企业也无须支付过高的人力成本，对于一些能力很棒、经验很足而学历不高的业务代表有一定吸引力	往往会造成两个极端，能力强的人薪资很高，而能力弱的人薪资则很低
分解任务量	应得薪水＝平均薪水×完成任务量/任务额	能够公平地给每个业务代表发放薪资，彻底打破传统的"底薪＋提成"制度，可以让每个业务代表清楚地知道可以拿到多少薪资，从而充分激励优秀的业务人员，淘汰滥竽充数的业务人员	不利于薪酬保密
达标高薪制	最高薪水－(最高任务额－实际任务额)×制定百分比＝应得薪水。这里的"制定百分比"非常关键，应略大于最高薪水/最高任务额×100%的值	使得业务人员有一个顶点可以冲刺，从而激发更多业务人员向目标冲刺	难以制定百分比
阶段评估制	底薪＋提成，按月发薪水，采取季度总结评估的方式。具体操作方式是每月发放薪水的时候，提成不完全发放，譬如提成只发放3%，剩下的5%要到3个月后，按照总业绩是否达标进行综合评估，然后再发放3个月的累计提成薪水	该方式能有效杜绝业务人员将本应该完成的业绩滞后，或提前预支下个月的业绩，并且有效减少有能力的业务人员干不满3个月就走人的情况发生。对于业务人员来说，每个季度都有一笔不少的"额外"薪水，从心理的暗示效应说来说，对业务人员也是一种不小的鼓励	

(资料来源：徐荣华，《业务代表的6种薪酬制度》，中国营销传播网)

第三节 影响薪酬的基本因素

在市场经济条件下,企业的薪酬管理活动会受到内外部多种因素的影响,为了保证薪酬管理的有效实施,必须对这些影响因素有所认识和了解。一般来说,影响企业薪酬管理各项决策的因素主要有三类:一是企业外部因素;二是企业内部因素;三是员工个人因素。

一、企业外部因素

1. 国家的法律法规

法律法规对于企业的行为具有强制的约束性,一般来说,它规定了企业薪酬管理的最低标准,因此企业实施薪酬管理时应当首先考虑这一因素,要在法律规定的范围内进行活动。例如,政府的最低工资立法规定了企业支付薪酬的下限;社会保险法律规定了企业必须为员工缴纳一定数额的社会保险费。

2. 物价水平和生活水平

薪酬最基本的功能是保障员工的生活,因此对员工来说更有意义的是实际薪酬水平,即货币收入与物价水平的比率。而当整个社会生活水平提高了,物价水平上涨了,员工对个人生活期望也会提高,这给企业造成了较高的薪酬压力,因为为了保证员工的生活水平不变,支付给他们的名义报酬也要相应增加。

3. 劳动力市场的状况

按照经济学的解释,薪酬就是劳动力的价格,它取决于供给和需求的对比关系。在企业需求一定的情况下,当劳动力市场紧张造成供给减少时,企业的薪酬水平应当提高;反之,企业就可以维持甚至降低薪酬水平。

4. 其他企业的薪酬状况

其他企业的薪酬状况对企业薪酬管理的影响是最为直接的,这是员工进行横向的公平性比较时非常重要的一个参照系。当其他企业,尤其是竞争对手的薪酬水平提高时,为了保证外部公平性,企业也要相应地提高自己的薪酬水平,否则就会造成员工不满意甚至人员流失。

二、企业内部因素

1. 企业的经营战略

薪酬管理应当服从和服务于企业的经营战略,在不同的经营战略下,企业的薪酬管理也会不同。表 5-2 列举了在三种主要经营战略下薪酬管理的区别。

表 5-2 不同经营战略下的企业薪酬管理

经营战略	经营重点	薪酬管理
成本领先战略	一流的操作水平； 追求成本的有效性	重点放在与竞争对手的成本比较上，提高薪酬体系中激励部分的比重； 强调生产率； 强调制度的控制性及具体的工作说明
创新战略	产品创新； 向创新型产品转移； 缩短产品生命周期	奖励在产品及生产方法方面的创新； 以市场为基准的工资； 弹性/宽泛性的工作描述
客户中心战略	紧紧贴近客户； 为客户提供解决问题的方法； 加快营销速度	以顾客满意为奖励的基础； 由顾客进行工作或技能评价

（资料来源：刘昕，《薪酬管理》，中国人民大学出版社 2002 年版）

2. 企业的发展阶段

企业处于不同的发展阶段时，其经营的重点和面临的内外部环境是不同的，因此在不同的发展阶段，薪酬形式也是不同的。表 5-3 对企业不同发展阶段的薪酬管理进行了简单的比较。

表 5-3 企业不同发展阶段下的薪酬管理

企业发展阶段		开创	成长	成熟	稳定	衰退	再次创新
薪酬构成	基本薪酬	低	有竞争力	高	高	高	有竞争力
	激励薪酬	高	高	有竞争力	低	无	高
	间接薪酬	低	低	有竞争力	高	高	低

（资料来源：何娟，《人力资源管理》，天津大学出版社 2002 年版）

3. 企业的财务状况

企业的财务状况会对薪酬管理产生重要的影响，它是薪酬管理各项决策得以实现的物质基础。良好的财务状况、较强的支付能力，可以保证薪酬水平的竞争力和薪酬支付的及时性。

此外，企业的经营性质与内容、企业的组织文化等因素对企业薪酬管理各项决策具有一定的影响。

三、员工个人因素

1. 员工所处的职位

目前有较大影响的薪酬管理理论，普遍都认为员工的职位是决定员工个人基本薪酬以及企业薪酬结构的重要基础，也是企业内部公平性的重要体现。员工职位所承担的工作职责以及对员工的任职资格的要求对员工薪酬的影响是主要的，而职位本身对员工薪酬的影响并不完全来自其级别。

2. 员工的业绩表现

员工的业绩表现是决定其激励薪酬的重要基础。在企业中,激励薪酬往往与员工的绩效联系在一起,二者具有正相关的关系。一般来说,员工的绩效越好,其激励薪酬就会越高。此外,员工的绩效表现还会影响其绩效加薪,进而影响其基本薪酬的变化。

3. 员工的工作年限

工作年限主要有工龄和企龄两种表现形式。工龄是指员工参加工作以来整个的工作时间,企龄是指员工在本企业中的工作时间。工作年限会对员工的薪酬水平产生一定的影响,在技能工资体系下,这种影响更加明显。一般来说,工龄和企龄越长的员工,薪酬水平相对来说也会高些。

工龄对薪酬的影响,主要的理论依据是人力资源管理中的进化论。其主要观点认为,通过社会的自然选择,工作时间越长的人就越适合工作;不适合的人,由于优胜劣汰的作用,会离开这个职业。企龄对薪酬的影响,主要的理论依据是组织社会化理论,其观点认为员工在企业的时间越长,对企业和职位的了解就越深刻,其他条件一定时,绩效就会越好。此外,工龄和企龄薪酬的设计,主要是基于保持员工队伍稳定性的原因,企龄越长的员工,薪酬水平相对就越高,这样可以在一定程度上降低员工的流动率,因为如果要流动,就会损失一部分收入。

 思维练习

分析不同类型的企业的薪酬影响因素

影响薪酬的三个基本因素为企业外部因素、企业内部因素和员工个人因素,不同类型的企业其薪酬的影响因素会有所不同。根据这些因素影响强弱的不同,填写表5-4,从而掌握各类型企业的薪酬影响因素。

表5-4 不同类型的企业的薪酬影响因素

企业类型	影响因素								
	强			中			弱		
科技类公司									
制造类公司									
金融类公司									
……	……			……			……		

注:企业的分类标准可以与表中不同,例如也可以分为国有企业、民营企业、外商企业等。

第四节 薪酬设计

薪酬管理是人力资源管理的核心职能,其设计的过程包括七个阶段:确定薪酬原则与策略、工作分析和岗位设置、工作评价、薪酬水平调查、薪酬结构的设计、薪酬分级与定薪、薪酬制度的实施与控制。

一、薪酬设计原则

企业设计薪酬时必须遵循一定的原则,这些原则包括战略导向原则、经济性原则、竞争性原则、激励原则、公平性原则等。

1. 战略导向原则

战略导向原则强调企业设计薪酬时必须从企业战略的角度进行分析,制定的薪酬政策和制度必须体现企业发展战略的要求。企业的薪酬不仅仅只是一种制度,它更是一种机制,合理的薪酬制度驱动和鞭策那些有利于企业发展战略的因素的成长和提高,同时使那些不利于企业发展战略的因素得到有效的遏制、消退和淘汰。因此,企业设计薪酬时,必须从战略的角度进行分析,哪些因素重要,哪些因素不重要,并通过一定的价值标准,给予这些因素一定的权重,同时确定它们的价值分配即薪酬标准。

2. 经济性原则

薪酬设计的经济性原则强调企业设计薪酬时必须充分考虑企业自身发展的特点和支付能力。它包括两个方面的含义,短期来看,企业的销售收入扣除各项非人工(人力资源)费用和成本后,要能够支付企业所有员工的薪酬;从长期来看,企业在支付所有员工的薪酬,及补偿所有非人工费用和成本后,要有盈余,这样才能支撑企业追加和扩大投资,获得企业的可持续发展。

3. 竞争性原则

现代企业的竞争归根到底是人才的竞争,人力资源已经成为企业发展的核心资源。因此留住人才,特别是核心员工,已成为企业在激烈的竞争中取胜的关键因素。在市场经济条件下,只有用一流的工资才能招揽一流的人才,只有使企业薪酬水平和薪酬制度具有竞争力,才能促使冗余的员工及时流出、紧缺的人才顺利流入。

4. 激励原则

企业薪酬设计的积极性就是要体现激励性。如同样是10万元的薪酬,不同的部门、不同的市场、不同的企业发展阶段支付给不同的员工,一种方式是发4万元的工资和6万元的奖金,另一种方式是发6万元的工资和4万元的奖金,激励效果完全是不一样的。

激励原则就是强调企业在设计薪酬时必须充分考虑薪酬的激励作用,即薪酬的激励效果。这里涉及企业薪酬(人力资源投入)与激励效果(产出)之间的比例关系,企业在设计薪酬策略时要充分考虑各种因素,使薪酬的支付获得最大的激励效果。

5. 公平性原则

亚当斯的公平理论是公平性原则重要的理论基础。企业在进行薪酬管理时,既要注意外部公平,也要注意内部员工之间的公平。在薪酬分配时,一定要全面考虑员工的绩效、能力、劳动强度及责任等因素,考虑外部竞争性与内部一致性的要求。

公平是薪酬管理系统的基础,员工只有在认为薪酬系统是公平的前提下,才可能产生认同感和满意度。因此,公平性原则是企业实施薪酬管理时应遵循的最重要的原则。

许多国有企业的薪酬管理之所以出现问题,就是因为公平性的设计没有做好,特别是没有区分好公平原则与平均原则的本质。特别要注意的是,公平原则与平均原则是有区别的。前者是"按劳分配",体现了劳动的差异性,因而报酬应当是具有差异性的;后者则强调绝对的平均,忽视了劳动的差别性,追求员工之间的平均报酬。而在一些传统企业中,其改革前普遍存在"一刀切"的平均分配问题,"干多干少一个样",严重影响了员工工作积极性。因此,传统国有企业改革的一个重要问题就是要打破平均分配的体制,建立真正有意义的公平的报酬制度。

二、薪酬设计策略

薪酬设计策略是指企业确定薪酬时,与外部薪酬水平相比较时所采取的薪酬水平定位。通俗地说,就是确定企业的薪酬与市场水平相比较所处的层次。一般有三种策略。

1. 市场领先策略

实施这一策略的企业的薪酬水平在市场中居于领先地位,高于市场平均水平。采用市场领先薪酬策略的企业其市场一般处于膨胀期,市场份额和成长空间很大,而且因为要吸引高素质的员工,其薪酬的支付能力较强,在同行业中处于领先水平。

2. 市场协调策略

又称市场平和策略,即薪酬水平在市场中居于中等层次,与市场平均水平持平。采用这种策略的企业的薪酬水平,一般介于行业龙头企业和落后企业之间。

3. 市场追随策略

即薪酬水平在市场中居于比较低的层次,跟随市场平均水平。

一般来说,很多企业在进行人力资源薪酬设计时,都是采用混合性薪酬设计策略,即根据职位的类型或层级来分别制定不同的薪酬策略,而不是对所有的职位均采用相同的薪酬水平定位。例如,对于企业的关键岗位人员,即核心员工,采用市场领先策略,对于一般的普通岗位人员则采取市场协调策略,对于替代性强的基层岗位采取市场追随策略。

 案例思考

薪酬设计中如何体现公平?

AB 公司是国有企业 W 集团下属的一个分公司,主要从事高科技电子产品的研发与生产。AB 公司是由 W 集团原来的 A 子公司和 B 子公司组建而成,组建时员工主要来自 A 公司和 B 公司。同时,为了发展需要,公司还从人才市场招聘了一部分员工。

公司运营后,来自 A 公司的 a 员工的工资按照 A 公司原来的薪酬标准发放,来自 B 公司的 b 员工的工资按照 B 公司原来的薪酬标准发放,而从人才市场招聘的员工 w 则按市场标准来发放。AB公司的薪酬均以月固定工资的形式发放,实行薪酬保密制度。员工a、b和w担任的工作任务都是电路设计与研发,然而员工w的工资却远多于a,而a又多于b。

刚开始的一年里,由于a和b的月固定收入没有变化,而重组后AB公司的赢利远高于原来的A和B公司,因此a和b的年终奖都有上涨,而w也对其薪酬感到满意。因此,该年员工的积极性很高。但是不久后,员工a、b和w通过非正式途径知道了彼此的工资和年终奖,由此关于员工薪酬收入的小道消息开始满天飞,公司员工针对薪酬待遇的抱怨声四起,积极性开始下降,不时有人跳槽,迟到早退的现象大增,生产率随之大跌,极大地威胁到了AB公司的赢利。

(资料来源:孙静、林朝阳,《企业薪酬管理》,清华大学出版社2009年版)

分析:

AB公司在组建以后,始终没有统一的薪酬标准,且三个标准存在相当大的差异,这就造成了几方面的问题:①员工薪酬仅仅由员工的来源决定,而与岗位的特点、员工的能力素质关联不大,缺乏公平性;②薪酬没有与实际的工作绩效相联系,只是以固定的薪酬形式发放,没有激励作用;③薪酬设计程序不合理,没有给予员工参与的权利与机会。

缺乏科学合理的薪酬设计,是现阶段一些企业普遍存在的问题。特别是一些国有企业集团为了在市场竞争中更具有竞争力,常常采用行政手段将原有的企业进行重组。重组时,员工在集团内无偿调配,集团内员工薪酬按照原有的薪酬标准发放,外部招聘人员按照市场标准发放。这种莫衷一是、多个标准的薪酬制度在短时期内可能不会出现问题,但长期必然会影响员工的积极性,进而影响组织效率。

三、薪酬设计基本模式

薪酬设计基本模式就是薪酬设计的方法论或者参照性指导方略。不同的模式具有不同的侧重点和特征。薪酬设计主要有四种基本模式。

1. 基于岗位的薪酬模式

基于岗位的薪酬模式也称之为岗位薪酬制,简言之,就是在什么级别、什么类型的岗位就拿多少数量的钱。它是根据员工目前所在的岗位来决定员工报酬的一种薪酬制度。

它的特点是:员工只能根据目前的岗位得到报酬,员工是否为提高工作绩效而提高了工作能力是不在考虑之内的;只要员工的职位有所改变,其报酬也会自动随之改变。在这种薪酬模式中,企业往往通过将工作表现特别好的员工从工资低的岗位调到工资高的岗位以示奖励,或是为了惩罚那些工作表现特别差的员工而将其调到工资很低的岗位。

基于岗位的薪酬模式,其为员工所付的报酬主要依据岗位在企业内的相对价值。岗位的相对价值高,其工资也高,反之亦然。例如,军队和政府组织实施的是典型的依据岗位级别付酬的制度。在这种薪酬模式下,员工工资的增长主要依靠职位的晋升。因此,其导向的行为是:遵从等级秩序和严格的规章制度,千方百计获得晋升机会,注重人际网络关系的建设,为获得职位晋升采取政治性行为。

表5-5呈现的是一个基于岗位的薪酬模式的典型例子。但在实际的薪酬设计操作

中,大部分企业不会完全按照表 5-5 设计薪酬体系,都会增加一些其他薪酬单元,如绩效奖金、工龄工资、企龄工资或者技能工资等。

表 5-5 基于岗位的薪酬模式的典型例子

工资级别	岗位列举	薪酬水平/元
14	研发部部长	3200
13	生产部部长	3000
13	技术设备部部长	2800
12	人力资源部部长	2600
12	财务部部长	2600
11	制造部调度	2200
10	质量部主管	2000
10	薪酬主管	2000
9	会计	1600
9	培训管理员	1600
……	……	……

实施基于岗位的薪酬制度,首先,它的前提是要建立严密的和严格规范的职位管理体系,包括岗位职位设置、职位序列、职位说明书等。如果没有严密的职位管理体系,企业就会出现因人设岗、轻视岗位管理、职责定位混乱的现象。然而在实际操作中,很难确定岗位的相对价值。其次,要运用科学的量化评估技术对岗位价值进行整体评价,即岗位评估。岗位评估是实施基于岗位的薪酬制度的核心环节,其评估技术要求非常高,尤其是对大型的企业来说,更要非常慎重。

人力资源领域普遍采用的岗位评估技术是要素计点法。国内企业采用的传统的要素计点法,主要是四因素法,即从劳动责任、劳动技能、劳动强度和环境四个方面对岗位进行评定。传统的四因素法存在以下局限性。

第一,着重强调岗位体力因素和环境因素,对岗位的创新职能、管理责任、任务复杂程度等体现现代企业核心竞争力因素的考虑不够,容易出现"脑体倒挂"现象,因此,此种评估不适合高科技企业和新型企业。

第二,传统的四因素岗位评估的主观性太强,评定等级的划分缺乏对岗位现实任务的严密分析依据。因为,如果进行科学的岗位评估,原来在一个行政级别上的岗位可能会划分到两个或更多的不同薪资级别上,原来上下两个级别的岗位差距将拉到一个更合理的水平。员工能力要与岗位要求基本匹配,如果不胜任的员工在某一个岗位上,也拿同样的基于岗位的工资,对其他人来说是不公平的;如果一个能力很强的人得不到提升,基于现岗位的工资水平对他来说就偏低了,也是不公平的。

2. 基于绩效的薪酬模式

基于绩效的薪酬模式是指在确定薪酬时,主要是依据绩效评估结果的薪酬设计方式。

其主要依据可以是企业整体的绩效、部门的整体绩效、团队或者个人的绩效。具体哪个作为绩效付酬主体依据，要视岗位的性质。一般来说，多数企业都会综合考虑多个绩效结果。

设计薪酬受很多因素的影响，近些年来，随着企业竞争的全球化和白热化，按绩效付酬逐步成为主流模式。很多企业的员工，尤其是高层管理人员的主要收入的大部分来源不再是基于岗位的相对价值，而是企业整体绩效的提升状况。这部分绩效收入可以以风险奖金、分红、股票期权收入、保险金等形式体现。

基于绩效的薪酬模式最能体现收入与贡献挂钩的经济利益原则，谁干得多、干得好，谁就能挣得多。激烈的全球化市场竞争要求员工必须有优异的工作成效，这是国外企业采用基于绩效的薪酬模式的主要动因。美国70%的大型企业采用基于绩效的薪酬模式，而习惯采用年功序列工资制的日本企业，在激烈竞争压力下，也逐步引进基于绩效的薪酬模式。

实施以绩效为主的薪酬制度要求企业的绩效管理基础非常牢固，职责线和目标线建设得比较完善，即岗位职责体系明确、目标分解合理。其中，绩效目标及衡量标准的确定是关键环节。如果不能合理地确定绩效的目标，员工没有明确的努力方向或者根本实现不了设定的目标，那么，对员工的激励作用就会流于形式。

3. 基于技能的薪酬模式

基于技能的薪酬模式是根据员工所拥有的与工作相关的技能与知识水平来决定员工报酬的一种薪酬模式。它的假设是技能高的员工的贡献大。它与基于岗位的薪酬模式的主要区别是员工的工资不是与职位而是与技术相联系。员工要想增加工资，必须证明自己已经掌握了高一级职位所要求的技术，并通过测试加以确认。基于技能的薪酬模式在20世纪90年代的美国非常流行。

在需要团队合作的技术性工作中，基于技能的薪酬模式尤其显得必要，因为在这类工作中，需要的是知识共享、相互启发，很难划清团队成员的具体职责，以岗位为主的管理模式已经不是特别合适了，以岗位为主的薪酬模式也不再适用。随着组织越来越扁平，职位层级越来越少，权力逐渐下移，企业需要员工掌握多种技能以适应多变的环境。在这些情况下，以技能为主设计薪酬体系就成了现实的需要。

4. 基于市场的薪酬模式

基于绩效和基于技能的薪酬制度更多考虑的是企业内部的相对公平性。但如果从经济学的角度来看员工薪酬问题，其实市场供求关系决定价格的基本规律也是适用于员工的工资模式的。随着人才资源竞争在企业竞争中的重要性逐步显现，通过薪酬设计吸引和留住人才是薪酬制度的重要目标之一。人才资源的稀缺程度在很大程度上决定了薪酬的水平。而目前，很多发达城市缺乏高级蓝领技工，其薪酬水平高于管理人员，一些专业好的技师工资要大大高于管理人员的工资水平。因此，为了保持薪酬的市场竞争力，企业需要抛弃过去从内部公平性考虑薪酬设计的思路，而转换为基于市场的薪酬模式。

表5-6呈现的是一个企业基于市场的薪酬模式，根据市场价格确定企业薪酬水平的情形。对关键岗位，为了确保能够吸引到人才，该企业采取了高于市场水平的策略，对其

他人员则采取跟随市场水平的策略。如果按照传统的岗位或者技能工资制度,也许高级产品开发工程师的工资等级要低于市场总监,但在市场导向的薪酬制度下,其薪酬水平完全可以和营销总监的工资相等甚至高一些,这都是可以的。

表 5-6 基于市场的薪酬模式的示例

所需人员	市场中位数/元	企业定价/元
……	……	……
营销总监	8000	9000
研发总监	7000	8000
人力资源部经理	5000	5000
产品主管	4000	4000
高级产品开发工程师	7000	8000
技术支持工程师	3000	3000
……	……	……

四、薪酬设计流程

薪酬设计的流程是薪酬制度设计的步骤或者程序,一般如图 5-1 所示。

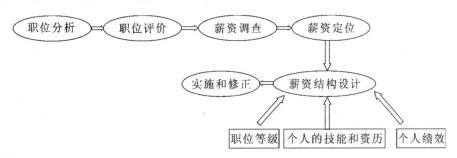

图 5-1 企业薪酬设计流程图

1. 职位分析

职位分析是结合企业经营目标,应用系统方法收集、分析、确定组织中职位的定位、目标、工作内容、职责权限、工作关系、业绩标准、人员要求等基本因素,明确部门职能和职位关系,人力资源部和各部门主管合作编写职位说明书。

2. 职位评价

职位评价是一个为组织制定职位结构而系统地确定每个职位相对价值的过程。其目的是:其一,比较企业内部各个职位的相对重要性,得出职位等级序列;其二,为进行薪资调查建立统一的职位评估标准,消除不同企业间由于职位名称不同,或即使职位名称相同但实际工作要求和工作内容不同所导致的职位难度差异,使不同职位之间具有可比性,为确保工资的公平性奠定基础。它是职位分析的自然结果,同时又以职位说明书为依据。

3. 薪资调查

薪酬具有外部竞争性，企业在确定薪酬水平时，需要参考劳动力市场和竞争对手的薪酬水平，制定和调整本企业薪酬。薪资调查也叫薪酬调查，就是通过多种方式采集、分析竞争对手企业所支付薪酬水平的过程。薪资调查的对象，最好是选择与自己有竞争关系的企业或同行业的类似企业，重点考虑员工的流失去向和招聘来源。这种薪资调查要对处于一个地区、一个行业、规模近似的企业的各种工作的报酬标准进行调查。

薪资调查的数据包括上年度的薪资增长状况、不同薪资结构对比、不同职位和不同级别的职位薪资数据、奖金和福利状况、长期激励措施以及未来薪资走势分析等。

4. 薪资定位

在分析同行业的薪资数据后，需要做的是根据企业状况选用不同的薪资水平。

5. 薪资结构设计

薪资结构设计时要综合考虑三个方面的因素：一是其职位等级；二是个人的技能和资历；三是个人绩效。在工资结构上与其相对应的，分别是职位工资、技能工资、绩效工资。也有的将前两者合并考虑，作为确定一个员工基本工资的基础。确定职位工资，需要对职位作评估；确定技能工资，需要对人员资历作评估；确定绩效工资，需要对工作表现作评估；确定企业的整体薪资水平，需要对企业赢利能力、支付能力作评估。每一种评估都需要一套程序和办法。

6. 实施和修正

薪资体系的实施和修正是薪酬设计的最后一个环节，它是指修正薪酬方案实施反复出现的一些问题，根据经营环境变化和组织战略适时调整薪酬方案。

第一，在确定薪资调整比例时，要对总体薪资水平作出准确的预算。为准确起见，最好同时由人力资源部作此测算。人力资源部需要建好工资台账，并设计一套比较好的测算方法。

第二，在制定和实施薪酬体系的过程中，要及时沟通，并进行必要的宣传或培训。人力资源部要利用多种途径了解实施情况和员工意见。

第三，在保证薪酬方案相对稳定的前提下，还应随着企业经营状况和市场薪酬水平的变化予以相应的调整，建立薪酬管理的动态机制。

为保证薪酬制度的适用性和激励性，企业应对薪酬定期调整，使其达到最大合理性和更好的效果。

第五节　员工福利与社会保障

西方企业普遍认同一个观念："在员工福利计划中，每投入1美元，就能促进公司经济效益增长6美元。"说到福利，人们自然认为是企业根据国家有关法规和自身需要为员工提供的各种津贴、补贴、实物和服务等，用以提高员工的生活质量。那么什么是福利？福利是不是社会保险？这就是本节要探讨的内容。

一、员工福利的概述

1. 员工福利的含义

无论企业的规模、性质如何,总会为员工提供某些福利,企业福利业已制度化。

员工福利有广义与狭义之分。就广义而言,美国商务部是这样定义的:在工资之外的任何形式的支付和收益。而对于狭义而言,美国社会保障署则是这样定义的:是一个由雇主单方面发起或由雇主与雇员联合提供收益的计划。它起源于雇佣关系,是针对员工个人和家庭损失而提供的收入补助。

通常来说,广义的员工福利泛指在支付工资、奖金之外的所有待遇,包括社会保险在内。它可以从三个层次来理解:第一,作为合法的国家公民,有权享受政府提供的文化、教育、卫生、社会保障等公共福利和公共服务;第二,作为企业的成员,可以享受由企业提供的各种集体福利;第三,还可以享受到工资收入以外的,企业为员工个人及其家庭所提供的实物和服务等福利形式。

狭义的员工福利又称为职业福利或劳动福利,它是企业为满足劳动者的生活需要,在工资收入之外,向员工及其家属提供的货币、实物及服务等福利形式。

总之,对于员工福利的界定,就其内涵应该包括以下几点:

(1) 员工福利是基于广义的福利与雇主所支付的整体报酬的交叉概念;

(2) 员工福利的给付形式多样,包括现金、实物、带薪假期以及各种服务;

(3) 员工福利中某些项目的提供要受到国家法律的强制性约束。

也可以说,员工福利是企业基于雇佣关系,依据国家的强制性法令及相关规定,以企业自身的支付能力为依托,向员工所提供的、用以改善其本人及家庭生活质量的各种以非货币工资和延期支付形式为主的补充性报酬与服务。

员工福利与社会福利是有区别的。社会福利是国家和社会为增进与完善社会成员,尤其是困难者的社会生活而实施的一种社会制度,旨在通过提供资金和服务,保证社会成员一定的生活水平并尽可能提高他们的生活质量。

社会福利的本质特征主要包括以下几个方面:

(1) 福利性;

(2) 社会化;

(3) 以服务保障为主;

(4) 以促进社会成员生活质量的提高为目标。

2. 员工福利的作用

薪酬结构中的工资、奖金和福利构成完整的薪酬体系,各自发挥不同的作用。随着社会生活的丰富性和生活质量的不断提高,人们对福利的要求也越来越高,福利具有满足员工多方面、多层次需要的作用,具有重要的意义。

1) 员工福利对企业的积极作用

(1) 提升企业形象。

企业在提高经济效益的同时,不断向员工提供和提升各种福利和保险,这既是员工改善生活的要求,同时也是政府的要求。大多数国家对于劳动者在就业过程中及退出劳动力市场之后所应当享受的福利都有强制性规定,其中最为集中地体现在社会保障的法律法规方面。在这方面,员工福利具有积极的作用:第一,能够巩固组织的企业道德和企业的公民形象,提供良好福利的企业会得到社会、客户和现有雇员,以及其他企业员工的好评;第二,可以获得政府的信任和支持以及社会的声望,如企业责任感、以人为本、关心员工等,从而改善、提升企业形象,提升企业的品牌价值;第三,良好的员工福利使员工得到了更多的实惠,员工则以更高的工作绩效回报企业,提高企业的经济效益的同时,也提高了企业的凝聚力。

(2) 增强企业在市场的人才竞争力。

员工福利是一种吸引人才的重要因素,在开放的市场竞争激励的环境中,良好的员工福利有时比高工资更能吸引员工。因为良好的员工福利,有助于提高员工的满意度,强化员工的忠诚度。同时,优越的福利有助于减少员工的离职率和缺勤率。福利将会在很大程度上决定优秀员工流向或离开哪家企业,以及什么时间退休等。

(3) 享受优惠税收政策,体现出规模经济效益。

一方面,员工福利计划所受到的税收优惠是比较大的,以福利形式所获得的很多收入是不需要缴纳个人所得税的。另一方面,员工福利计划中许多商品和服务的购买方面,集体购买更具优势,能够得到更多的优惠,体现出规模经济效益。显然,企业在员工身上所投入的同等价值的福利比在货币薪酬上所支出的同等货币的潜在价值更大。

2) 员工福利对员工的作用

(1) 满足员工的需要。

员工福利良好的企业都尽力设置多样化的员工福利计划,以满足员工的多样化需要。因为不同的员工对福利项目的需求不同,同一个员工在其职业生涯的不同阶段,对福利项目偏好也不一样。企业通过对福利计划的多样化设计,尤其是实行弹性福利计划,让员工依据自己个人的需求,选择不同的福利套餐来满足其各个方面的需要。

(2) 提高员工的满意度和主人翁精神。

员工福利是支付工资和奖金之外的所有待遇,其中一个重要作用是改善员工的工作环境和提高员工的生活质量。企业一般采取集体福利的形式为员工提供良好、舒适的工作环境和条件,如为员工设置了各种各样的集体福利设施,丰富员工生活,为员工工作生活提供便利,进而提高员工的工作满意度和主人翁精神,这样就会带来较高的生产率、较低的缺勤率和流动率。

3. 员工福利的类型

我国员工福利的主要类型有以下几种。

1) 劳动保险

劳动保险是指企业根据国家政策、法律和法规规定,必须为员工提供的具体配套福利。主要是用以维持家庭收入,保障或改善员工生活,保障安全和健康。在我国,劳动保险具体表现为"五险一金","五险"指的是养老保险、医疗保险、失业保险、工伤保险和生育保险,"一金"指的是住房公积金。其中养老保险、医疗保险和失业保险是由企业和个人共同缴纳保费的,工伤保险和生育保险完全由企业承担。这里要注意的是,"五险"是法定的,而"一金"不是法定的。

2) 设施福利

企业为员工提供各种各样的福利性设施,包括:给员工提供的单身公寓、夜班宿舍;向本企业员工出租或出售廉价公房;为员工建立的食堂、卫生设施及医疗保健室、托儿所、幼儿园、浴室、理发室、休息室等。

3) 文体娱乐性福利

这一类福利主要是为了满足员工文化娱乐需要。主要有企业自建文体设施,包括体育场、游泳池、健身房、俱乐部、阅览室等;企业为员工举办的集体文体活动(晚会、舞会、旅游、体育竞赛等),提供免费或折扣票券、咨询辅导和免费订票服务等。

4) 教育培训福利

教育培训福利是一项对员工极具吸引力的福利。主要包括企业给予员工在职或短期脱产免费培训、公费进修(部分脱产或全脱产)等。其目的是帮助员工了解和掌握各自工作领域的新进展和新技术,始终在企业中处于领先地位。

5) 健康保健福利

健康保健是企业支出较大的一项福利,主要包括医疗福利,如免费定期体检以及防疫注射、药费报销等。

6) 补贴福利

企业可以按照国家的有关政策和规定,根据企业的性质和员工的福利水平,发给员工额外的补贴和津贴,包括探亲补贴、交通费补贴、伙食费补贴、洗理费补贴、书报费补贴、独生子女费补贴、生活困难补贴等。

7) 假日福利

休假对于调整员工状态非常重要。假日福利是指带薪假日,包括法定假日、病假、产假以及每年的带薪事假或休假日,其长短通常因行业、年龄、工作时间、工资的不同而不同。我国法定的休息、休假时间主要有六种:工作日内的休息时间、周休、节假日、探亲假、年休假以及结婚假或直系亲属去世的丧假。

 经验分享

"五险一金"详释

"五险"指的是五种保险,包括养老保险、医疗保险、失业保险、工伤保险和生育保险;"一金"指的是住房公积金。其中养老保险、医疗保险和失业保险,这三种险是由企业和个人共同缴纳的保费;工伤保险和生育保险完全由企业承担,个人不需要缴纳。这里要注意的是,"五险"是法定的,而"一金"不是法定的。企业与个人的缴存比例详见表5-7:

表 5-7 "五险一金"缴存比例表

类　　别	企业缴存比例	个人缴存比例
养老保险	20%	8%
医疗保险	9%	2%＋10元（大病统筹）
失业保险	2%	1%
工伤保险	0.5%～2%	0
生育保险	0.8%	0
住房公积金	5%～12%	5%～12%

注：《关于住房公积金管理若干具体问题的指导意见》明确规定，住房公积金单位和职工缴存比例不应低于5%，原则上不高于12%。

（资料来源：人力资源和社会保障部网）

二、员工福利的特点

1. 补偿性

员工福利是对劳动者为企业提供劳动的一种物质补偿，也是员工工资收入的一种补偿形式。员工福利一般宜采用非货币的集体支付形式。

2. 均等性

员工福利的均等性是指履行了劳动义务的本企业员工，均有享受各种企业福利的平等权利。由于劳动能力、个人贡献及家庭人口等因素的不同，造成了员工之间在工资收入上的差距，差距过大会对员工的积极性和企业的凝聚力产生不利的影响。员工福利的均等性特征，在一定程度上起着平衡劳动者收入差距的作用。

3. 集体性

企业兴办集体福利事业，员工以集体消费或共同使用公共物品等主要形式享受员工福利，如员工饭堂、俱乐部，又如集体参观考察、集体健身项目、集体健康项目、员工援助计划等。

三、员工福利管理的策略

第一，要健全企业员工福利管理制度。要把员工福利管理制度纳入企业的总体制度，员工福利管理要公开化，福利方案应向全体员工公开。企业对员工福利的管理，要按照制度的要求，规范地全程运行。

第二，员工福利管理要注重效益。能够满足员工需求的福利项目才是有效的，企业福利管理要围绕组织发展战略制定员工福利方案，并通过切实可行的措施逐步达到预期目标。要注意福利成本的控制，做好福利计划。提供的福利的质和量具有激励性，才能提高大部分员工的工作满意度，并具有可持续性，单位有能力支付福利支出。同时，在保证质量的前提下，促使每个福利项目的运行尽可能地"经济化"。

第三，在实际操作中注重灵活性和艺术性，分别考虑员工需求。企业要站在员工的角度来体验和考虑他们的需求，要加强交流与沟通，了解他们所处的环境和他们的真实感受。员工福利管理应随着社会经济环境的变化而变化,要具有灵活性和艺术性,尤其是要根据劳动力结构以及员工生活方式的变化而不断调整,必要时可突出员工重点福利需求的满足。

四、社会保障

1. 社会保障的含义

"社会保障"(social security)一词源于美国1935年颁布的《社会保障法》,此后在国际上,它已成为一种以国家和社会为责任主体的福利保障制度的统称。

目前公认的权威性的社会保障定义是1944年国际劳工大会《费城宣言》的界定:社会通过一系列公共措施向其成员提供保护,以便与由于疾病、生育、工伤、失业、伤残、年老和死亡等原因而丧失收入和收入大幅度减少所引起的经济和社会灾难进行斗争,并提供医疗和对有子女的家庭实行补贴的方法。1989年,国际劳工局又对该定义作了修改,但含义是一致的。

目前各国对社会保障的定义表述大体相同,一般都认为社会保障是一种公共福利事业和社会救助体系,其目的是保障社会成员在遇到风险和灾难之时,可以通过国家和社会的力量为其提供基本的物质保证。

理解社会保障的含义,要抓住以下主要因素:

(1) 社会保障的实施主体是国家或社会;

(2) 社会保障是现代社会应对不确定风险的手段;

(3) 社会保障的目标是防止因疾病、年老、工伤等风险导致的工作停止或者收入的大量减少造成的经济和社会困难,为社会成员的基本生活权利提供保障,从而减少社会不稳定因素;

(4) 社会保障通过雇主(企业)和雇员缴纳保险费筹资或通过税收渠道筹资,国家财政是其基本的经济后盾;

(5) 社会保障制度的具体设计受各国的经济、政治和社会环境影响,其项目设计、给付水平不尽相同。

社会保障是一项制度、一个体系。我国的社会保障制度由社会保险、社会救济、社会福利、优抚安置、社会互助和个人储蓄积累保障六个部分组成。

2. 社会保障的特征

社会保障是由国家法律法规强制确保的一项长期的制度安排,它与其他社会化保障机制有本质的区别。社会保障一般具有以下特点。

1) 强制性

社会保障制度是国家通过立法来强制实施的,法律从形式上规定了社会保障的对象、内容、方式和方法,以及国家、单位和个人的权利和义务。它作为国民收入再分配的一种形式,通过国家立法强制实施,保证弱势群体、有特殊困难的劳动者及其家属获得基本的生活保障,达到社会保障的根本目的。

2）公平性

社会保障具有公平性的特征。有关法律法规对社会保障的范围、保障的待遇、保障的过程有严格的规范。一般来说，社会保障对受保障对象的性别、职业、民族、地位等方面没有身份限制，全民保障实现的是全体国民社会保障权益的公平性；即使是选择性保障实现的也是覆盖范围内的所有成员在社会保障权益方面的公平性。同时，各项社会保障制度通常是在向社会公众开放的条件下确立的，并接受着社会化的评价与监督，确保保障的待遇、保障的过程的公平性。

3）保障性

社会保障从本质上说是为有需要的社会成员提供一定的经济援助与社会服务的过程。社会成员因各种原因造成的生活困难者，有权享有由国家保证他们获得的与一定时期经济发展水平相适应的货币或物质帮助。这种保障性是国家以法律的形式加以确保的。这种制度能使社会成员获得安全感，安心工作和生活，促进社会健康稳定的发展。

五、员工福利与社会保障

社会保障与社会福利有很大的相似性和密切的联系。社会福利是指国家或社会团体兴办的以全体人民为对象的公益性事业、特别的和专门性的福利事业以及局部性或选择性的福利措施等，如教育、科学、环保、文化、体育、卫生等设施，举办的疗养院、教养院等，又如寒区给予冬季取暖补贴，对住公房的居民给予房租补贴等。群众在享受这些福利事业的服务时，是免费或低费的。

社会福利与社会保障都是国家和社会主持的一项社会公共政策，在实施主体、实施对象、筹资机制、功能作用、实施方式等方面与员工福利存在诸多差异。随着社会保障模式的改革和发展，由于政府财政支付的局限与人民群众日益增长的保障需要之间的矛盾，政府客观上需要各机构、企业举办相应的补充保险等来弥补自身的不足。在这一背景下，企业补充保险在社会保障体系中的份额逐步提高，员工福利与社会保障的联系也就更加密切。

员工福利中的法定社会保险、企业补充保险已经成为社会保障体系的重要组成部分，对整个社会保障体系起到积极有益的支撑作用。

进入21世纪，社会保障改革的步子加快，其发展趋势主要是：其一，调整政府承担社会保障责任的尺度。西方高福利国家的政府，因为陷入经济金融危机，必然会尝试减轻政府的责任，而让企业担负更多的责任，从而给员工福利以很大发展空间。其二，在发展中国家，因为社会保障水平还较低，历史的欠账太多，在经济发展和财政增长的同时，要加大财政对社会保障的投入，并借鉴西方经验，利用后发优势，多元化完善社会保障体系，制定各种灵活的金融、税收政策，促进企业员工福利的发展。

因此，随着社会的发展，员工福利与社会保障的关系将更加密切，无论是对员工福利的研究还是对社会保障的研究，都不能将两者截然分开。

 **案例思考**

高薪能否代替养老保险?

某外商独资公司高薪聘用了黄先生担任副总裁。双方约定,公司支付给黄先生的工资是每月5万元,但不再负责医药费报销、养老保险等。黄先生认为自己还很年轻,同意了公司的做法,同时自己每月从工资中拿出3000元向保险公司投保了一份养老保险。后来,因与公司董事局主席在公司的经营管理上存在重大的分歧,被公司辞退了。黄先生遂要求公司为自己补缴养老保险。在劳动争议仲裁委员会上,黄先生提出公司未给他缴纳养老保险,因而侵犯了其合法权益的行为。但公司认为不为黄先生缴纳养老保险是双方事先约定好的,黄先生不得反悔。

(资料来源:刘新民,《员工关系管理实务》,机械工业出版社2011年版)

问题:

1. 养老保险属于员工福利吗?
2. 假如你是法官,本案你会怎么判决?

分析:

根据《劳动法》第72条规定,参加社会保险、缴纳社会保险费是用人单位和劳动者共同的义务。养老保险作为一种强制性的保障制度,不同于商业保险,二者不可相互替代。养老保险作为劳动保险的重要内容,当然属于企业向员工提供的一种福利。而且,这种福利是法定的,该外商独资公司和黄先生对此都负有法定义务。

第六节 薪酬的支付方式

一、薪酬支付的内涵和依据

薪酬支付是指在基本薪酬制度所确定的劳动标准和薪酬标准基础上,对员工实际耗费的有效劳动数量与应得报酬进行计算和支付的具体方式。

概括地说,薪酬支付的依据有以下几个方面:

(1) 员工从事的岗位;
(2) 员工从事的职务;
(3) 员工具备的技能、能力、资历,员工的工作业绩等。

1. 依据岗位付酬

依据岗位价值付酬是大多数企业采用的方式,岗位价值体现在岗位责任、岗位绩效、岗位贡献、知识技能等级等方面。

2. 依据职务付酬

依据职务付酬是根据岗位付酬的简化,依据职务付酬不能体现同一职务不同岗位的差别。职务和岗位的区别在于：岗位不仅体现层级，还要体现工作性质，如财务部部长、市场经理等；职务一般只表达出层级，不能体现工作性质因素，如科长、部长、主管等。

3. 依据技能付酬

依据技能付酬和依据能力付酬在理论概念上是有区别的，技能是能力的一个组成要素。在企业薪酬实践中，薪酬管理的重要性在于，一般对工人习惯以技能等级付酬，对管理人员一般以能力高低付酬。换言之，技能工资一般应用于蓝领工作，比如机械制造业的技术工人；而能力工资一般应用于白领工作。

4. 依据业绩付酬

指依据个人、部门、组织的绩效进行付酬。即员工薪酬除了和个人绩效、团队绩效有关外，还与部门甚至整个企业的绩效相关。

5. 依据市场付酬

依据市场值的多少进行付酬。

二、薪酬支付的原则

薪酬支付是薪酬管理活动中十分重要的环节，要遵循以下几个原则。

1. 法定货币支付原则

薪酬应当以法定货币支付，不得以实物和有价证券替代货币支付。在一般情况下，在中华人民共和国境内的各企业都应当以法定人民币支付员工薪酬；特定企业（如外商投资企业）或对于特定员工（如外籍员工）可以按规定兑换成外币支付薪酬。法律确定金钱支付原则的目的是确保薪酬满足员工多样化的生活需求，确保员工受领薪酬的便利与安全。

2. 直接支付给本人的原则

企业应当将薪酬支付给员工本人，不能任意支付给其他人。薪酬与一般债务不同，它是员工生活的保障，必须确保员工对薪酬获取的安全性和支配的独立性。直接支付的例外是：员工本人因故不能领取薪酬时，可委托亲属或他人代领；企业可委托银行代发薪酬。为实施直接支付规则，《工资支付暂行规定》还要求，企业必须书面记录支付劳动者薪酬的数额、时间，领取者姓名及其签字，并保存两年以上备查。

3. 全额支付原则

企业必须按照员工实际应得的薪酬数量进行支付，不得克扣。正是基于此规则，我国规定，企业在支付薪酬时应当向员工提供一份其个人的薪酬清单。但有下列情况之一的，企业可以代扣员工薪酬：企业代扣代缴的个人所得税；企业代扣代缴的应由员工个人担负的各项社会保险费用；法院判决、裁定中要求代扣的抚养费、赡养费；法律、法规规定可以从员工薪酬中扣除的其他费用。如果由于员工本人原因给企业造成经济损失的，企业可按照劳动合同的约定要求其赔偿经济损失。经济损失的赔偿可以从员工本人的薪酬中扣除，但每月扣除的部分不得超过其当月薪酬的20%，并且，扣除后的剩余薪酬部分不得低于当地月最低薪酬标准。

4. 及时支付原则

薪酬必须在企业与员工约定的日期支付。法律确立及时支付原则的目的是避免拖欠薪酬，保障员工的生活需要。实行月薪制必须按月支付，薪酬至少每月支付一次；实行周、日、小时制的单位也可以按周、日、小时支付薪酬；如遇节假日或休息日，应提前在最近的工作日支付；对完成一次性临时劳动或某项具体工作的员工，企业应按协议在完成劳动任务后即行支付；劳动双方依法结束或终止劳动合同时，企业应一次性付清员工薪酬；凡拖欠薪酬的，应当按拖欠日期和拖欠金额向员工赔偿损失。

5. 紧急支付原则

员工因遇有疾病、生育、灾难等特殊情况需要使用一定金额时，企业应允许在支付薪酬的日期以前支付薪酬。

6. 优先清偿原则

企业破产或依法清算时，优先拨付破产费用后，员工享有清偿债权（薪酬）的第一优先权。企业应按法律有关规定的清偿顺序，首先支付所欠本单位员工的薪酬。

7. 定地支付原则

我国《劳动法》对于薪酬支付地没有提出明确要求。出于确保薪酬受领的便利和安全考虑，参考国外的有关规定，企业除特别约定或依报酬性质、习惯与其他情形另行确定外，必须以营业场所为薪酬支付地；并且，一般禁止在酒店、旅馆、娱乐场所等易于消费的地方支付薪酬。

8. 诉讼保护原则

员工认为企业有克扣或延付薪酬等侵犯本人薪酬的行为时，有权向有关部门提起申诉或起诉，不论胜诉与否，企业均不得采取报复措施。

 案例思考

工资额与支付方式纠纷

朱先生与某设备公司签订了"使用员工工资与奖金制度"协议，约定：朱先生负责 A 设备的销售工作，每月结款 10 部设备，试用期半年，基本工资 2000 元，奖金是在公司所派任务完成的情况下每部设备提取 20 元；如未完成销售任务，公司有权给予处罚或者不发试用期的基本工资。朱先生从合同签订之日起就开始上班，但是由于在职期间未能推销出设备，公司拒绝向其支付工资。朱先生在试用期内申请辞职，后向劳动争议仲裁委员会提起仲裁申请，要求公司支付工资。

（资料来源：刘新民，《员工关系管理实务》，机械工业出版社 2011 年版）

问题：

1. 该设备公司与朱先生约定"奖金是在公司所派任务完成的情况下每部设备提取 20 元"，该约定是依据什么付酬的？

2. 该设备公司违反了薪酬支付的什么原则？

3. 假如你是法官,此案你会怎么判?

分析:

本案中双方当事人的有关协议违反了《劳动法》的规定:①用人单位支付给劳动者的工资不得低于当地最低工资标准;②工资应当按月支付给劳动者本人;③不得克扣或者无故拖欠劳动者的工资。因此,朱先生与公司的约定是不具备法律效力的。

三、薪酬支付的方式

薪酬支付的基础有三种:职位(position)、能力(potential)和业绩(performance),这就是所谓的"3P"理论。故而薪酬支付的方式有以下三种。

1. 基于职位的薪酬设计

基于职位的薪酬设计所暗含的逻辑是薪酬的支付应该根据职位的相对价值来确定。深入思考,其实这种方式就是要对某一职位所应该履行的义务、承担的责任进行支付,而与谁在这个职位上工作无关,可以简单概括为"对事不对人"。这种方法的优点是职位价值的衡量相对简单,具有较强的客观性,比较适用于传统产业和管理职位等。

2. 基于能力的薪酬设计

基于能力的薪酬设计则与基于职位的正好相反,叫做"对人不对事",即不论员工在哪个职位工作,不论他实际做了哪些工作,只要他自身具备了一定的知识、技能和经验,企业就要支付给他相应的薪酬。这是一种能够有效促进员工学习、成长的方法,通常来说,研发人员、高层管理人员比较适合这种方式。

3. 基于绩效的薪酬设计

基于绩效的薪酬设计比较容易理解,那就是完全依照员工的工作结果来支付薪酬。无论他处于什么职位、拥有什么样的能力、在工作中如何努力,只要最终的绩效结果不好,那么他都无法获得相应的报酬。比如传统的计件工资制就是典型的基于绩效的薪酬方案。基于绩效的薪酬具有更强的公平性、灵活性、激励性。通常来说,销售人员比较适合这种方式。

四、薪酬支付的艺术

1. 遵守按员工的业绩及贡献支付及透明支付的原则

遵守这个原则的理论基础是亚当斯的公平理论。这个理论认为,人的工作积极性不仅与个人实际报酬多少有关,而且与人们对报酬的分配是否感到公平关系更为密切。所以,薪酬的支付必须公平,而按业绩和贡献支付是提高薪酬绩效的核心,也是体现薪酬分配公平性和员工相对价值的客观要求。除了变动的激励薪酬外,固定的基本薪酬部分也应该同样与员工的业绩和贡献挂钩,凡是不该支付的薪资福利一分也不能给,凡是应该给付的薪资福利一分也不要少。

薪酬支付还要遵循透明支付的原则。薪酬制度必须明确、合理和透明。让高绩效的员工得到满足,让低绩效的员工心服口服,这是企业薪酬具有内部公正力的最基本特征和要求。企业实行公开透明的薪酬规则,是让员工信任企业并积极为企业创造价值的重要保障。薪酬保密只是让员工暂时无法获得薪酬比较的参照,对增进员工的内部公平感和薪酬满意度并没有实质帮助。薪酬保密本身就给企业员工一种不信任感。当员工对企业的薪酬产生疑问时,企业与员工之间的隔阂会进一步扩大,员工对企业的忠诚心开始动摇,信任危机开始蔓延。原则上,公平合理的薪酬体系应当是公开的,不仅可以反映每位员工的绩效和价值,也能够让员工了解自己需要提高的技能和职业追求的发展方向。要去除组织任何的"模糊薪酬"的制度,保持薪酬分配管理的公开、公正和透明性。同时,建立员工申诉的有效渠道,让员工能够对认为不合理的分配提出申诉,减少内部矛盾,增进组织的和谐氛围。

2. 正确把握支付的时机

薪酬支付具有很强的激励性。要充分发挥薪酬支付的激励力量,就要把握薪酬支付的时机。不同员工的特性不同,其适用的薪酬支付时机也有所不同。

1)根据年龄选择不同的支付时机

心理学研究证明,人的需要、愿望和自我感受随着年龄的增长而发生着变化。青年员工与年长员工因自身各自的特点决定了他们对薪酬分配具有不同的要求。一般来说,青年员工希望及时给予较大比例的现金报酬,希望得到公平的待遇和更多的晋升机会,希望薪酬方案更具弹性而使其有选择余地,希望得到企业领导更多的奖励等;而年长员工则希望退休后有更优厚的养老金和医疗保险,希望自己长期为企业工作的价值被企业承认并在工龄工资里得到充分的反映,可以接受延时支付的薪酬等。

2)根据需求选择不同的支付时机

人本管理是现代企业管理的发展方向,薪酬管理也应该体现人本管理的精神,对于员工薪酬发放的时间根据员工的需求采取灵活多样的发放形式。一是当员工遇到特殊情况时,企业要采取特殊的处理方式支付薪酬,做到"雪中送炭",帮助员解决困难。二是支付要及时,及时支付能够体现企业对员工贡献的及时肯定,对员工工作积极性和工作热情具有巨大的激励作用。

3)根据工作任务选择不同的支付时机

一个组织有不同类型不同层次的岗位,不同岗位的责任、工作环境、工作强度、工作压力是不同的,要充分发挥薪酬的支付对于提高员工满意度的积极作用,就要针对不同的岗位选择差异化的支付时机。对于劳动环境比较恶劣、工作强度比较大、有一定危险性的岗位,应该采取及时的、高频率的薪酬支付来不断地提高员工的积极性;对于工作条件相对优越的、工作强度比较低的岗位,则可以相应地降低频率,可以适当推迟支付的时间。

3. 注意支付方式的有效性

一般来说,人们对待薪酬都有一种永远不满足的心态。在现代社会中随着生活水平的提高和生活的丰富化,人们的需求更高、更多样化,人们对薪酬的期待更高,也许很多员工所获得的薪酬很高,已经超出了市场的平均薪酬水平,但他们依然觉得不满足。可能企业支出了一笔高薪,但并不能提高员工的薪酬满意感,反而会使员工认为是应该的,同时也会拔高员工对薪酬的心理预期。因此,薪酬的支付要注意支付方式的有效性,如把年终奖金分解,以企业的利润水平确定员工的分配额度;在原薪酬构成中增大绩效工资的比例,使得绩效评估经常化,从而以经常性的"绩效工资"使员工个人收入产生浮动。又如变原来福利性的隐性补贴为现金支付,小投入出大成效,另外,企业最好为员工提供一些他们需要的特殊服务,这些服务是行业其他企业没有的、人无我有的支付项目,使员工有意外收获的感觉。

总之,企业要注意研究薪酬支付方式,通过有效的支付,提高员工的薪酬满意感。

 本章小结

本章主要介绍了薪酬的内涵,报酬、薪酬与工资的区别,工资制度的内涵与种类,影响薪酬的基本因素,薪酬设计的原则和流程,员工福利内涵与特点,以及薪酬的支付方式和艺术。

薪酬是组织对它的员工为组织所做的工作或贡献,包括他们实现的绩效、付出的努力、时间、学识、技能、经验与创造所付给的相应回报。薪酬的功能主要体现在保障和激励方面,同时它也可作为一种社会信号。工资制度常称为薪酬制度,是关于企业定额劳动、标准报酬的制度,主要分为技术等级工资制、职务等级工资制、结构工资制、岗位技能工资制。企业设计薪酬时必须遵循一定的原则,包括战略导向、经济性、竞争性、激励、公平性等原则。狭义的员工福利是企业为满足劳动者的生活需要,在工资收入外,向员工及其家属提供的货币、实物及服务等福利形式。薪酬支付的基础有三种:职位、能力和业绩。

 问题思考

1. 什么是薪酬?报酬、薪酬与工资的区别是什么?
2. 薪酬由哪些部分组成?
3. 薪酬设计的原则和策略是什么?
4. 工资制度可以分为哪几类?
5. 员工福利的内涵与特点是什么?

 互动空间

如何解决福利"众口难调"?

案例材料

你来到一家私营的医药生产企业,被老板任命为总经理。企业的规模不是很大,但生产的品种不错,一年的销售额不少,利润率也不低。新官上任,老板要你将公司的福利政策调整一下,原因是公司"花了很多钱,但讨不到员工的欢心"。公司实行车贴,但没有车的员工怨声载道;公司实行免费入托,可是没有小孩或小孩不上幼儿园的员工又颇有微词;逢年过节,公司统一给员工送的礼物也引起不少员工的不满,认为不如红包、奖金实惠。

(资料来源:薪酬管理案例分析,百度文库)

讨论话题

面对着福利的"众口难调",你如何打理好,让员工对公司的福利满意呢?

 实践活动

分析一个公司的薪酬设计

活动目标

通过结合课本的内容,详细了解一家公司的薪酬制度是怎样设计的,从而掌握分析企业薪酬设计的方法,并尝试为改进薪酬制度提出建议。

背景材料

以自己所选取的公司的具体薪酬设计状况为背景。

训练要求

(1)选取一家自己感兴趣的公司,搜集资料,详细了解其薪酬制度设计。
(2)根据该公司的具体情况,填写表5-8。
(3)尝试分析该公司薪酬设计中存在的不足,并提出改进的建议。

表5-8 分析一个公司的薪酬设计

内　　容	所选的方式	具体的做法
薪酬设计策略		
薪酬设计原则		
薪酬设计的基本模式		

注:可以是分析整个公司的薪酬设计,也可以分析该公司某部门或者某类员工的薪酬设计。

作 业 习 题

一、判断题(共10小题。请在正确表述后打"√",在错误表述后打"×"。)

1. 薪酬必须具备两大要素:一是基于对组织或团队的贡献;二是这种贡献必须足够大。   (　　)

2. 报酬一般可以分为内在报酬和外在报酬两大类。   (　　)

3. 工资制度常称为薪酬制度,企业工资制度是关于企业定额劳动、标准报酬的制度。   (　　)

4. 我国现在主要有两种工资形式:计件工资和计时工资。   (　　)

5. 社会福利的本质特征主要包括这几个方面:福利性、社会化、全民化、以服务保障为主等。   (　　)

6. 企业应当将薪酬支付给员工本人,不能任意支付给其他人,包括其委托人。   (　　)

7. 由于员工本人原因给企业造成经济损失的,企业要求其赔偿经济损失。经济损失的赔偿可以从员工本人的薪酬中扣除,一般扣除的部分为当月薪酬的50%。（ ）

8. 企业可以设计"模糊薪酬"的制度,这样可以防止员工攀比,比薪酬分配公开效果更好。（ ）

9. 员工福利其实就是社会福利。（ ）

10. 薪酬必须在企业与员工约定的日期支付。实行月薪制必须按月支付,薪酬至少每月支付二次。（ ）

二、单选题(共8小题。多选、不选或错选均不得分。)

1. 薪酬体系设计的起点是（ ）。
   A. 工作计划　　　B. 人员配备　　　C. 职位评价　　　D. 业绩

2. （ ）指在一个岗位内设置几个工资标准,以反映岗位内部不同的员工之间的劳动差别。
   A. 一岗一薪制　　B. 一岗数薪制　　C. 资历工资制　　D. 岗位技能工资制

3. 职位评价以（ ）为评价对象。
   A. 个人　　　　　B. 业绩　　　　　C. 职位　　　　　D. 职称

4. 职位评价的结果是（ ）。
   A. 职位分析　　　B. 职位描述　　　C. 职位评价过程　D. 薪酬结构

5. 薪酬具有的主要两大功能是保障和（ ）。
   A. 调节　　　　　B. 保持　　　　　C. 稳定　　　　　D. 激励

6. 社会保障一般具有的特点是（ ）。
   A. 强制性　　　　B. 不公平性　　　C. 营利性　　　　D. 差别性

7. 薪酬支付是薪酬管理活动中十分重要的环节,要遵循的原则有（ ）。
   A. 优先清偿原则　B. 科学性原则　　C. 节约性原则　　D. 差别性原则

8. 劳动保险具体来讲应该是"五险一金",包括养老保险、医疗保险、失业保险、工伤保险和生育保险,"一金"指的是（ ）。
   A. 住房公积金　　B. 企业年金　　　C. 养老金　　　　D. 退休金

三、案例分析题(共2个案例,10个单选小题。多选、不选或错选均不得分。)

案 例 一

A公司是一家知名的家电生产企业,该公司为了打破论资排辈现象,进一步体现对内公平的原则,自2002年起推行薪资制度改革,开始实施岗位工资制。其内容是:以市场、行业差别确定公司各类岗位的工资差别和标准,通过工作岗位评价,确定各岗位的薪点数。同时,每个月按照所属单位的经济效益,折算出各个岗位的绩效薪点值。该公司所推行的这种岗位加绩效的弹性等级薪点之薪资制度,避免了公司原来实行的薪资制度的种种不足。

改革初期,成效是巨大的,然而,随着时间的推移,尤其是当公司规模迅速扩大,管理机构和管理人员急剧增加时,该工资制度的弊端也逐渐显现出来。员工工资连续一年甚至更长时间没有调整,奖金没有发放,这对任何一个有上进心的员工来说都是一件十分沮丧的事情,因为他不清楚公司对自己工作情况的评价如何。渐渐地,越来越多的优秀人才相继离开公司,而继续留在公司的员工也议论纷纷。面对人才流失、士气低落,以及公司竞争力的削弱,公司高层专门召开了一次薪资问题专题会,虽然大家一致认为,公司的薪资制度改革势在必行,但对"应该如何对薪资制度进行改革"、"改革从何处下手"、"最终应该建立怎样的薪资管理体系"等问题争议很大,没有形成一致的意见。

（资料来源：企业人力资源管理师二级（国家职业资格二级）统考试题——理论试卷2009年）

1. 案例中,从该公司薪资制度的适用性上看,其主要适用于（　　）类岗位。
   A. 一线生产人员　　B. 市场营销人员　　C. 经营管理人员　　D. 产品研发人员
2. 从该公司的薪资制度的结构上看,岗位薪点值能够体现的是（　　）。
   A. 员工的实际贡献程度　　　　　　B. 各岗位员工的劳动差别
   C. 员工的资历　　　　　　　　　　D. 部门的经济效益
3. 案例中,造成人才流失、士气低落以及公司竞争力削弱的主要原因是（　　）。
   A. 薪酬体系不能反映员工的实际贡献程度
   B. 很多员工工资长时间不涨
   C. 员工的工资水平不高
   D. 公司没有发展前景
4. 科学合理的薪资制度应体现的基本要求是（　　）。
   A. 体现企业发展战略的要求　　　　B. 强化企业的核心价值观
   C. 完善薪酬管理的基础工作　　　　D. 以上都是
5. 该企业的薪资制度主要存在的问题是（　　）。
   A. 没有认真贯彻执行现行的薪资制度　　B. 未实现岗位工资与绩效工资的联动
   C. 没有坚持薪资对外公平的原则　　　　D. 以上都是

案 例 二

YT公司是一家大型的电子企业。2006年,该公司实行企业工资与档案工资脱钩,与岗位、技能、贡献和效益挂钩的"一脱四挂钩"工资、奖金分配制度。主要内容如下：

一是以实现劳动价值为依据,确定岗位等级和分配标准,岗位等级和分配标准经职代会通过形成。公司将全部岗位划分为科研、管理和生产三大类,每类又划分出10多个等级,每个等级都有相应的工资和奖金分配标准。科研人员实行职称工资,管理人员实行职务工资,工人实行岗位技术工资。科研岗位的平均工资是管理岗位的2倍,是生产岗位的4倍。

二是以岗位性质和任务完成情况为依据,确定奖金分配数额。每年对科研、管理和生产工作中有突出贡献的人员给予重奖,最高的达到8万元。总体上看,该公司加大了奖金分配的力度,进一步拉开了薪酬差距。

YT公司注重公平竞争,以此作为拉开薪酬差距的前提。如对科研人员实行职称聘任制,每年一聘。这样既稳定了科研人员队伍,又鼓励优秀人员脱颖而出,为企业长远发展提供源源不断的智力支持。

（资料来源：金圣才,《企业人力资源管理师（二级）过关必做习题集》,中国石化出版社2009年版）

1. 以下哪项不属于YT公司薪酬体系的优势（　　）。
   A. "一脱四挂钩"工资分配制度

B. 将全部岗位划分为科研、管理和生产三大类
C. 加大奖金分配力度拉开薪酬差距
D. 重点提高可替代性员工薪酬水平

2. YT公司将每类岗位细分为10多个等级,每个等级都有相应的工资和奖金分配标准,以反映岗位内部不同的员工之间的劳动差别的是(　　)。

A. 一岗一薪制　　　B. 一岗数薪制　　　C. 资历工资制　　　D. 岗位技能工资制

3. 薪酬具有两大功能,分别是激励和(　　)。

A. 调节　　　　　　B. 保持　　　　　　C. 保障　　　　　　D. 稳定

4. 从广义上说,薪酬可以分为(　　)。

A. 内部薪酬和外部薪酬　　　　　　　B. 直接薪酬和间接薪酬
C. 组织薪酬和个人薪酬　　　　　　　D. 基本薪酬和激励薪酬

5. 薪酬制度设计的第一个步骤是(　　)。

A. 职位结构设计　　B. 进行工作分析　　C. 人员分配　　　　D. 职位评价

第六章 纪律管理

 能力要求

了解纪律管理的概念和种类;
了解问题员工的概念及形成原因,掌握问题员工处理策略与方法;
了解员工申诉的基本概念,掌握申诉处理的程序和操作要点。

 考核重点

纪律管理的种类;问题员工;问题员工的成因;问题员工管理;申诉及作用;员工申诉处理程序。

 案例导入

企业应当怎样惩处违纪员工

王某,任职于 A 公司,是财务部的出纳。某天上班时,王某到自选商场购买家用产品,结果被财务部经理看见。经理警告王某,上班时间不得随意外出买东西,若再有类似事件发生,公司会做出严肃处理。一个月后王某又在上班时间溜到公司外买水果,碰巧被正在商场买办公用品的财务部经理发现。

根据公司《员工守则》的规定,对上班时间逛商场、买东西的过失行为,第一次书面警告;第二次再犯,立即解除劳动合同。针对王某的两次违纪行为的事实,公司遂决定解除王某的劳动合同。王某不服,认为自己虽然有两次违纪行为,但是在第一次违纪时公司并没有进行书面警告,因此不能立即解除劳动合同。

公司则认为,王某的两次违纪事实清楚,证据确凿,公司根据《员工守则》的规定,解除劳动合同有理有据。至于公司没有给她书面警告,那只是程序上的小问题,并不能影响对王某两次违纪行为的认定和处理。

(资料来源:吴慧青,《如何进行员工关系管理》,北京大学出版社 2004 年版)

启示:

公司纪律管理的相关规定和申诉处理程序为确保劳动合同的贯彻执行提供了基本的保障机制,有利于避免用人单位随意违反劳动合同的规定。同时,公司应自觉地严格遵守公司纪律管理规定,通过对员工的奖励或处罚措施来纠正、塑造以及强化员工行为,不得滥用公司的纪律管理规定,随意奖励或处罚员工,这样才能服众。

本案中,公司应严格遵守解除劳动合同的程序,在对王某的第一次违纪行为未给予书面警告的情况下,当王某第二次违纪的时候,就不能直接产生解除劳动合同的法律后果。因此,公司不能同王某解除劳动合同。

第一节 纪律管理概述

人们常说,没有规矩不成方圆。一个组织若没有规章制度来规范和约束员工行为,是很难保证组织目标达成的。一个组织的规章制度是为了形成一定的纪律,进而促使组织活动有秩序、有组织地进行而制定和实施的。

广义上讲,纪律就是秩序,是企业员工的自我控制及有秩序的行为,是组织内部真诚合作的体现。纪律并不意味着遵守僵硬的规定和严格的信条,而是指规范有秩序的活动。在一个组织中,良好的纪律能确保全体成员的利益,同时也不会侵犯他人的权利。狭义的纪律指的是消极的惩戒。

纪律内容因组织的性质、类别的不同而不同。而纪律管理则是员工关系管理的重要内容之一。组织有了纪律的维护,才能使员工遵循一定的工作规则,养成遵守制度的习惯,进而达成工作的目标。

一、纪律管理及理论基础

1. 纪律管理的概念

纪律管理是员工关系管理的一个重要职能,是一种人事奖惩制度。它是运用奖励和惩罚措施来纠正、塑造以及强化员工行为,从而维持组织内部良好秩序的过程;或者说是将组织成员的行为纳入法律的环境,对守法者给予保障,对违法者予以适当惩罚的过程。

2. 纪律管理的种类

纪律是一种行为准则。导致纪律问题产生的原因有多种,它通常与员工的不正当行为和工作态度、管理者不当的管理方法,以及组织不合理的政策和期望联系在一起。根据纪律管理的功能和作用,可以将纪律管理分为预防性和矫正性两类。

1) 预防性的纪律管理

该类管理主张采用积极有效的激励方法,鼓励员工遵守劳动标准和规则,以预防违规行为的发生。

2) 矫正性的纪律管理

此类纪律管理是指当出现违规行为时,为了阻止违规行为继续发生,使员工未来的行为符合标准规范而采取相应的矫正措施。典型的矫正性纪律管理是采用某些处罚形式,如警告、降职,或暂停付薪等对员工的违规行为进行矫正,防止类似行为的再次发生。

3. 纪律管理的理论基础

1) 组织行为调适理论

纪律管理的主要理论基础是组织行为调适理论。所谓组织行为调适,是指塑造员工行为以使其合乎组织的期望与要求。它是在员工个人表现正确行为时予以奖励,而在表现不当行为时给予惩罚。经过这样的行为修正,员工自然而然地了解到什么是应该做的、什么是不应该做的,从而纠正员工的行为,完成组织的目标。

组织行为的调适实质上是强化理论的应用,意在使员工的正面行为不断地重复出现,而使负面行为受到抑制。正面行为可纳入激励管理,而负面行为则归于纪律管理。

2) 内外控型人格理论

纪律管理的另一理论基础是内外控型人格理论。该理论将人格分为两种类型:外控型和内控型。内控型人格,认为生活中发生的事件,根源在自身,成功是个人努力的结果;外控型人格,认为个人生活中的主导力量是外力。内控型员工认为自己是命运的主宰者,较倾向于自我约束,而不愿外力的强制约束;相反,外控型员工则认为自己的命运受制于外力的操纵,其本身并无强烈的改变自己命运的主动意愿。

由于员工个人性格特质不同,在纪律管理上应有所差异。对于内控型员工,要重于自我约束及修正,以激励管理为主;对于外控型员工,则应多用禁止和处罚,以纪律管理为主。

二、纪律管理的原则和程序

1. 纪律管理的基本原则

纪律管理是以奖惩为手段,以达到员工遵守工作规则、提高工作绩效的目的。其中,惩罚本身不是目的,它应被视为员工学习的机会,以及用来改善生产或服务以及人际关系的工具,否则惩罚将失去其应有的作用和目的。因此,纪律管理应遵循道格拉斯·麦格雷戈所提出的"热炉法则"。所谓热炉法则,是指倘若有员工在工作中违反了规章制度,就要像去碰触一个烧红的火炉一样,一定要让他受到"烫"的处罚。此种纪律的实施应是直接针对行为,而不是个人。运用热炉法则进行纪律管理时,应注意以下三点。

1) 立即性

立即性是指纪律的惩罚应当快速,必须尽可能地不采用情绪化、不合理的决定。此种惩戒就像热炉一样立即燃烧,其间并不考虑惩戒的因果关系之问题。凡是触犯工作规则者,应立即受到惩罚,以免后来者仿效。

2) 预先警告性

预先警告性是指用以作为惩罚的工作规则,乃是预先设置的;目的是促使人们知道它的存在,以免触犯相关的规则。就像热炉的存在一般,可避免人们去触摸。如此一来,纪律规则就具有了预先警告的作用。一般而言,只要有工作的纪律规则存在,即使违反者不知道有这样的规则,仍具有惩戒效力,不可因不知而免受惩戒。

3) 一致性

一致性是指任何个人,只要触犯同样规则的动机和行为一样,都应有同样的惩戒措施,不因其地位的高低、工龄的长短等因素而有所不同。换言之,这种纪律惩戒是针对行为而非个人而采取的。这就像热炉用同样的温度去灼伤触摸它的每一个人,不管他是谁一样。人们之所以受到惩戒,是因为他们做了什么,而不是因为他们是谁。这种一致性可以维护工作纪律的遵守,营造良好的纪律管理氛围。当然,就行为结果而言,惩戒可因个别差异而有不同的惩罚,但一致性是惩戒的基本原则。

总之,纪律管理的实施,应让每位员工觉得在相同的环境和条件下,所有员工都会受到同样纪律的约束。管理层必须确保人格特质不是运用纪律管理的因素;也就是说,纪律惩戒是员工做了某些事的结果,而不是因为人格特性引起的。这样才能维持管理者的尊严和组织纪律的权威性、稳定性。

2. 纪律管理的程序

纪律管理的程序,主要包括确定纪律管理目标、拟定工作和行为规范、沟通目标与规范、评估员工行为、修正员工行为。管理者首先要确立纪律管理目标,与员工进行沟通,并据此来评价、修正员工行为。纪律管理程序的目的,在于防范问题员工,协助员工成功,从积极方面促使员工自我约束。

1) 确定纪律管理目标

确定纪律管理目标,也就是制定纪律政策规范的目标,在于引导和规范员工工作行为,并使之井然有序,以提高企业生产力,达成组织目标。确定纪律管理目标的意义在于确保组织目标的实现,保障员工个人合法权益。

2) 拟定工作和行为规范

凡是直接或间接影响企业生产力或企业目标达成的事项,都应当拟成具体的纪律政策规范,以规范员工工作行为。纪律政策规范应当公平合理,简单明确,避免模棱两可、含糊不清,造成执行中的困难,引发员工的反感和抗议。通常,纪律政策规范应当涵盖工作行为的各个层面。

3) 沟通目标与规范

纪律政策规范要得到切实执行和遵守,必须获得员工对其目标和内容的了解,因而制定纪律政策规范最好能有员工参与,确保员工对规则的支持与实践意愿。

4) 评估员工行为

定期和不定期地记录员工平时工作表现,并运用于绩效评估;对企业纪律政策规范及员工行为予以检讨和评估,作为管理决策的参考。

5) 修正员工行为

在绩效评估之后,应对员工不当工作行为予以检讨,并实施适当的惩戒措施予以修正。

第二节 问题员工的管理

在现代企业的发展中,企业员工的素质是决定企业经营成败的重要因素。塑造一支高素质的企业员工队伍,是企业管理者的重要任务。对企业的管理,归根到底是对人的管理。很多企业的员工队伍里都有不同程度的问题员工存在。这些员工分布在队伍的各个层面,虽然数量不多,但对于团队管理者来说,也足够"闹心"的了。他们的存在,令管理者不得不拿出更多的时间来专门"对付"这些问题员工。他们的管理方法有时也很简单,要么就"专政",即将这些难缠的问题员工或工作"禁闭"或"淘汰出局";要么就"委曲求全"、"网开一面",即对这些问题员工睁一只眼闭一只眼,甚至有时对"太岁头上动土"的情形也姑且忍让。因此,对问题员工的管理是现代企业管理者最头疼的问题之一。如何对问题员工进行界定?产生问题员工的原因是什么?应当怎样管理问题员工?这三个方面是问题员工管理中最为关键的问题。

一、问题员工的概念

1. 问题员工

问题员工就是表现不佳的员工。而员工的不佳表现一般是指以下两种情况:

第一,不能正确地行动或者达不到规定的工作标准和质量要求;

第二,不符合企业的期望或者要求,甚至有逆反、对抗或者破坏行为。

按照管理学中的"二八法则",这些员工一般只占员工总数的一小部分,但是给管理者带来很大的负担,使管理工作难以开展,并容易给企业和群体造成较为严重的危害。因此,发现"问题员工"、防范"准问题员工",成为员工关系管理中一项非常重要又棘手的问题。问题员工往往有很多不同的表现,因此可以通过观察员工的日常表现来发现问题员工。

2. 问题员工的表现

问题员工一般具有下面的具体表现:

(1) 技能不能满足工作要求;
(2) 推卸责任;
(3) 行为异常;
(4) 发表怪谈、牢骚、反对言论;
(5) 有能力但没有热情,缺乏主动性;
(6) 不与人往来、沟通;
(7) 发脾气,粗暴,冷漠;
(8) 消沉、不合作,甚至破坏;
(9) 工作表现退步,事故增多;
(10) 不介意惩罚,不介意前途;
(11) 完不成明显力所能及的工作,敷衍了事;
(12) 寻求新的寄托和机会。

 思维练习

你会成为问题员工吗?

结合自己的实际情况,看看自己身上有什么缺点是跟问题员工的表现相吻合的,然后想想有何方式能够改掉这些缺点,填写表6-1。并在日后的生活中督促自己改掉这些缺点,防止自己成为问题员工。

表 6-1　你会成为问题员工吗？

缺　　点	对应的问题员工的表现	如何改掉缺点

二、问题员工的成因

问题员工之所以会成为有"问题"的员工,肯定是有某些"问题"或"症结"未能得到及时的解决。因此,针对员工存在的不同"问题",深入挖掘,探其实质,是有效解决这些"问题"的关键所在。对于问题员工来说,关键是要找出他们的需求所在,然后尽量去满足这种需求,引导他们重新投入到工作中来,从而焕发其工作活力。问题员工是"问题"的载体,要管理好问题员工,就必须分析其形成原因。问题员工的形成原因一般有以下五个方面。

1. 企业组织原因

企业组织存在的问题是问题员工产生的根本性原因,这些问题包括组织机构设计不合理、监督控制激励机制不健全、薪酬体系不合理、管理制度不健全、权责不清、员工配置不合理、选拔不力等。

2. 领导体制原因

领导体制存在的问题是问题员工产生的重要因素。例如:领导方式简单粗暴,独断专行,不懂得授权;缺乏良好的沟通机制,与下属沟通不够,不懂得支持下属的工作。还有管理者的态度和认识问题,如不重视员工、缺乏人本管理观念;对员工期望过高或过于苛刻,经常提出不合理的工作要求和条件,以致其无法完成工作任务,造成员工的压迫感、挫败感等。

3. 企业文化原因

企业文化是影响员工素质的重要因素,如果企业缺乏优秀的企业文化,比如企业舆论评价差,价值取向不好,组织习惯散漫,没有员工职业辅导和员工职业生涯规划,没有健康的经营理念,对资本、权力等管理资源过于依赖等,都会产生大量问题员工。

4. 工作条件和环境原因

工作条件和环境是影响员工素质的一个重要因素,如果工作地点令人不满意、工作环境恶劣,或者人际关系紧张、员工之间歧视严重等,都会促使问题员工的出现。

5. 员工自身原因

员工自身原因也是问题员工产生的重要因素。如工作能力差,缺乏必要的技能,以致无法正确地执行工作任务,甚至损坏生产原料或设备;由于训练发展培训不够充分、工作态度不好、缺乏工作意愿、缺乏责任心、缺乏工作的主动性和积极性等,从而成为低效率员工,终而衍生违规行为;讨厌工作规则,不喜欢受约束,发生抗命行为等。

三、问题员工的管理

问题员工常常会挑战企业制度的底线,扰乱正常的管理秩序。一方面,问题员工所涉及的层面相对广泛,员工个人问题又具有隐私性,而且这些问题员工的行为往往带有群体性、集中爆发性和危害深远性等特点。另一方面,由于这些人不一定受惩罚,其他员工便可能会产生敌视、愤怒情绪,进而对企业整体环境和管理氛围造成影响。因此,管理好这些问题员工,不仅仅是管理者的职责,也涉及企业每个员工的利益。应采取积极合理的措施,通过预防、惩罚甚至辞退,对这些不良行为进行防范和管理。

1. 预防

员工的不佳表现应该以预防为主。可以通过员工的培训解决员工自身存在的技能欠缺、工作态度差等问题;通过企业培训解决组织、制度、体制方面存在的缺陷,改善领导工作作风;加强沟通,确认问题所在;建立民主包容的组织文化,增强员工归属感。也可以通过关注员工非工作因素——家庭因素、健康因素、社会人际因素等,满足其社会心理需要,改变员工的心理倾向,从而改进工作绩效。

2. 惩罚

惩罚是进行问题员工管理不可或缺的方法。它是在纠正违规员工的同时,保护其他员工免受不公平的待遇,同时也能起到预防作用。有效的惩罚措施是不应随意使用的,它应按照预先设定好的规章制度来执行。同时做到对事不对人,以惩戒教育为主。具体的惩罚制度应根据不同企业的不同情况而定。执行惩罚制度时,要特别注意问题员工错误的原因、动机、目的,做到不偏不倚,这样才能达到惩罚的目的。若惩罚不当,对问题员工和其他员工的日后工作的开展,都是十分有害的。

 案例思考

一个美国大兵的故事

越南战争后,一个美国大兵从战场归来。在旧金山机场,他给自己的父母打了一个电话:

"爸爸,妈妈,我要回家了。但我想请你们帮我一个忙,我要带我的一位朋友回来。"

"当然可以。"父母回答道,"我们见到他会很高兴的。"

"有些事情必须告诉你们,"儿子继续说,"他在战场上受了重伤。他踩到了一个地雷,失去了一只胳膊和一条腿。他无处可去,我希望他能来我们家一起生活。"

"我很遗憾听到这件事,孩子,也许我们可以帮他另找一个地方住下。"

"不,我希望他和我们住在一起。"儿子坚持。

"孩子,"父亲说,"你不知道你在说些什么,这样一个残疾人将会给我们带来沉重的负担,我们不能让这种事干扰我们的生活。我想你还是快点回家来,把这个人给忘掉,他自己会找到活路的。"

就在这个时候,儿子挂上了电话。父母再也没有得到他们儿子的消息。过了几天后,他们接到旧金山警察局打来的一个电话,告知他们的儿子从高楼上坠地而死,警察局认为是自杀。悲痛欲绝的父母飞往旧金山。在存尸间里他们惊愕地发现,他们的儿子只有一只胳膊和一条腿。

(资料来源:张晓彤,《员工关系管理》,北京大学出版社 2003 年版)

问题:

该案例对我们管理问题员工有什么启发?

分析:

故事中的父母就和我们大多数一样,喜好面貌姣好或谈吐风趣的人很容易,但是要喜爱那些造成我们不便或不快的人却太难了。我们总是和那些不如我们聪明、美丽或健康的人保持距离。能够接纳别人,不论他们是怎样的人,也是一种很难能可贵的品质。放弃一个人需要付出很大的代价。

管理问题员工,并不是淘汰这些员工,而是要尽力达到一种和谐的境界。使这些员工和管理者达到和谐,和其他员工达到和谐,和整个公司的文化达到和谐。

 经验分享

海尔集团惩罚员工的原则

- 惩罚要实事求是

惩罚一定要实事求是,不能捕风捉影、道听途说,更不能无中生有。惩罚以事实为依据,一就是一,二就是二,不夸张,不随便"上纲上线"。这样,才能使受罚者服气。

- 惩罚要给出路

惩罚不能一棍子打死,不能使被惩罚者丧失信心;惩罚要以说服、鼓励工作为主。

- 惩罚要有依据

惩罚要有足够的依据,不能凭主观意志决定。

- 要选择适当时机

惩罚要弄清事实之后进行。既不能操之过急,又不能久拖不决。太急了容易发生偏差,太迟了人们对此已经淡漠,起不到教育作用。

- 惩罚要治病救人

惩罚后要对被惩罚者予以关心和指导,不能一棍子打死;要教育被惩罚者在自己跌倒的地方爬起来,化消极为积极。

(资料来源:戴建如、廖利、陈玉华,《海尔集团管理制度评价及借鉴》,《商业时代》2005 年第 9 期)

3. 辞退

若员工存在的问题十分严重或者屡教不改,在符合相关的纪律管理规定下,必要时应当予以辞退。

员工辞退是指劳动合同期限未满,企业将不能达到要求的员工淘汰,提前终止劳动合同的一种行为。员工辞退必须依法,必须有事实根据,并依照一定的程序,辞退的员工必须办理相关手续,并依法给予一定的补偿。在辞退员工时,企业要告知其辞退理由和具体的辞退方案,以及合同认定的工资支付、福利待遇、工作交接等方面。避免员工辞退处理不当引发一些负面影响。这些负面影响包括以下内容。

第一,激化被辞退人员与企业的矛盾,影响企业的声誉。

处理不好员工辞退事宜,势必会对企业造成不良影响。如果被辞退人员从事宣传、营销等与媒体保持密切关系的工作,这种不良传播的影响会进一步扩大。不良口碑的传播会影响企业招聘新人,影响企业内部团结。如果矛盾激化到一定程度,还可能直接导致高级管理人员或具有一定影响力的管理者跳槽到竞争公司或者促使他创办类似公司,无形中为企业增加了一个"对手"。

第二,辞退不当会让在职员工感到不安,担心自己是否也会落到同样的下场。

对于员工来说,辞退不是一件小事。面对曾经的同事,其他员工很容易把他的遭遇"照搬"到自己身上,进而推测管理者的处事方法和能力,对管理者和企业产生不信任感,影响企业的凝聚力。许多管理者在辞退普通员工时比较随意,其实杀鸡往往猴会看。开诚布公,让在职员工了解到企业是依法辞退,这样既能有效预防问题员工的出现,又能加强企业的劳动纪律管理。

 经验分享

辞退员工时可能出现的反应和对策

辞退员工时可能出现的反应和对策见表6-2。

表6-2 辞退员工时可能出现的反应和对策

反　　应	感　　觉	相　应　对　策
敌意、生气	很受伤、生气、失望	① 用试探性的语言总结你听到的话,如"听说你对这件事情很生气"; ② 员工生气时,避免正面面对他,更不要发生争吵; ③ 保持客观态度,坚持事实,并向员工提供对他日后有帮助的信息
防卫性强、讨价还价	罪恶感、害怕、不确定感、不信任感	① 让员工清楚你知道这是一个困难的处境,如果是你,你跟他的感觉一样; ② 不要掺入任何讨价还价的讨论; ③ 提供将来可能提供的帮助,必要时引入心理辅导程序
正式的、程序化的	抑制着不满、控制着情绪,但想要报复	① 给员工自由谈论的机会,只要不离题; ② 尽量避免环顾左右而言他,不要谈论所谓的"办公室政治"; ③ 保持平静的语调
坚忍克己	震惊、不相信、麻木	① 跟员工沟通表达理解,如果员工不反对,立即跟员工沟通下一步的做法; ② 问员工此时是否有什么具体问题。若没有,告诉员工下一步企业可以提供的帮助

续表

反应	感觉	相应对策
哭哭啼啼	忧愁、悲伤、焦虑	① 提供纸巾让员工哭够再说; ② 避免诸如"哭什么,这有什么大不了的"之类的话语; ③ 当员工平息下来后,解释事实及下一步的计划

(资料来源:程向阳,《辞退员工管理与辞退面谈技巧》,北京大学出版社2003年版)

因此,员工辞退对于企业的管理来说是一个很严肃的问题,处理不当就会发生消极的影响。员工辞退应当遵循一定的原则,主要包括以下几方面。

(1) 公正性。

对员工进行辞退应当做好全面考核工作,不可偏听偏信,更不能公报私仇。对于曾经为公司作出贡献的员工,应当尽量在本企业内为其寻找其他合适的岗位,或者推荐到其他单位工作。辞退的公正与否,会影响到在职员工的积极性,若是不慎开除了工作能力强、人品好的人,会让在职员工的士气在很长一段时间内走不出低谷。

(2) 公开性。

员工辞退应尽量及时公开辞退理由,以免引起在职员工的胡乱猜测,影响正常的工作秩序。此外,在被辞退员工离开时应当尽量给其尊重,让他体面离开。如可以领导出面、同事参与,为其开个送行会,在会上对其为公司作出的贡献进行总结。开送行会,不单是考虑被辞退人员,更重要的是向在职员工展示良好的企业文化,增加向心力。

(3) 人性化。

被辞退的员工对企业来说仍具有价值,企业应当对其进行正确的员工离职关系管理,即在员工正式离开企业后,仍然把他们看做是企业人力资源的一部分,关注其职业发展和工作动态,并且应当与辞退人员保持密切联系,随时欢迎被辞退人员吃"回头草"。被辞退人员离开后往往会对企业的管理、营销、生产等有更理性的建议和意见,而且一般对"旧主"都有一种怀旧情结,很乐意帮助原效力企业。例如,在节日打个电话给被辞退人员,也许会有意想不到的收获。因此,关心被辞退员工不但能让企业得到实惠,更重要的是让在职员工有种归属感。

(4) 合法性。

根据国务院发布的《国营企业辞退违纪职工暂行规定》(国发〔1986〕77号)第2条规定,企业对有下列行为之一,经过教育或行政处分仍然无效的员工,可以辞退:

① 严重违犯劳动纪律,影响生产、工作秩序的;
② 违反操作规程,损坏设备、工具,浪费原材料、能源,造成经济损失的;
③ 服务态度很差,经常与顾客吵架或损害消费者利益的;
④ 不服从正常调动的;
⑤ 贪污、盗窃、赌博、营私舞弊,不够刑事处分的;
⑥ 无理取闹,打架斗殴,严重影响社会秩序的;
⑦ 犯有其他严重错误的。

值得注意的是,随着《国营企业辞退违纪职工暂行规定》在2001年10月6日被废止,辞退违纪员工针对性的法律依据也相应没有了。辞退违纪员工的权力实际上被下放给了用人单位,用人单位可以根据劳动合同中的约定或内部制定的相应的规章制度来辞退员工。而现在所谓的辞退实际已成为解除劳动合同的一种形式。因此,现在辞退员工的法律依据是《劳动法》第25条和《劳动合同法》第39条。

 案例思考

应该辞退这样的员工吗?

有一个老工人,兢兢业业、勤勤恳恳地为公司服务了十几年。他尽管大错不犯,但是小错却不断。例如他被经理发现连续两次违反安全制度,第一次公司给了一个书面警告,并且白纸黑字地写下了"下不为例,否则马上终止劳动合同"的协议。结果是,这位老工人很快就再一次犯了重复的错误。经理为此很犹豫,不知道是应该留着他,还是辞退他。

(资料来源:胡宝珠,《如何管理有"缺点"的员工》,北京大学出版社2004年版)

问题:

应该辞退老工人吗?

分析:

遇到上例中的两难情况,为了维护公司纪律的权威性,必须辞退这名老工人。因为,当一名优秀的员工犯错的时候,会比普通的员工更受关注,几乎所有人都想知道公司会如何处理这名员工。在这种情况下,即使再优秀的员工,也要按照员工手册上白纸黑字的制度去执行,况且还签订有协议在先。如果通过这次事件发现了制度上的不完善,可以从下次开始采取预防性管理,例如修改相关条款等。还可以把这一事件作为典型案例对其他员工进行预防性提示,这样可以取到很好的效果。

第三节　处理员工的申诉

员工如果感到没有得到公平的待遇,或者对雇佣条件不满,都会影响其工作情绪、降低工作效率、增加意外事件的发生,从而严重打击其士气,甚至可能使其成为问题员工。因此,企业应当提供员工正常发泄其意见和不满情绪的渠道,化解内部紧张关系,进而消除劳资争议。这个渠道就是申诉。

一、申诉的概念

申诉是指员工对组织的管理政策制度、对上级的工作方法、对其所受的处分等方面的不满进行的投诉。它是用正式的、事先安排好的方式,为澄清员工和组织管理之间的纠纷提供一种解决机制。申诉有利于劳资双方在不同层次上的协商,确保员工问题能得到及时有效的解决。申诉一般分为个人申诉和集体申诉。个人申诉的申请人通常为1~2人,是指个人向工会组织、企业劳动争议调解委员会就自己所受到的处罚或侵权事件请求予以撤销或改正的行为。集体申诉的申请人通常为2人以上,是指集体向工会组织、企业劳动争议调解委员会就自己所受到的处罚或侵权事件请求予以撤销或改正的行为。

二、申诉的作用

1. 申诉是执行集体协议的保障

申诉与集体协议相结合,成为使用与解释集体协议的行政机制,可以用以对抗不法的争议行为,从而确保了协议的整体性,这对劳动法律制度和集体协议的落实至关重要。

2. 申诉为劳资双方进行补充协议的谈判奠定了基础

为了保持一定的灵活性和避免罢工,有时集体协议在某些条款的措辞和具体内容上有意留有余地。申诉程序为解释和运用这些模糊条款提供了一种机制,使得劳资双方在必要时能诉诸仲裁。

3. 申诉是处理争议的一种有效机制

申诉为员工提供了依照正式程序,维护其合法权益的救济渠道。多层次的申诉程序安排,有助于劳资双方利用一切机会达成共识、解决纷争,而不是被迫接受仲裁者的解决方案。

4. 申诉为员工提供了一种表达不满的渠道

这种不满可以是对于一般情况的不满,也可以是对于管理方提供的具体待遇条件的不满。这样,申诉就为个人或群体表达心声提供了一种机制,能够疏解员工情绪、改善工作氛围。

5. 申诉是员工的一种压力策略

申诉可以当做一种压力策略来使用,它可以使管理者对那些集体协议未涉及的问题作出修改。例如,管理者可能决定将一些本可由本企业完成的工作转包给其他企业,结果导致企业加班时间减少甚至出现解雇员工的现象。如果集体协议中没有转包条款,工会则可以对协议中与此有关的其他问题提出申诉。

6. 申诉是解决组织内部冲突的政治手段

申诉可以提高企业内部自行解决问题的能力,避免外力介入或干预,预防问题的扩大或恶化。规范的申诉及仲裁程序有利于建立起规范的企业裁决制度,在这一制度下,员工个人可以免受或者至少有条件免受管理方的专横或不公对待。申诉及仲裁程序不仅为员工提供了那些工作场所之外的基本民主权利及自由,而且有利于员工从其管理者那里获得公平待遇,因而也具有积极的道德意义。正因为如此,才使得避免工会化的愿望经常与比较先进的企业通常采用的"内部公平系统"联系在一起。实际上,内部公平系统的本质就是申诉制度,只不过是名称的象征性发生了变化("公平"较之"申诉"的对抗性弱一些)。但是,与申诉制度相比,内部公平制度受到适用范围的限制,而且不能申请仲裁,也不受仲裁约束。

三、申诉的程序

申诉的程序很可能因企业规模大小、事情轻重,以及有无工会组织的不同而不同。但一般而言包括以下三个步骤：

第一步，由员工及其工会代表与直接监督管理人员讨论，尝试通过非正式的方式解决事端。如果不成功，再向主管或其他管理者提出书面申诉。

第二步，由工会领导或工会代表与更高一级的管理者（如部门经理或工厂负责人）会面磋商，如果仍得不到解决，申诉就进入第三步。

第三步，由当地资深的工会人员和企业官员（如企业工会主席和人力资源部负责人）讨论解决。如果仍然不能得到解决，则结束申诉，进入仲裁。

为了防止拖延，每一阶段通常都会规定时间限制。但如果双方同意，这些限制也可因个人申诉而被取消。因为在许多申诉中，尤其是那些涉及解雇问题的申诉，集体协议规定了及时仲裁制度，即当事人可以不经过规定的申诉阶段，而直接进入仲裁。从理论上说，及时仲裁制度有助于防止案件的拖延，有助于快速解决对一方或双方至关重要的问题。申诉仲裁大多属于自愿仲裁。

以公司为例，员工申诉程序如图6-1所示。

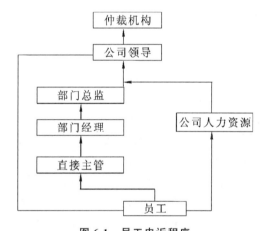

图 6-1　员工申诉程序

（资料来源：张晓彤，《员工关系管理》，北京大学出版社 2003 年版）

 **经验分享**

解决员工申诉常用的方法

- 搜集与申诉发生有关的信息；
- 迅速解释事实的真相；
- 尊重当事人的个人权利，在一定的程度内对员工个人的遭遇表示同情；
- 向当事人说明事实并没有其想象的严重；
- 利用轮岗解决问题；
- 敢于面对出现的问题；
- 对当事人进行培训；
- 改进工作环境条件。

四、仲裁

1．劳动仲裁的概念

劳动仲裁是指由劳动争议仲裁委员会对当事人申请仲裁的劳动争议的公断与裁决。在我国，劳动仲裁是劳动争议当事人向人民法院提起诉讼的必经程序。按照《劳动争议调解仲裁法》规定，提起劳动仲裁的一方应在劳动争议发生之日起一年内向劳动争议仲裁委员会提出书面申请。除非当事人是因不可抗力或有其他正当理由，否则超过法律规定的申请仲裁时效的，仲裁委员会不予受理。

用人单位与劳动者可能会发生下列的劳动争议：

(1) 因确认劳动关系发生的争议；

(2) 因订立、履行、变更、解除和终止劳动合同发生的争议；

(3) 因除名、辞退和辞职、离职发生的争议；

(4) 因工作时间、休息休假、社会保险、福利、培训以及劳动保护发生的争议；

(5) 因劳动报酬、工伤医疗费、经济补偿或者赔偿金等发生的争议；

(6) 法律、法规规定的其他劳动争议。

仲裁是双方当事人自愿选择的解决纠纷的途径，一般来说，当事人经过仲裁程序后，即使对仲裁裁决不服，也不能再提起诉讼。但是，中国的劳动仲裁有些特殊的地方，依照《劳动法》的规定，劳动争议要先经过劳动争议仲裁委员会仲裁，对劳动争议仲裁裁决不服的，才可以向人民法院提起诉讼。

仲裁制度是指民商事争议的双方当事人达成协议，自愿将争议提交给选定的第三者，根据一定程序规则和公正原则作出裁决，并有义务履行裁决的一种法律制度。

仲裁通常为行业性的民间活动，是一种私行为，即私人裁判行为，而非国家裁判行为，它与和解、调解、诉讼并列为解决民商事争议的方式。但仲裁依法受国家监督，国家通过人民法院对仲裁协议的效力、仲裁程序的制定、仲裁裁决的执行以及遇有当事人不自愿执行的情况时，可按照审判地法律所规定的范围进行干预。因此，仲裁活动具有准司法性，是中国司法制度的一个重要组成部分。

2．劳动仲裁基本制度

确立什么样的仲裁制度，直接关系仲裁的生存和发展，也直接关系到能否公正、及时、有效地解决当事人之间的争议。《仲裁法》在总结中国仲裁的经验，借鉴国外经验的基础上，提出了三项基本制度，即协议仲裁制度、或裁或审制度、一裁终局制度。

1) 协议仲裁制度

这是仲裁中当事人自愿原则的最根本体现，也是自愿原则在仲裁过程中得以实现的最基本的保证。仲裁必须要有书面的仲裁协议，仲裁协议可以是合同中写明的仲裁条款，也可以是单独书写的仲裁协议书（包括可以确认的其他书面方式）。仲裁协议的内容应当包括请求仲裁的意思表示、约定的仲裁事项，以及选定的仲裁委员会。

2) 或裁或审制度

或裁或审是尊重当事人选择解决争议途径的制度。其含义是，当事人达成书面仲裁协议的，应当向仲裁机构申请仲裁，不能向人民法院起诉。人民法院也不受理有仲裁协议的起诉。如果一方当事人出于自身的利益或者其他原因,没有信守仲裁协议或者有意回避仲裁而将争议起诉到人民法院,那么被诉方当事人可以依据仲裁协议向人民法院提出管辖权异议,要求人民法院驳回起诉。人民法院按照《仲裁法》的规定,将对具有有效仲裁协议的起诉予以驳回,并让当事人将争议交付仲裁。

3) 一裁终局制度

《仲裁法》第9条规定:"仲裁实行一裁终局的制度。裁决作出后,当事人就同一纠纷再申请仲裁或者向人民法院起诉的,仲裁委员会不予受理。"

一裁终局的基本含义在于,裁决作出后,即产生法律效力,即使当事人对裁决不服,也不能就同一案件向人民法院提出起诉。

所以一裁终局,不仅排除了中国沿用多年的一裁二审的可能性,同时也排除了一裁一复议和二裁终局的可能性。

3. 申请仲裁需准备的材料

申诉人向仲裁委员会申请劳动争议仲裁时,应当提交申诉书,并按照被诉人数提交副本。申诉书应当载明申诉人的姓名、职业、住址、工作单位、邮政编码,以及联系电话和被诉人(企业或其他组织)的名称、地址和法定代表人的姓名、职务、联系电话。申诉书应当着重阐明仲裁请求及所根据的事实和理由,并且提供相应的证据材料。仲裁当事人可以委托1~2名律师或者其他人代理参加仲裁活动。委托他人参加仲裁活动,必须向仲裁委员会提交有委托人签名或者盖章的委托书,委托书应当具体明确委托权限有无代为提出、承认、放弃和变更申诉请求,代为进行和解的权利。

除此之外,还需要提供仲裁协议或附有仲裁条款的合同(必须携带原件供核对),以及身份证明文件(个人提供身份证或其他身份证明文件、法人或其他组织提供企事业证照或批件,以及法定代表人或负责人证明书)。

当事人不服仲裁裁决,可以诉诸人民法院审判,但必须有下列情形之一:

(1) 超越其仲裁审理的权限,或者违反集体协议的规定;

(2) 因个人利益或偏见导致仲裁裁决有失公平(如与申诉方有亲戚关系或持有公司股权);

(3) 没有遵循法定的程序;

(4) 对集体协议或法律的含义产生了实质性的误解;

(5) 员工申诉程序有缺陷。

 案例思考

员工因彩铃遭辞退引发劳动争议

李小姐喜欢使用手机彩铃声,各种各样的彩铃都想试一下,最近刚换上了"我不接、不接,就不接……"的彩铃。

一周前,她所在的公司与一家客户洽谈一笔100万元的业务,公司让李小姐负责与对方联系。在客户决定由哪家公司接这笔生意的早上,那家客户想与李小姐所在公司的经理碰面,打电话通知李小姐。由于电话信号不好,客户连续打了几次都因为语音不清晰而被迫中断,每次通话中断后重新再拨,手机中听到的就是"我不接、不接、就不接……"的铃声。客户老总被这种行为激怒了,拒绝再与李小姐联系。第二天,李小姐所在的公司得知这件事时,这笔业务已经落到其他公司的手里了。

对此,李小姐所在的公司想要将李小姐辞退。公司认为,李小姐手机使用不当,致使本公司蒙受损失,她被辞退理所当然。李小姐则认为,公司方面仅通过客户的反映,就用播放音乐不当的理由来辞退她,是没有道理的。

(资料来源:吴冬梅,《员工管理事务》,机械工业出版社 2011 年版)

问题:

1. 请就以上材料,对李小姐和公司的行为作出评价。
2. 面对公司的辞退决定,李小姐有何应对之策?

分析:

手机引发的劳动争议,多数是因为员工没有注意到手机的功能和公司的规章制度。从避免不必要的纠纷,保护自己的权益出发,员工应该谨慎地对待手机。员工存在着过错,但能否就此辞退员工应看公司的规章制度。若有相关的规定,就应当即时辞退。同时,公司也应当调整自己的规章制度以适应更合理、更人性化的要求。

本章小结

本章首先介绍了纪律管理的概念和相应的理论基础,并根据纪律管理的功能和作用,将其分为预防性和矫正性的纪律管理两类。然后界定了什么是问题员工,分析了问题员工的成因并提出了问题员工的管理方法——预防、惩罚和辞退。在辞退问题员工时,要注意公正性、公开性、人性化和合法性。最后简要介绍了申诉和劳动仲裁的概念及需要注意的事项。

问题思考

1. 什么是纪律管理?分为哪几类?
2. 问题员工有哪些表现?产生的原因是什么?
3. 什么是申诉?申诉有哪些积极意义?
4. 申诉的程序是怎样的?
5. 什么是劳动仲裁?
6. 当事人不服仲裁裁决,诉诸人民法院审判的条件是什么?

互动空间

纪律处分的三种方式

案例材料

- 方式 1——热炉法则

员工一旦犯了错误,公司最好在一分钟的时间内迅速给予回馈,做出警告并给予惩罚。这种纪律处分原则的关键就在于要趁着炉火没灭的时候趁热打铁,不能够让个人的情感左右决定。

- 方式2——渐进的纪律处分

渐进的纪律处分强调的是一点一点渗透、一点比一点厉害,确保对员工所犯的错误给予最适当的惩罚,不会过轻也不会过重。这种纪律处分方法要求实施惩罚者回答一系列与员工犯错严重程度相关的问题。其过程如图6-2所示。

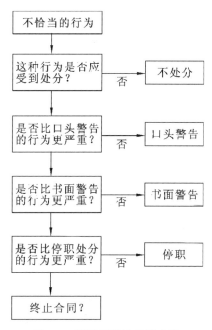

图6-2 渐进纪律处分的方法

- 方式3——无惩罚的纪律处分

无惩罚的纪律处分在国外比较常见,而在国内不流行。它是指当员工犯错时,公司采取的策略是对其既不警告也不处罚,而是给其一段时间的无薪休假,让员工在家里自我反省:"我愿意遵守公司的规章制度吗?我愿意继续为公司工作吗?"如果不愿意,休假结束后就会主动辞职;如果愿意,就要向公司承诺以后不会犯类似的纪律错误。

(资料来源:简大为,《问题员工完治宝典》,东方出版社2008年版)

讨论话题

1. 试分析一下这三种纪律处分方式的优点与缺点。
2. 说说这三种纪律处分方式分别适合于怎样的问题员工或者适合于处分怎样的错误。
3. 说说这三种纪律处分方式中你更喜欢哪一种,理由是什么。

 实践活动

"我心目中的纪律管理制度"比赛活动

活动目标

通过收集、分析其他公司的纪律管理制度中好的一面,发现本公司纪律管理制度中存在的问题并加以完善,从而制定出大家都认可并遵守的纪律管理制度,以利于更好地对公司进行管理。

背景材料

结合自己收集的其他公司的纪律管理制度以及本公司现有的纪律管理制度,进行相关的实践活动。

训练要求

(1) 成立实践活动小组,确定评比活动方案。主要包括活动的目的与意义、活动主题、参与对象、组织机构及人员、评比标准及方法、进程环节、奖励方法等。

(2) 参加者选取一个自己感兴趣的公司,深入分析其纪律管理制度中的优缺点,并与本公司的纪律管理制度进行比较,发现本公司的纪律管理制度中存在的问题,并根据选取的公司得出的启示,提出改进的建议。参加者要将自己的研究进行总结,并制作PPT,准备演讲。

(3) 由活动组织机构安排专门时间组织全体员工进行PPT的展示以及演讲。小组长主演讲,成员补充发言。所有演讲完毕后,由全体员工做评委,对其中的建议逐条进行讨论、表决,充分收集期间的资料。最后根据演讲及建议的情况评奖,给予不同的等级和类型的奖励。

(4) 活动总结和评价,包括根据活动意见制定出一份大家都认可并遵守的纪律管理制度,总结活动的成绩与不足,导师发表评价,等等。

作 业 习 题

一、判断题(共8小题。请在正确表述后打"√",在错误表述后打"×"。)

1. 纪律就是对规定与信条的严格遵守。　　　　　　　　　　　　　　　(　　)
2. 纪律管理可以分为预防性的纪律管理和惩戒性的纪律管理。　　　　　(　　)
3. 员工辞退应当遵循公正性、公开性、人性化和合法性的原则。　　　　(　　)
4. 申诉专指组织成员以书面方式,表示对组织或企业有关事项的不满。它用正式的、事先安排好的方式,为澄清员工和组织管理之间的纠纷提供了一种机制。(　　)
5. 惩罚是进行问题员工管理时不可或缺的方法。它是在纠正违规员工的同时,保护其他员工免受不公平的待遇,同时也能起到预防作用。　　　　　　　　(　　)
6. 对于不同的企业,员工的申诉程序都是相同的。　　　　　　　　　　(　　)
7. 劳动仲裁是劳动争议当事人向人民法院提起诉讼的必经程序。　　　　(　　)
8. 企业与员工之间的矛盾和问题是普遍存在的。　　　　　　　　　　　(　　)

二、单选题(共10小题。多选、不选或错选均不得分。)

1. 热炉法则的主要观点包括(　　)。
   A. 立即性　　　　B. 预先警告性　　　C. 一致性　　　D. 以上均是

2. (　　)指维持组织内部良好秩序的过程,也即凭借奖励和惩罚措施来纠正、塑造以及强化员工行为的过程;或者说是将组织成员的行为纳入法律的环境,对守法者给予保障,对违法者予以适当惩罚的过程。
   A. 纪律管理　　　B. 组织管理　　　C. 纪律组织　　　D. 纪律惩罚

3. 问题员工的成因有很多,以下不属于问题员工的成因的是(　　)。
   A. 企业组织　　　　　　　　　B. 领导体制
   C. 工作环境　　　　　　　　　D. 员工的文化水平
4. 问题员工产生的根本性原因是(　　)。
   A. 企业组织　　　　　　　　　B. 领导体制
   C. 企业文化　　　　　　　　　D. 工作条件和环境
5. 问题员工的管理包括了预防、惩罚和(　　)。
   A. 警告　　　　B. 记过　　　　C. 辞退　　　　D. 惩罚
6. 以下内容不属于申诉的作用的是(　　)。
   A. 申诉是执行集体协议的保障　　　　B. 申诉是处理争议的一种有效机制
   C. 申诉是解决组织内部冲突的行政手段　　D. 申诉是员工的一种压力策略
7. 仲裁员在有下列(　　)行为之一时,当事人不服仲裁的裁决,可以诉诸法院审判。①超越其仲裁审理的权限,或者违反集体协议的规定;②因个人利益或偏见导致仲裁裁决有失公平(如与申诉方有亲戚关系或持有公司股权);③没有遵循法定的程序;④对集体协议或法律的含义产生了实质性的误解;⑤员工申诉程序的缺陷。
   A. ①②③④⑤　　B. ①②④⑤　　C. ①②③　　D. ②③④⑤
8. 按照《劳动争议调解仲裁法》规定,提起劳动仲裁的一方应在劳动争议发生之日起(　　)内向劳动争议仲裁委员会提出书面申请。
   A. 半年　　　　B. 一年　　　　C. 二年　　　　D. 三年
9. 以下有关惩罚的内容错误的是(　　)。
   A. 惩罚的目的是利用人的畏惧感,促使其循规蹈矩
   B. 惩罚一定能取得好的效果
   C. 惩罚不可滥施
   D. 惩罚应对事不对人
10. 仲裁裁决书自双方当人事收到之日起(　　)内不向人民法院起诉的,即发生法律效应。
    A. 3日　　　　B. 5日　　　　C. 7日　　　　D. 15日

三、案例分析题(共2个案例,8个单选小题。多选、不选或错选均不得分。)

案例一

某公司员工李某2009年1月10日与同事刘某因工作原因发生口角,双方都动手打了对方。李某以被刘某打伤为由长期称病不上班,公司多次做工作无效,自2010年6月至2011年7月李某累计旷工达132天。该公司2011年8月7日作出决定,将李某予以除名。李某不服,向劳动争议仲裁委员会提出申诉,要求撤销对其除名的决定。

(资料来源:中国劳动咨询网)

1. 按照《劳动合同法》的规定,公司(　　)。
   A. 应该终止与李某的劳动合同
   B. 不应该终止与李某的劳动合同
   C. 应该扣除李某的奖金但不终止与其的合同

D. 应该扣除李某的工资但不终止与其的合同

2. "问题员工"的构成包括（　　）。

A. 不合格和不合适员工　　　　　　B. 有性格缺陷的员工

C. 喜欢抽烟和喝酒的员工　　　　　D. 有点自私的员工

3. 李某的申诉应为（　　）。

A. 个人申诉　　B. 远程申诉　　C. 工会申诉　　D. 劳动申诉

案 例 二

申诉人梁某在B公司从事环卫清洁工作。2009年3月起，因对工作性质不满，梁某聘请无业人员代替自己工作，工资的一半付给该无业人员，自己则在外做小生意。由于B公司领导换届，且内部实行区块承包，管理松懈，由他人代替工作的情况直到2011年8月5日才被发现。随后B公司书面通知梁某必须在15日内到岗上班，否则除名。梁某未在15日内报到上班。2011年9月16日，B公司以梁某未经同意，私自在外做生意为由对梁某作出除名处理。梁某不服，遂向当地劳动争议仲裁委员会申诉，认为自己已完成安排的劳动任务，是不是自己亲自进行的，无关紧要，请求B公司收回除名决定，并允许其继续在B公司工作。

（资料来源：中国劳动咨询网）

1. 梁某的违规行为是（　　）。

A. 对工作的性质不满意，缺乏工作热情

B. 将工资的一半付给他人，并由他人来代替自己工作

C. 未经B公司同意，擅自转由他人来代替自己工作

D. 敷衍了事，未能完成明显力所能及的工作

2. 梁某之所以成为问题员工的原因是（　　）。

A. 企业文化　　　　　　　　　　　B. 工作条件和环境

C. 员工自身原因　　　　　　　　　D. 企业组织

3. 公司辞退梁某遵循了辞退员工的（　　）原则。

①公正性　②公开性　③人性化

A. ①③　　　　B. ②③　　　　C. ①②③　　　　D. ①②

4. 《劳动法》第3条规定，劳动者应当完成劳动任务，下面的理解正确的是（　　）。

A. 劳动者亲自完成劳动任务

B. 由他人代为履行劳动任务

C. 只要将工作任务完成，而不必不管由谁来完成

D. 可以聘请他人代为劳动，而自己从事其他职业

5. 梁某申请仲裁时应该提交（　　）。

A. 《劳动法》等文件　　　　　　　B. 企业招录通知

C. 仲裁协议或附有仲裁条款的合同　D. 户口本和身份证

第七章 企业文化建设

 能力要求

了解企业文化的概念、构成,及其具有的要素和特征;
熟悉企业价值观的含义及其作用;
了解企业文化建设的外部环境和内部环境;
掌握企业文化建设的内容和步骤;
熟悉企业文化建设中所遇到的阻力。

 考核重点

企业文化;企业文化要素;企业价值观;企业文化建设环境、内容与步骤。

 案例导入

IBM:电脑帝国的企业文化

IBM(国际商用电器公司)是一家拥有 40 多万名员工,年营业额超过 500 亿美元的跨国公司,其分公司几乎遍布世界各地,其分布之广,让人惊叹不已,其成就令人向往。若要了解 IBM,就必须要了解它的企业文化。IBM 是一家有明确原则和坚定信念的公司。这些原则和信念似乎很简单、很平常,但正是这些简单、平常的原则和信念构成 IBM 特有的企业文化。

老托马斯·沃森在 1914 年创办 IBM 时设立过"行为准则"。正如每一位有野心的企业家一样,他希望公司财源滚滚,同时也希望能借此反映出他个人的价值观。因此,他把这些价值观标准写出来,作为公司的基石,任何为他工作的人,都要明白公司要求的是什么。这个价值观标准具体如下:

必须尊重个人;
必须尽可能给予顾客最好的服务;
必须追求优异的工作表现。

这些准则一直牢记在公司每个人的心中,任何一个行动及政策都直接受到这三条准则的影响。"沃森哲学"对公司的成功所贡献的力量,比技术革新、市场销售技巧或庞大财力所贡献的力量更大。

(资料来源:"IBM:电脑帝国的企业文化",网易财经)

启示:

企业生存、发展所面对的内外部环境总是在不断变化的。企业为了应对环境的变化,在运营、管理等很多方面上都必须进行相应的革新。但是,"万变不离其宗",在任何一个发达的公司里,唯一不能改变的就是"原则"——企业自身的文化。企业文化永远是指引公司航行的明灯,深深地影响着企业的战略决策以及企业员工的行为,是企业取得成功的基石。企业若要基业长青,必须重视企业的文化建设。

第一节 企业文化及其构成

一、企业文化的概念

随着技术的进步、生产力的发展,企业之间的竞争愈演愈烈,企业对员工能力的要求不断提高。与此同时管理学界也涌现出了许多新的思想、理论。其中,企业文化理论就是一种新的管理理论。

"工欲善其事,必先利其器"。在深入论及企业文化的相关理论、知识以及建设方法之前,我们必须先对文化及企业文化加以界定,认识并了解什么是企业文化。

1. 文化的概念

在西方国家中,"文化"一词起源于古拉丁文 cultura,有耕作、培养、教化的含义。而在中国,最早把"文"和"化"两个字联系在一起的是《易经》,具体所述为"观乎人文,以化成天下"。

据统计,目前全世界关于"文化"的概念有 250 多种,有广义和狭义之分。广义的文化,指人类在发展过程中所创造的物质财富和精神财富的总和。它着眼于人类与一般动物、人类社会与自然界的本质区别以及人类卓立于自然的独特生存方式,其涵盖面非常广泛,所以又被称为大文化。狭义的文化指意识形态所创造的精神财富,包括宗教、信仰、风俗习惯、道德情操、学术思想、文学艺术、科学技术和各种规章制度等。狭义的文化,是排除了人类社会历史生活中关于物质创造活动及其结果的部分,专注于精神创造活动及其结果,主要是心态文化,又称小文化。

2. 企业文化的概念

与文化相关联,目前对企业文化的概念界定,学术界也存在着各种不同的观点。据统计,世界上企业文化的定义有 180 多种,几乎每个管理学家和企业文化学家都有自己的见解。企业文化又称为管理文化、组织行为、组织文化和公司文化。在本书中,我们采用一种最普遍的观点。所谓企业文化,是指企业在生产经营过程中逐步形成的,并为全体员工所认同和遵循的价值观念、企业精神、道德规范和发展目标的总和。

企业文化是社会文化的一种亚文化,是在社会政治、经济、人文等多种因素综合作用下产生并发展起来的一种社会意识。企业并不是真空存在的,其生存发展必然受到所在国家、地区的法律和规章制度的制约。企业作为社会经济活动的一部分,自身的生产经营活动必然受到社会环境的影响,受到社会价值取向、习俗的影响和作用。因此,企业文化是整个社会文化的一个重要组成部分。同时,企业文化植根于企业自身,受到企业物质条件和精神因素的决定和影响,是由在企业长期的生产经营及管理实践过程中形成的理念、传统和习惯积淀而成,是在实践基础上的升华、凝固的结果。因而,企业文化具有鲜明的企业特色,决定了企业文化的客观性和多元性。

二、企业文化的构成

企业文化具有极其丰富的内容,是一个分层的结构体系。了解企业文化的各个组成部分以及它们之间的关系,有助于加深对企业文化的认识。

本书中,我们认为企业文化由三个层次构成,分别是:物质文化层、制度行为文化层和精神文化层。它们是一种由外到里的关系,具体可以用一个同心圆来表示,如图7-1所示。

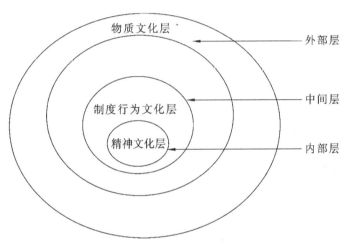

图7-1 企业文化的三个层次

1. 企业的物质文化层

企业的物质文化层是由员工创造的产品以及各种物质设施设备等构成的。它是一种以物质形态为主要研究对象的表层企业文化。企业的物质文化是看得见摸得着的,具体包括以下内容:

(1) 企业生产的产品;

(2) 企业环境和企业容貌;

(3) 企业生产环境;

(4) 技术、设备现代化与文明程度。

其中,企业生产的产品是企业生产经营的成果,是企业物质文化的首要内容。

2. 企业的制度行为文化层

企业的制度行为文化是企业文化的中间层,包括企业制度文化和企业行为文化两个层面。

1) 企业制度文化

在企业文化中,制度文化是人与物、人与企业运营制度的结合部分,是一种用来约束企业和企业员工行为的规范性、强制性的文化。企业的制度文化是具有企业特色的各种规章制度、道德规范和员工行为准则的总称。它既是人的意识以及观念形态的反映,又是由一定的物质形式所构成的。

企业制度文化是适应物质文化的固定形式,同时也是塑造精神文化的主要机制和载体。正是制度文化的这种中介传递功能,使得企业能够在复杂多变、竞争日趋激烈的市场环境中谋求企业的生存、发展。

2) 企业行为文化

企业行为文化,指的是企业员工在生产经营、人际关系活动、学习娱乐中产生的文化现象。它是企业经营作风、精神风貌、人际关系的动态体现,同时可以折射出企业精神和价值观。从人员结构方面进行划分,企业行为文化主要包括以下三个方面。

(1) 企业员工的群体行为。

企业员工是企业的主体,企业员工的群体行为决定着企业整体的精神风貌和文明程度。因而,企业员工的群体行为的塑造是企业文化建设的重要组成部分。

(2) 企业家的行为。

企业家是企业的灵魂,引导着企业文化的发展。有什么样的企业家,就有什么样的企业和企业文化。企业家是企业文化的设计者、倡导者、推动者以及弘扬者。

(3) 企业模范人物的行为

企业模范人物是企业的中坚力量,其行为在整个企业行为中占据重要地位。这些模范人物使企业价值观"人格化",他们是企业员工学习的榜样,其行为通常被企业的其他员工视为应该仿效的行为规范。

3. 企业的精神文化层

企业的精神文化层又称为企业精神文化,是指企业在一定的社会大文化环境下,经过长期的生产经营活动而形成、积淀起来的文化观念和精神成果。相对于企业的物质文化层和企业的制度行为文化层而言,企业精神文化层更注重员工精神上的培养,是一种深层次的文化表现,在整个文化体系中居核心地位。其主要内容有以下三个方面:

(1) 企业价值观,是指企业员工共有的评价事物价值所持的观点;

(2) 企业精神,是现代意识与企业个性相结合的一种群体意识;

(3) 企业经营管理理念,是指企业在经营管理过程中凝练、提升的管理观和方法论。

 思维训练

加深对企业文化的认识

指导:

通过对本小节的学习,相信大家对企业文化的构成也有一定的了解。选择一家你最熟悉的企业,结合企业的实际情况,填写表7-1。在填写过程中,结合所学内容进一步地加深对企业文化的认识。

表 7-1 加深对企业文化的认识

企业文化载体	层　　次	载 体 描 述	体现的企业文化
企业标志			
企业规章制度			
企业建筑			

第二节　企业文化的要素和特征

一、企业文化的要素

企业文化是在企业长期生产经营活动中形成的,其内容包括了企业的价值观、规章制度、精神文明建设等多个方面,内容十分丰富,但归纳起来其要素有以下七点。

1. 经营哲学

经营哲学也称企业哲学,是一个企业特有的从事生产经营和管理活动的方法论原则。

随着生产力的发展,技术更新速度越来越快,各个企业之间的竞争愈演愈烈。在这样的环境下,企业在生产经营过程中往往面临多种选择和各种矛盾。为了能够准确地进行决策,企业必须有一个科学的指导思想,或者说一套适用于本企业的逻辑思维程序,这就是经营哲学。经营哲学要解决的根本问题是企业中人与物、人与经济规律之间的关系问题。

2. 企业价值观念

企业价值观念是在企业长期的生产经营活动过程中形成的,企业全体成员共同拥有的信念和是非判断标准及价值取向。企业价值观念需要解决的问题是企业为什么存在,存在的价值意义是什么,什么值得去做,什么不值得去做,等等。任何企业,其价值观念都是企业文化之中的核心和基石,企业价值观念建设的成功与否,直接影响着企业的兴衰成败。

3. 企业精神

企业精神是指企业基于自身特定的性质、任务、宗旨和目标,经过精心培养形成的企业成员群体的精神风貌。

企业精神是企业的灵魂,它以价值观念为基础,以价值目标为动力,对企业经营哲学、管理制度、道德风尚、团体意识和企业形象起着决定性的作用。企业精神的建设并不是一蹴而就的,而是一个不断继承和发展的过程。在企业长期的生产发展过程中,其企业精神必须在继承其自身的优良传统的基础上,结合实际,不断更新自己以不断适应时代的新要求,才能更好地指导企业健康、迅速的发展。

企业精神具有两个重要的特点:一是具有两极性;二是表现形式简明,语句得当。在大多数企业中,企业精神常常使用一些既富于哲理又简洁明快的语言来表达,以便企业全体成员能够更好地理解并铭记在心,时刻用于激励自己。另外,这样也有利于企业对外进行宣传,容易给人们留下印象,从而在社会上形成个性鲜明的企业形象。

4. 企业道德

企业道德是指协调本企业与其他企业之间、企业与顾客之间、企业内部员工之间关系的行为规范的总和。企业道德从伦理关系的角度,以善与恶、公与私、荣与辱、诚实与虚伪等道德范畴为标准来评价和规范企业的行为。

与法律规范和制度规范不同,企业道德不具有强制性和约束力,更多是依靠自我约束的力量来规范企业的行为。它具有积极的示范效应和强烈的感染力。企业道德对企业和员工的行为产生影响的途径主要有两个。

第一,通过舆论和教育的方法来影响人的心灵。

第二,以传统、习惯、规章制度来规范和调节各种关系。具体包括:

(1) 企业与消费者之间的关系;

(2) 企业与供应商之间的关系;

(3) 企业之间的关系;

(4) 企业与员工之间的关系;

(5) 员工与管理者之间的关系;

(6) 员工之间的关系。

5. 团体意识

团体意识就是组织成员的集体观念。只有当企业成员具有较强的团体意识时,他们才会把自己的工作和行为看做是实现企业目标的一个组成部分,才会对自己作为企业的成员而感到骄傲,对企业的成就产生荣耀感。同时,团体意识也会使企业成员把自己与企业看成一个利益共同体,这有助于企业归属感的形成。一旦企业成员形成了强烈的团体意识,他们就会为实现企业的目标而努力奋斗,自觉克服与实现企业目标不一致的行为。可以说,团体意识是企业内部凝聚力形成的最重要的心理因素。

6. 企业形象

企业形象是企业通过外部特征和经营实力表现出来的,被消费者和公众所认知和认同的企业总体印象。(见表 7-2)

表 7-2 企业形象的内容

形象类型	具体表现
产品形象	质量、款式、包装、商标、服务等
组织形象	制度、方针、程序、流程、效率效益、信用、承诺、服务、保障、规模、实力等
人员形象	领导层、管理群、员工等
文化形象	历史传统、价值观念、企业精神、英雄人物、职业道德、言行规范、公司礼仪等
环境形象	企业门面、建筑物、标志物、布局装修、展示系统、环保绿化等
社区形象	社区关系、公众舆论等

需要注意的是,形象不是事物本身,而是人们对事物的感知,不同的人对同一事物的感知不会完全相同,因而其正确性受到人的意识和认知过程的影响。但是,企业形象能否较为真实地反映企业自身文化,被人们所理解和接受,很大程度上还是取决于企业自身的努力。良好的企业形象是企业宝贵的无形资产,也是企业在市场竞争中获得自身优势的重要手段。因此,企业形象关系到企业的兴衰、发展。建设企业文化,必须把塑造良好的企业形象放到突出的位置上。

7. 企业制度

企业制度是企业在长期生产经营实践活动中所形成的,对企业成员的行为带有一定的强制性,并能保障企业成员一定权利的各项规定的总称。从企业文化的层次结构看,企业制度属于中间层次,既是精神文化的表现形式,又是物质文化实现的保证。企业制度作为企业全体成员的行为规范,使个人的活动得以合理进行,内外人际关系得以协调,员工的共同利益得到保护,从而使企业生产经营活动能够有序地组织起来,为实现企业目标而努力。

二、企业文化的特征

通过前面章节的学习,我们可以知道企业文化具有丰富的内涵,同时也知道了企业文化具有其鲜明的特点。概括起来,企业文化特征主要有以下七个。

1. 范围性

文化具有范围性,文化总是对一定范围而言。我们所指的企业文化通常是企业全体成员所普遍认同的部分。如果只是被企业管理层认同,它只是管理文化;如果只是为企业中某个部门成员普遍认同接受,那么它只是该部门的文化。依据被认同接受的范围,企业文化可分为领导文化、管理文化、部门文化、分公司文化、子公司文化等。

2. 实践性

无论是什么类型的企业,其企业文化都是在长期生产经营管理活动的实践基础上,有目的、有意识地培养起来的,是对企业实践活动的总结。企业的实践是企业文化形成、发展以及不断丰富的源泉。离开了企业的实践,企业文化就成了无源之水、无本之木。当企业文化形成之后,又反过来指导企业的经营管理实践,指明企业的经营发展方向,进一步提高和升华管理实践的结果。同时,企业文化要在实践中接受检验,根据实际要求和新的实践发展,不断摒弃过时内容、纠正错误以及注入新活力。只有在这样一个以实践为中心的持续升华和发展过程中,企业文化才能得以不断丰富和发展自己。所以说,企业文化具有很强的实践性。

3. 目的性

任何一个企业组织,都必须有一个旗帜鲜明的目标。而企业文化具有鲜明的目的性,企业文化必须紧紧围绕企业自身为其终极目标服务。这是因为:

第一,企业文化与企业同生死、共存亡。企业文化是在企业的生产经营管理实践中产生并发展起来的,一旦企业这个载体消亡,企业文化也将不复存在。

第二,企业文化的形成与实践的主体是企业员工,员工的切身利益与企业营利性程度紧密相关,不利于企业发展的企业文化在企业中根本没有其生长发展的土壤。

综合以上两点,我们可知企业文化必然具有一定的目的性,而这个目的必须与企业的目标相一致。

4. 社会性

企业是市场经济活动的一个组成部分,企业的生产经营活动是社会经济活动的一部分。企业处于一定的社会生产环境下,其实践活动必然受到所在国家、地区的政治、经济和文化环境的影响和制约。而企业文化是在企业的生产经营管理实践中产生和发展的,所以企业文化是社会文化的组成部分。企业文化植根于整个社会大环境之下,是在社会政治、经济、人文、地域以及民族传统等多种因素共同作用下产生并发展起来的,是社会文化的重要组成部分,与社会文化紧密相连并相互影响。

虽然企业文化具有自己独特的个性,但在社会大文化背景下,是处于绝对从属地位。脱离社会文化的企业文化没有生存的可能性,与社会文化背道而驰的企业文化绝不可能受到大众的理解、接受和认同,最后必然走向死亡。

5. 普遍性与差异性

企业都有属于其自己的企业文化,这是客观的事实。企业作为法人,它具有拟人性,这不仅表现在企业作为独立个体承担民事权利、义务与责任,还表现在每个企业都有自身独特的经营思想、经营理念、经营目标、组织制度等。由于企业是商品经济发展到一定阶段的产物,其文化是特定时期的社会经济和社会文化发展一般规律的反映,渗透着人类文明的共同意识及当代社会的指导思想。所以,企业文化必然具有普遍性。

但是,企业生存发展的社会、地区、经济环境不同,以及企业所处的行业不同、生产不同的产品、提供不同的服务,而且企业自身的经营管理方式和员工素质内在条件不同,这些决定了不同企业具有自己独特的文化。因而,企业文化具有差异性、个性,没有个性就没有企业文化。

6. 可塑性

企业文化的可塑性,是指企业文化不是"天然"的,而是"人造"的,是企业领导者大力倡导、身体力行,并需企业各级管理者和各部门共同努力、积极推进,逐步塑造而成的。企业文化的可塑性表现在两个方面:一是企业领导在不断变化,进而影响着企业文化的不断变化;二是企业从整体和长远的利益目标出发,不断结合实际、实践,积极倡导适应时代新要求的一些价值观念、道德观念和行为规范,使企业文化得以不断更新、完善。有时企业在实践中,领导和员工也会自发形成一些共识,然而这些共识往往是零散的、不全面的,它们是企业文化的雏形,还需企业领导者加以整合、提炼、丰富,才能形成系统的企业文化。这也说明了企业文化具有可塑性。

7. 共识性

企业文化代表企业共同的价值判断和价值取向,是多数员工的共识。企业提出来新的理念、思想,如果没有在企业内部达成共识,那就不可能成为企业文化。当然,共识往往是相对而言的。在社会实践里,几乎没有哪个企业能够做到其所有成员都具有唯一的一种思想、思维模式或是非判断标准。企业成员是由各种不同的个体所组成,每个人的素质不一样,而且人们的追求也是多元的,人们的价值观念也是复杂的。因而,我们所说的企业文化的共识性是相对的共识,是较大多数人的共识。

案例讨论

海尔并购青岛红星电器厂

青岛红星电器厂曾经是一间非常著名的电器厂,在1995年以前,其经营业绩曾经在同行业内居前三名。可是由于后期管理不善,电器厂业绩每况愈下,到1995年年初,它已经资不抵债,亏损达到一个多亿,3500多名职工基本上没有工作,出厂的洗衣机常常被退回来。当时,青岛市政府做了一个决定,让海尔兼并红星电器厂。对于海尔来说,这是一个非常重大的兼并事件,因为在1995年之前,海尔还没有进行大规模的扩张和兼并。随后,海尔的总经理对红星电器厂做了一个全面的分析。在分析后,他们发现青岛红星洗衣机总厂第一不缺资金,第二它有现代化的生产流程的设备,第三它也不缺技术力量,分析之后得出结论:红星电器厂败在它的管理模式上和它的企业文化上。于是,海尔通过对它分析研究之后,决定用无形资产、用文化来盘活红星电器厂,并同时对红星电器厂做了这样一个收购战略:目标——2~3年使红星电器厂成为同行老大;策略——用文化、用管理激活红星电器厂;资源——海尔文化+红星电器厂现有资源;行动——立即行动。

在海尔兼并红星电器厂并进驻其厂的前一个月内,曾发生了一件漏检事件,结果第二天就被公布出来,漏检的这个检查工被罚款了50元。谁出错谁罚款,这是一件很正常的事情,在红星电器厂内已经被认为是没有什么问题、大家都认可的事情,但是恰恰就是这样一件事情,体现出了海尔特色的企业文化。当时,海尔派出柴永森作为兼并红星电器厂的总经理,柴永森决定抓住这样一个机会来告诉红星电器厂的职工什么叫做文化。事情发生后的第二天,在《海尔人》报纸上,提出了一个公开的大家都可以讨论的论题:出了这样的差错,谁来负责任,是该罚员工还是该罚领导?这样的一个论题,在红星电器厂引发了一场非常激烈的讨论,这个质量漏检是谁的原因?是复检人员没有复检出来,还是检查体系不完善?红星电器厂的人认为罚员工是正常的;但是海尔的文化却认为是少数人在制约着多数人,少数人要负多数人的责任,即如果出差错的话,首先领导要承担责任。在通过大讨论之后,结果是柴永森自罚了500元,另外就是红星电器厂的各级有关人员、各级领导,每个人都自罚了1元。这件事情在红星电器厂引起了很大的震动,红星电器厂的人彻底地感受到了海尔文化的特色,即海尔20/80原则,就是少数的领导人要负大的责任,这便是海尔人的一种文化理念。

(资料来源:郁迪,《海尔文化激活"休克鱼"——海尔兼并原青岛红星电器厂》,载《中国商贸》,1999年第1期。)

问题:

1. 为什么青岛红星电器厂的产品会被退回?该厂为什么会被并购?
2. 青岛红星电器厂原来的企业文化是怎么影响其发展的?
3. 海尔是通过什么方法进行并购的?

提示:

本案例中,可以重点观察红星电器厂并购前后的企业文化的变化。把原有的企业文化和海尔的企业文化进行对比,看看有什么结论。

启示:

企业文化是企业的灵魂,是企业活动中的一个统帅,是企业行动的指南。在企业经营活动中,它具有一种无法替代的核心作用。所以,一个成功的企业,它一定有非常优秀的企业文化。相反,没有企业文化的企业,是那些注定失败的企业,企业文化对企业的发展起着至关重要的作用。

第三节 企业文化与价值观

一、价值观与企业价值观

1. 价值观

价值观是指一个人对周围的客观事物(包括人、事、物)的意义、重要性的评价和看法。价值观有两个表现形式:

第一,价值取向、价值追求凝结成一定的价值目标;

第二,价值尺度和准则成为人们判断价值事物有无价值及价值大小的标准。

价值观是一种社会意识,是一定时期内社会经济、政治、文化的集中反映,表达了人们对现实生活的总体认识、基本理念和理想追求。人们的价值观一旦确立,往往具有相对稳定性。但就社会和群体而言,由于人员更替和环境的变化,社会或群体的价值观念处于不断变化中,传统价值观念会不断地受到新价值观的挑战。

价值观对人们自身行为的定向和调节起着非常重要的作用,它决定了人的自我认识,直接影响和决定一个人的理想、信念、生活目标和追求方向的性质。

2. 企业价值观

所谓企业价值观,就是企业在追求经营成功的过程中,对生产经营、目标追求以及自身行为的根本看法和评价。简单地说,它解释了企业秉承什么,支持什么,反对什么。

企业价值观在企业文化体系中处于核心地位,培养企业的价值观,是企业文化建设的主要内容之一。因此,研究什么是企业价值观及其地位和作用具有重大意义。那么,究竟什么是企业价值观呢?

企业价值观是企业在长期生产经营过程中积淀的产物,是企业全体成员共有的,是支持企业成员精神的主要价值观。企业价值观是集体艰苦努力的结果,是把所有员工联系在一起的纽带,是企业生存发展的内在动力,是企业行为规范的基础。

概括起来,企业价值观主要有以下四个特点:

(1) 是企业全体员工共同拥有的;

(2) 是支配员工精神的主要价值观；

(3) 是长期积淀的产物；

(4) 是有意识培育的结果，并不是自发产生的。

二、企业价值观的作用

企业文化是由多个相互依赖、相互作用的要素结合而成的有机统一体。企业价值观以其对企业发展所做的突出贡献和对企业文化其他要素所起的支配作用，决定了企业价值观在企业文化体系中居于核心地位，是企业文化的基石，在企业的生产发展中发挥着极其重要的作用。

企业价值观的作用主要表现在以下四个方面。

第一，企业价值观是企业行为规范的内在约束，是企业的经营宗旨。企业价值观是企业中占主导地位的管理意识，通过潜移默化的方式渗透到企业经营管理活动的全过程，贯穿于企业成员的言行之中。企业价值观能够规范企业领导者及员工的行为，使企业员工容易在具体问题上达成共识。企业价值观对企业和员工行为的导向和规范作用，不是通过制度、规章等硬性管理手段实现的，而是通过群体氛围和共同意识引导来实现的。另外，企业价值观是企业安身立命的根本，它是企业"万变不离其宗"的"宗"，是企业的经营宗旨。

第二，企业价值观是企业经营战略的思想，是企业行为指南。无论是制定企业发展战略，还是协调、开展企业的各项工作，企业价值观都是主要的驱动力。信仰什么样的企业价值观念，必然产生什么样的经营管理理念、思想、作风以及相应的经营管理行为，从而产生、塑造相应的企业形象。企业价值观对企业管理具有十分重要的影响作用，因为企业成员的基本信念、价值取向及其价值评判标准是形成企业管理模式的基础。企业价值观是企业制定经营战略的主导思想，它深刻影响着企业全体成员，是企业行为的指南。

第三，企业价值观是企业创新的理念基础。企业价值观是企业在长期的生产经营管理实践过程中积淀形成的价值理念、价值评判标准的集中反映。因为人的价值理念支配人的选择及行为，所以企业价值观也会对企业制度的安排以及企业经营战略的选择有一种反作用。因此，企业价值观的创新和发展，必然会使得企业成员的价值理念得到创新和发展。而企业全体成员的这种价值理念的创新、发展，最终会推动企业制度和经营战略的创新。由此可见，企业价值观念是企业创新理念的基础，对企业的长远发展具有非常重要的意义的。

第四，企业价值观是企业活力的内在源泉。企业的活力来自于人的积极性，只有人的积极性被调动起来了，才能使企业最终充满活力。而要调动人的积极性，则要受到人的价值理念的支配，只有当某个人在价值理念上愿意去干某件事的时候，他才有内在的积极性，更乐意地、更积极主动地去做好某件事。如果人对某件事在理念上不认同，即使强迫他去干，也不一定会干好。所以，要想让企业中的每一个人能够积极地去从事某项活动，就要首先让他在理念上认同这件事。企业价值观作为员工所信奉的价值理念，必然就会直接涉及企业的活力，作为企业活力的内在源泉而存在。

案例思考

惠普的企业价值观

20世纪90年代以前,惠普的企业宗旨是设计、制造、销售和支持高精密电子产品系统,以收集、计算、分析资料并提供信息、帮助决策、提高个人和企业的效能。90年代后,第二任总裁J.扬提出,以前的企业宗旨只适用于电子时代,但在信息时代需要加以修改。为此,惠普花费400万美元求助于咨询公司,得到了新的企业宗旨:创造信息产品,以便加速人类知识的进步,并且从本质上改变个人和组织的效能。

问题:

企业价值观是否永恒不变?

分析:

企业价值观是企业文化的核心组成部分,是企业制定经营战略的主导思想。企业价值观并不是一下子就能建立起来的,更不是朝令夕改的东西,但是随着时间的推移,社会不断地发展,企业价值观并不是一成不变。它会不断适应时代要求,在继承的基础上不断发展,从而指导企业更好地、更长久地生存和发展。

(资料来源:"惠普的价值观",企业文化咨询网)

第四节 企业文化建设的环境

环境对企业发展和经营至关重要,环境因素在其中起着举足轻重的作用。要想研究企业文化、建设企业文化,必须先对其赖以生存和发展的环境加以分析。企业文化建设的环境可以分为外部环境和内部环境。

一、企业文化建设的外部环境

企业是市场经济活动的主体,是社会不可或缺的细胞。企业文化是社会文化的一种亚文化,是在社会政治、经济、人文及地域、民族传统等多种因素综合作用下产生、发展起来的。企业文化是社会文化的重要组成部分,企业文化与社会文化之间相互关联、相互影响。查尔斯·达尔文曾经说过:能够生存者,不是那些最顽强的物种,也不是那些最有智慧的物质,而是那些能够对变化作出反应的物种。从中我们也可以知道,能够生产和发展起来的企业文化必然是与其所面对的一定时期的一定环境相适应的,是对它的一个反映。要研究企业文化建设,必须对其赖以生存、发展的社会环境,也就是企业的外部环境进行分析。

1. 社会政治制度

企业的政治环境是企业外部环境的重要组成部分,对企业的生存发展以及企业之间的竞争都发挥着不可磨灭的作用。政府掌握着国家政策制定、法律执行以及国家经济运行管理等权力,所以政府是企业的重要利益相关者。

社会政治制度是指在特定社会中,统治阶级通过组织政权以实现其政治统治的原则和方式的总和。从更为宽泛的角度看,社会政治制度是指社会政治领域中要求政治实体遵行的各类准则或规范,是人类出于维护共同体的安全和利益,维持一定的公共秩序和分配方式的目的,对各种政治关系所做的一系列规定。社会政治制度作为社会关系的某种结果和社会互动的重要形式,它同人类能动性具有密切关系,具体表现在以下几个方面:

(1) 对个体或集体行为本身具有约束作用;

(2) 对个体或集体行动者的激励结构或偏好具有约束作用;

(3) 对个体或集体行动者的能动性具有引导作用;

(4) 政治制度作为行为选择背景,对于能动性而言并非是一种外在的给定性力量,而是融入了人类能动性的实践结果。

由于企业文化是企业成员实践的结果,而社会政治制度对社会所有成员行为具有规范约束作用,这些作用也必然会在企业文化中得到体现。

2. 国家经济状况

国家的经济状况作为宏观经济环境,对企业的生产和发展影响显著。国家的经济状况决定了社会文化的发展水平,从而影响企业文化的发展水平。研究分析国家的经济状况,可以从以下的各个元素进行分析。(见图 7-2)

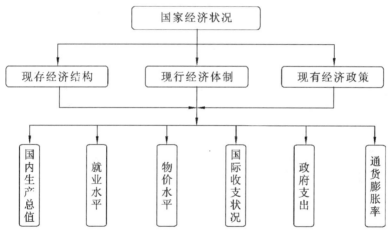

图 7-2 国家经济状况元素分析

与社会政治制度环境相比,国家的经济状况环境对企业生产经营管理的影响更为直接和具体,因此对企业文化建设的影响更为显著。

3. 国家科技发展水平、民族文化传统、自然地理条件

除了以上所提的社会政治制度和国家经济状况这两个因素外,影响企业文化建设的外部环境还包括科技发展水平、企业所处的自然地理条件,以及企业所处的国家、地区的民族文化传统、风俗习惯、信仰等。

企业的物质技术是企业物质文化的重要内容,而国家的科技发展整体水平深刻地影响着本国所有企业的技术水平。在科学技术迅速发展的今天,企业必须重视新的科学技术带来的变化,在战略上做出相应的决策和调整,不断适应市场的发展,从而获得新的竞争优势。

民族传统文化不仅记录了一个民族演化发展的历史,还是民族世代相传的思维方式、价值观念、行为准则,必然制约着民族成员的行为方式和思想方式。任何一个企业,其生存和发展都与自身所处的文化环境和文化条件密不可分,企业文化植根于民族传统文化,并在民族传统文化的滋润、催化之下不断地升华和发展。所以,在民族传统文化的土壤上成长的企业文化必然带有民族传统文化的烙印。

研究企业的文化建设,首先必须对以上所述的企业外部环境因素进行深入的分析和研究。企业的外部环境是企业文化建设生长的土壤,深刻影响着企业的文化建设。企业的文化建设必须与企业的外部环境相适应,不能与之相违背。只有这样,企业文化才能生存并茁壮成长。

二、企业文化建设的内部环境

企业的外部环境是一个系统的环境,是客观存在的,并不为企业的意志所转移,因此,企业外部环境影响的是企业文化的普遍性。但是,不同的企业具有不同的企业文化,企业文化具有其个性,而企业的内部环境就是影响企业文化个性的因素。(见图 7-3)

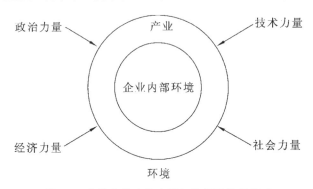

图 7-3 企业文化建设内部与外部环境的关系

与企业文化建设的外部环境相比较,其内部环境也是一个复杂、内容丰富的有机环境。主要从以下四个方面在企业文化建设层面对企业内在环境进行研究、分析。(见图 7-4)

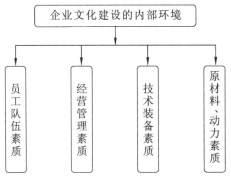

图 7-4 企业内在环境分析

1. 员工队伍素质

企业文化是企业长期生产经营实践的结果,而员工是实践的主体,员工队伍的素质必然对企业文化建设具有显著的影响。

员工队伍的素质高低并不是简单地取决于员工的知识水平以及技能技术,还需要考察企业员工的组织价值观念和职业意识的水平。从企业管理实践角度和员工工作价值观角度出发,员工素质包含三个方面的内容:组织意识、市场意识、技能培养。

组织意识,指的是员工对于组织的存在与性质、目标与个人目标的关系,集体主义与个人主义的关系,团队合作与个体努力等关系的认识。而市场意识,也可以称为职业意识,即强化员工职业过程中对自身"职业市场价值"的认识和定位,可以包括对能力的理解,对企业报酬与自身工作的对比,自身知识、资源的运用,工作中的努力程度,与先进分子的比较等。技能培养指对员工的各种能力和技能的培养。

企业文化建设,需要以员工现有的素质为基础。企业文化理念体系的设计和完善发展,也是需要与员工当前的素质水平和接受能力相匹配的。而企业文化的思想体系和建设实践,又是指导企业在经营管理中逐步提高员工素质的必要前提。

2. 经营管理素质

从企业文化建设的角度看,企业的经营之道是企业对自身发展的总体设计和策划。它是企业综合性的经营管理思想和管理原则的体现,是企业根据内外部条件确立的符合本企业现有条件和发展方向的经营指导思想、宗旨、目标和发展战略。

企业文化是在企业的长期经营管理活动的实践过程中建立和发展起来,一个企业的经营管理理念、经营管理素质直接影响着企业文化的建设。每个企业都会有属于其自身的企业文化,但就如每家企业的竞争力、市场地位有高下之分一样,企业的文化也有优劣之分。而企业的经营管理素质就是决定企业文化优劣与否的重要因素。

而经营管理素质主要是企业的经营管理者的素质体现,企业经营管理者是企业战略的制定者,也是企业文化的塑造者。因而,企业经营管理者的精神状态、思想水平、领导艺术等,都会对企业文化建设产生深刻的影响。企业文化从一定意义上来说,就是企业经营管理者个人文化的体现,其个人素质的高低,往往决定着企业的文化水平高低。

所以,建设企业文化,必须对企业的经营管理素质进行研究,使企业文化与企业的经营管理素质相辅相成,以求促进企业的整体发展。

3. 技术装备素质和原材料、动力素质

企业的技术装备、原材料和动力都是属于企业的物质文化层面的内容,企业的技术装备、原材料以及动力的现代化会制约和影响企业的文化建设。通常情况下,如果一家企业的技术装备以及动力等都比较落后、原材料低劣,在这样的条件下是不可能生产出优质的产品的。若是一家企业的产品质量低劣,其相应的企业经营管理水平也是很有限的,而这也将决定其企业文化水平比较低。

因而,研究企业文化内在环境中的物质层面对企业文化的建设也是很有意义的。但人们很多时候都会忽略一些容易看得见的东西,认为企业的物质层面只是一些肤浅、表面的东西,从而在企业文化建设的过程中直接忽视企业的物质环境研究,这是非常不可取的。

第五节 企业文化建设的内容与步骤

一、企业文化建设的内容

1. 物质文化建设

企业的物质文化层是由企业员工创造的产品和各种物质设施设备等构成的器物文化,企业的物质文化是看得见摸得着的、企业的精神文化的外在表现。由于物质文化是企业文化的表层文化,所以物质文化的建设是企业文化建设的首要内容。

要说明这个问题,在这里我们需要再次强调企业物质文化是什么？企业物质文化是指由职工创造的产品和各种物质设施等构成的器物文化,是一种以物质形态为主要研究对象的表层企业文化。相对核心层而言,它是容易看见、容易改变的,是核心价值观的外在体现。

企业物质文化是组织文化的表层部分,它是组织创造的物质文化,是一种以物质形态为主要研究对象的表层组织文化,是形成组织文化精神层和制度层的条件。优秀的组织文化是通过重视产品的开发、服务的质量、产品的信誉和组织生产环境、生活环境、文化设施等物质现象来体现的。只有先重视企业物质文化的建设,搞好企业物质文化建设,才能使企业文化建设事业做得更好。

企业物质文化的内涵丰富,一般来说,企业文化建设中的物质文化建设内容主要包括：

(1) 产品文化价值的创造；
(2) 厂容厂貌的美化、优化；
(3) 企业物质技术基础的优化。

我们都知道,企业存在的意义就是为其顾客群体生产产品和提供服务。企业的产品是企业物质文化的首要内容。企业文化范畴的产品文化包含三个层面的内容：

(1) 产品的整体形象；
(2) 产品的质量文化；
(3) 产品设计中的文化因素。

其次,厂容厂貌对于一个企业的物质文化塑造也是很重要的。厂容厂貌的重要性对内表现为,企业的外观环境、生产环境及活动场所的整体环境对企业成员的影响是非常大的。可以想象在一个破旧不堪的厂房工作和在一间高档写字楼里工作,人的感受是明显不同的。对外,厂容厂貌在顾客对企业的整体感知方面影响也很明显,是企业整体物质形象的展示,反映了一个企业的文化内涵。

企业的物质技术基础的优化也是企业物质文化建设的重要内容。只有企业在激烈的市场竞争环境里生存并发展,其生产经营管理实践才能够得以继续、发展、丰富,也只有这样,企业文化才能够得以建立和发展。另外,先进的技术和优良的设备,持续改进的产品质量和服务质量,不仅显示了企业回报社会的价值,而且反映了企业文明进化的程度,是企业文化的另一种反映方式。

企业在建设物质文化的过程中,需要着重遵循以下几个方面的原则:

(1) 品质文化原则;

(2) 顾客愉悦原则;

(3) 技术审美原则。

2. 制度文化建设

企业的制度文化是企业文化的中层文化,也是一种强制性文化。在企业中,企业制度文化是人与物、人与企业运营制度的结合部分。同时,企业制度文化具有中介性,表现在它是精神和物质的中介。制度文化既是适应物质文化的固定形式,又是塑造精神文化的主要机制和载体。正由于制度文化具有这些性质,制度文化的建设对企业的文化建设具有重要作用。

在企业的文化建设过程中,我们强调的制度文化建设,是企业和员工行为规范化的体系建设。制度文化一旦形成,企业文化建设就有了得以强化和发展的保障。

要进行制度文化建设,需要从以下三个主要方面入手。

1) 确立合理的领导体制

企业领导体制是企业领导方式、领导结构、领导制度的总称,其中最主要是领导制度。企业领导体制的产生以及发展,是企业生产发展的必然结果,也是企业文化进步的产物。不同时期的企业领导体制,反映着不同的企业文化。在企业制度文化中,领导体制影响着企业组织结构的设置,制约着企业管理的各个方面。卓越的企业家就应当善于建立统一、协调的企业制度文化,特别是统一、协调的企业领导体制。企业领导层要以身作则,在制度执行上率先垂范,才能促进形成优秀的制度文化,才能产生一呼百应的领导效果。所以,企业领导体制是企业制度文化的核心内容,只有确立合理的领导体制,才能使好的企业制度文化得以建立、发展、完善。

2) 建立和健全合理的组织结构

企业的组织结构指的是企业为了实现其目标而设计、建立的不同职位的职能以及它们之间的相互关系。企业组织机构好比一幢建筑的框架,它对企业的生存和发展有很大的影响。因此,组织机构是否适应企业生产经营管理的要求,对企业生存和发展有很大的影响。不同文化背景下的企业,有着不同的组织机构。企业目标、内外部环境、员工素质、领导体制等都会对企业的组织机构构成影响。组织机构形式的选择,必须有利于企业目标的实现。

建立精简、统一协调、高效的组织结构,是企业优秀文化的体现,也是卓越企业的主要标志之一。建立和健全合理的组织结构是企业制度文化建设的另一重要内容。

3) 建立和健全开展组织活动所必需的规章制度

企业的规章制度主要包括企业的生产管理制度、人事制度、财务制度和奖惩制度等。这些管理制度是企业赖以存在的基础,是企业在其发展过程中不断完善的。这些规章制度更加强调的是外在的约束、强制的约束,它重在对企业员工进行监督、考核和监控等。企业的规章制度是实现企业目标的有力措施和手段。

只有建立健全科学完善的规章管理制度,才能把企业的不同职能部门,企业的生产经营管理活动的各个方面、各个环节有机的结合起来,形成一个统一的整体,以实现企业的整体功能和长远目标。健全的、合理的企业规章管理制度有利于充分调动企业职工的积极性,有利于职工主观能动性的发挥。科学、完善、实用的企业规章制度是与优秀的企业文化相辅相成的。

3. 精神文化建设

相对于企业的物质文化、制度文化,企业的精神文化是一种更深层次的文化现象。在整个企业文化系统中,精神文化处于核心地位,是企业物质文化和制度文化的升华,是企业的上层建筑。

企业精神文化的内容主要包括:

(1) 企业哲学;

(2) 企业价值观;

(3) 企业精神;

(4) 企业伦理道德;

(5) 企业风貌;

(6) 企业目标;

(7) 企业形象;

(8) 企业心理等。

由于企业的精神文化已经是企业文化的核心层,所以企业精神文化的建设不仅对企业文化建设的意义重大,而且企业精神文化建设比企业物质文化、制度文化的建设要求更高,历程更长,过程更艰难。

而建设企业精神文化,主要需从以下三个方面着手努力。

1) 明确企业所奉行和追求的价值观念

企业价值观属于企业精神文化的范畴,在企业文化体系中占核心地位。在科学的世界观和方法论的指导下,培养企业的价值观、明确企业所奉行和追求的价值观,是企业精神文化建设的主要内容,也是企业文化建设的重要内容之一。

现今社会由于技术更新速度不断加快、生产力的不断提高,企业所面临的市场环境瞬息万变。对于一个企业来说,长期目标、短期目标、经营策略、组织结构、企业领导等都是可能频繁发生变化的,但企业的使命和核心价值观是不应频繁变化的。当重大变革来临时,它们会起到维系组织的作用。

因而,明确企业所奉行和追求的价值观念不仅对企业文化建设影响重大,而且对于企业的生存和发展也具有极其深远的作用和影响。

2) 塑造企业精神并使其成为企业生存和发展的主体意识

企业精神是企业员工和企业家在长期的实践过程中总结出来的,并表述为某种观念、信条与口号,逐渐为企业成员所接受,在实践中加以体现的团体意识,是企业文化的重要内容。企业精神的形成,急需企业哲学的和企业价值观的指导,同时又是企业哲学和企业价值观的体现。

企业精神不是自发地产生、形成的,企业精神一般需要领导对企业长期的生产经营管理实践进行概括总结、凝练而成,并需要企业领导不断加以倡导、灌输,使它逐步成为员工的共识。同时在这个过程中,企业领导的身体力行也是十分重要的。此外,企业领导自身的特质和追求,也会不同程度地融进企业精神中。而这个不断升华发展的过程就是企业精神塑造的过程。

3) 促进企业道德的形成和优化

企业道德是用以调整企业与员工、员工与员工、一般员工与管理者以及企业与社会等关系的行为规范的总和。

企业文化精神包含着非常丰富的内容,企业道德是企业精神文化的重要组成部分。企业道德属于社会意识,它直接体现了企业文化的特色和社会责任感,并用具体形式表现企业文化的约束功能和塑造功能。企业道德又是一种管理观点,即主张通过对道德观念、规范的运作来调节员工行为。

任何一个企业的文化,如果离开了企业道德规范,就算不上是成熟的、系统的企业文化。所以,我们在建设企业精神文化时,必须注重企业道德的建设,促进企业道德的形成和优化,使之在企业各方面的协调发展上发挥其应有的作用。加强企业道德建设,既有利于调动企业成员的积极性、主动性和创造性,又有利于塑造良好的企业形象。

二、企业文化建设的步骤

掌握了企业文化建设的内容之后,再学习如何展开企业的文化建设就会比较容易了。企业的文化建设是一个循序渐进的过程,主要分为四个步骤,如图7-5所示。

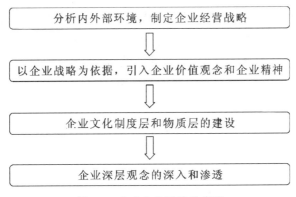

图 7-5　企业文化建设的步骤

1. 分析内外部环境,制定企业经营战略

"知己知彼方能百战不殆",同样,建设企业文化,首先必须对企业的外部以及内部环境进行分析、研究,不能盲目为之。因此,对企业的内外环境有一个正确的认识是建设适合企业自身,有利于企业的长足、整体发展的企业文化的重要前提。在本章的第四节中,我们就已经详细分析了在企业文化建设下研究的企业内外环境包括哪些方面的内容,我们在企业文化建设的第一步所做的就是针对以上所述的内容进行详细的、深入的研究和分析。

在对企业的内外环境有了较为准确的认识之后,企业需要据此制定适合的企业经营战略。企业的经营战略是企业生产、经营管理的指导思想,是企业在茫茫大海中航行的航标灯。企业文化建设是一个长久的事业,唯有在正确的经营战略指导下,企业赢得其生存和发展,企业的文化建设工作才能得以顺利开展。

2. 以企业战略为依据,引入企业价值观念和企业精神

制定了企业的经营管理战略之后,紧接着的就是以企业的战略为依据,引入企业的价值观念和企业精神。企业文化需要以企业战略为指导,根据企业发展战略的需要,树立企业精神,调整企业的价值观体系。

引入企业的价值观,就是要使得企业全体成员清楚、了解"什么对企业有价值"以及"企业的价值是什么"。企业的价值观是企业文化的核心,因而合适的、正确的企业价值观的引入就显得非常重要了,一旦这一步没做好,企业的文化建设就不可以说是成功的。

企业价值观的内容包括:

(1) 企业价值观是以企业为主体的价值取向;

(2) 企业价值观是企业推崇的基本信念;

(3) 企业价值观是企业文化的核心和基石。

而企业精神作为企业内部员工群体心理定势的主导意识,是构筑企业文化的基石。企业文化的建设,需要在企业价值观的基础上建立企业的精神文化体系,为整个企业文化工程建设提供核心点和基本支柱。

3. 企业文化制度层和物质层的建设

物质文化是构成企业文化的硬件外壳,属于企业文化的表层文化;而制度文化是观念形态的转化,是塑造精神文化的主要机制和载体,同时是企业文化的支撑。

企业文化建设是企业管理的一种模式,其中制度建设是根本。制度建设是企业管理的基础性工作,也是企业文化建设的基本内容,它引导、制约着企业文化的发展方向,同时也是企业文化个性塑造的重要影响因素。可以说,企业文化建设的过程,就是企业制度建立以及不断完善的一个过程;而企业的制度制定并实施的过程,就是企业文化建设不断深化发展的过程。

企业生产的产品,是物质文化的首要内容。另外企业的生产环境、企业容貌、企业建筑、企业标志、企业广告产品包装与设计等也是构成企业物质文化的重要内容。通过企业的物质层文化,往往能够折射出企业的经营思想管理哲学工作作风和审美意识。因此,企业的物质层文化是企业文化的外在表现。

4. 企业深层观念的深入和渗透

一个企业的文化建设并不是一蹴而就的,企业文化的建设需要发动全体员工的参与,需要不断地深化和渗透。企业深层观念的深入和渗透指的是,使员工都能够理解并深刻领悟到企业文化中的一些价值观念、企业理念的含义,并通过不断的教育过程最终使得企业的文化理念、文化观念都能够成为全体员工从内心接受的共识,成为指导、约束企业员工行为的行为规范。而这个过程不是一时之功,需要持之以恒、历久弥坚,通过不断的潜移默化而达到。只有当企业的深层观念得到深入和渗透,企业的文化建设才算得上是成功的。

案例思考

A市地下铁道设计院成立于1993年,是A市地铁总公司(集团公司)的二级单位。当A市政府立项建设A市地下铁道时,该设计院就实现了从原来的抢工程设计、到市政府请愿拿设计工程再到独立完成整个A市地铁2号线设计项目的飞跃,成为A市唯一一家具有多种资质的工程设计单位。由于A市地铁项目是市政府采取高度集中操作的模式进行的,即由市政府出资,指定设计、施工、运营单位,所以地铁设计院几乎承揽了所有的设计项目。套用地铁设计院领导们的一句话来概括设计院的历程——"设计院的发展是一帆风顺的"。

设计院技术力量相对雄厚,设计项目多次被评为优秀工程,这十年来可谓是载誉无数。但在最近的运作过程中,设计院领导们发现了以下几个问题。

(1)现在的设计任务相对于设计院的技术力量而言是饱满的,工作强度也比较大,导致不少员工比较疲惫。

(2)员工的素质相当高,但安逸情绪严重、畏难情绪时有发生,对设计周期短、工作强度大的设计项目会互相推诿,缺乏企业危机感。

(3)设计院薪酬改革刚刚完成,员工意见比较大,不少人认为新的薪点工资制度不合理。

(4)从管理上看,员工所表现出来的懒散、畏难情绪等问题没有得到纠正,出现"原则性不够,人情味太浓"的现象。员工对企业目标缺乏具体了解,没有形成企业的共同价值观,对企业的归属感不强,时常表现出恃才傲物、分工不合理、互相推托工作等情况。而且,员工经常以"很忙"为借口,拒绝参加院内的文娱活动,同事间往往只存在工作关系,缺乏组织向心力。设计院的中层领导班子成员大多是由专业技术拔尖的员工担任,他们的普遍特点是工作压力大、工作责任大、管理任务繁忙,可是他们没有系统地学习和研究管理的知识,管理能力不足的问题尤为突出。

调查过程中,院领导也把中层领导班子主要人员和部分基层员工代表召集来,就企业文化的建设问题进行了讨论,总结了以下几个要点。

(1)管理层成员工作繁忙,很难有时间去做文化建设的宣传和配合工作,对于如何建立企业文化感到束手无策。

(2)院内人员急速膨胀,人员结构复杂,心态各异,管理难度很大,管理者对于如何激励员工士气、转变员工的态度、调动员工的积极性、把握员工的工作负荷等实际管理问题感到吃力。这些棘手的问题是否可以通过建立企业文化来解决?(人员结构:原来的老人员、从总公司调入的正式职工、临时招聘的员工、合作单位入驻的员工)

(3)什么是企业文化?其内涵和外延是什么?其主要作用是什么?如何与本企业的管理相结合?

(4)如何宣传企业文化?其具体表现形式是什么?

(5)设计院的人力资源管理如何与企业文化相结合?

(资料来源:"企业文化建设案例大全")

问题：

1. 上述各阶层的员工提出的问题哪些是属于企业文化管理的具体问题？
2. 请针对员工的言论构思出一个解决他们实际问题的企业文化建设方案。

第六节 企业文化建设的阻力

当今社会不仅是知识经济、网络经济时代，更是文化经济的时代，企业之间的竞争越来越表现为文化力的竞争，企业文化已成为生产力发展的强劲动力，企业越来越重视企业文化的建设，但目前仍有很多企业对企业文化建设的认识不足。企业文化建设中存在不少问题以及阻力，主要表现在以下两个方面。

1. 在企业文化的认识上，盲目性、随意性占主导地位，缺乏自觉性和主动性

长期以来，还有很多企业对于如何建设企业文化以及企业文化的具体内涵是什么这两个问题缺乏正确的认识。不少企业认为，建设企业文化的实质和内容就是进行公关宣传活动、广告推广活动、社会公益活动和职工的文化娱乐活动，而忽视了企业文化最本质的部分——企业理念和行为方式的培养与推广。甚至一部分企业在开展企业文化建设工作时，把重心放在视觉体验上，认为只要统一员工的着装，做好企业形象设计和形象宣传，企业文化就能够建立起来。这种做法使企业文化建设陷入了形式化、肤浅化的误区。很多企业展开企业文化建设，都是一些随大流的、跟风的行动，他们往往都是盲目地采取一些措施，就以为是在进行企业文化建设。这是一个明显的、严重的认知错误。

另外，对于企业文化工作的另一个认知错误就是随意性明显。具体表现为：没有全局观念，缺乏系统的规划设计；缺乏必要的制度保障。

企业文化建设的根本目的是为企业的生产、经营管理活动服务，要想把企业的文化实力转化为企业竞争力，必须将企业文化建设工作与企业的经营管理活动紧密地结合起来，落实到企业的实际工作中。但实际情况并不是这样，很多企业的生产管理、财务管理、人力资源管理等工作都有年度计划，而企业文化建设工作却没有全面系统的规划设计，更谈不上年度计划，工作开展的随意性很强。企业的管理层对企业文化不够重视，没有把企业文化建设作为企业发展战略的重要组成部分来看待，没有把企业文化建设纳入日常管理活动之中。企业文化建设工作缺乏一套完善和行之有效的制度保障。

以上两种对企业文化的认知错误——盲目性、随意性的存在，造成企业的文化建设工作缺乏自觉性和主动性，严重阻碍企业文化建设工作开展的影响因素。

2. 难以优化和提炼出能够反映本企业特色的企业精神

不同的企业，其企业文化也不相同，而企业文化的独创性恰恰就是企业文化的生命力和影响力所在。但是，一些企业在企业的文化建设过程中，往往会忽略对企业的内部环境、自身特色的了解，缺乏对自身优缺点的正确认识。

一些进行企业文化建设的企业，很多时候其实就是直接地、简单地模仿社会上的一些成功的、先进的企业做法，甚至是对西方的一些企业文化建设理论生搬硬套，缺乏对企业的发展历史、自身特定的性质、任务、宗旨、时代要求和发展方向的充分认识。而通过简单模仿、盲目建立的企业文化并不能够真实地反映本企业的价值取向、经营哲学、行为方式和管理风格,这样的企业文化更无法在员工心中产生强烈的共鸣。

若一家企业无法成功地优化并提炼出能够反映本企业特色的企业精神,那么它必然无法建立起来具有生命力的、有利于企业长远健康发展的企业文化。

 本章小结

本章主要介绍了什么是企业文化、企业文化的构成、企业文化的要素以及特征等,同时还探讨了在企业文化建设的内外环境分析中需要从哪些方面入手,最后讲述了企业文化建设的内容和企业文化建设的步骤。

首先对企业文化的概念进行理解,可以知道企业文化是一种微观文化、亚文化。其次分析了企业文化的构成,企业文化由三个层面——物质文化层面、制度行为文化层和精神文化层面构成的。另外,在第二节的学习中也了解企业文化的七要素:经营哲学、企业价值观念、企业精神、企业道德、团体意识、企业形象和企业制度,并对其特征进行了详细的讲述和分析。紧接着的是对企业文化的核心——企业价值观进行研究分析,陈述了企业价值观的四大作用。对企业文化的研究,是为了以后更好地展开企业的文化建设工作,因此企业文化建设的内外环境分析、企业文化建设内容、企业文化建设的步骤以及对企业文化建设的阻力研究,就显得十分重要。通过对这些内容的学习,可以更好地指导我们开展企业文化建设工作,从而为建设优秀的企业文化提供一定的理论指导。

 问题思考

1. 什么是企业文化?
2. 企业文化是由哪几个层面构成的以及它们分别在企业文化中占什么地位?
3. 请说明企业文化具有的要素和特征分别是什么。
4. 企业文化建设的内外环境分析包含哪些方面?
5. 企业文化的建设包括几个步骤?谈谈你对它们的理解。

 互动空间

如何冲破企业文化建设中的阻力?

你来到一家私营的房地产企业,被老板任命为企业文化策划负责人。企业的规模不是很大,但一年的销售额不少,利润率也不低。新官上任,老板要你将公司的企业文化改革,做到与时俱进,更好地适应社会发展的潮流。原来的企业文化,倡导的是和谐、快乐,享受工作,享受生活。现在,国家对房地产行业要求严格了,行业内竞争激烈了,老板要求员工要有一种拼搏的精神,努力向上。可是很多老员工不愿意接受新的企业文化,他们想回到原来的状态中,有部分员工甚至提出要离职。

讨论话题:

面对这种情况,你应该如何解决?

实践活动

分析一个公司的企业文化建设

活动目标:

结合课本的内容,详细了解一家公司的企业文化是怎样建设的,从而掌握企业文化设计的方法,并尝试为改进企业文化建设提出建议。

背景材料:

以自己所选取的公司的具体企业文化建设状况为背景。

训练要求:

(1)选取一家自己感兴趣的公司,搜集资料,详细了解其企业文化建设。

(2)根据该公司的具体情况填写表 7-3。

(3)尝试分析该公司企业文化建设中存在的不足,并提出改进的建议。

表 7-3　分析一个公司的企业文化建设

内　　容	所选的方式	具体的做法
企业所处的外部环境		
企业所处的内部环境		
企业文化的核心内容		
企业文化建设的策略		

作 业 习 题

一、判断题(共 10 小题。请在正确表述后打"√",在错误表述后打"×"。)

1. 企业文化是指企业在生产经营过程中逐步形成的,并为全体员工所认同和遵循的价值观念、企业精神、道德规范和发展目标的总和。　　　　　　　　　　　　　　(　　)
2. 团体意识是企业内部凝聚力形成的最重要的心理因素。　　　　　　　　(　　)
3. 企业形象不属于企业文化的内容。　　　　　　　　　　　　　　　　　(　　)
4. 企业的外部环境影响企业文化的个性特点。　　　　　　　　　　　　　(　　)
5. 企业的价值观是企业经营战略的思想,是企业行为的指南。　　　　　　(　　)
6. 企业文化由三个层次构成。　　　　　　　　　　　　　　　　　　　　(　　)
7. 经营哲学是企业文化的要素之一。　　　　　　　　　　　　　　　　　(　　)
8. 企业文化的特征是范围性、目的性、社会性。　　　　　　　　　　　　(　　)
9. 企业价值观一旦形成,就不会改变。　　　　　　　　　　　　　　　　(　　)
10. 企业文化建设只需要关注内部环境就可以了。　　　　　　　　　　　(　　)

二、单选题(共 10 小题。多选、不选或错选均不得分。)

1. 企业精神是以(　　)为核心的企业行为体系和价值体系。

　　A. 企业精神　　　　B. 企业哲学　　　　C. 企业价值观　　　　D. 企业心理

2. 以下（　　）不属于企业文化的要素。
   A. 经营哲学　　　　B. 企业道德　　　　C. 企业心理　　　　D. 团体意识
3. 企业文化的核心层是（　　）。
   A. 企业物质文化层　　　　　　　　B. 企业精神文化层
   C. 企业行为文化层　　　　　　　　D. 企业制度文化层
4. （　　）是企业特有的从事生产经营和管理活动的方法论原则,是指导企业行为的基础。
   A. 经营哲学　　　　B. 价值观念　　　　C. 企业制度　　　　D. 企业道德
5. 以下（　　）不是企业文化建设外部环境分析的内容。
   A. 社会政治制度　　　　　　　　　B. 国家经济状况
   C. 国家科技发展水平　　　　　　　D. 企业竞争对手分析
6. 企业文化是由物质文化层、精神文化层和（　　）构成的。
   A. 制度文化层　　　　　　　　　　B. 行为文化层
   C. 制度行为文化层　　　　　　　　D. 都不是
7. 企业的产品形象不包括以下哪项内容？（　　）
   A. 质量　　　　　　B. 款式　　　　　　C. 商标　　　　　　D. 实力
8. 企业价值观有什么特点？（　　）
   A. 是企业全体员工共同拥有的　　　B. 是支配员工精神的主要价值观
   C. 是长期积淀的产物　　　　　　　D. 以上都是
9. 企业文化建设的步骤是（　　）。
   ①分析内外部环境,制定企业经营战略；②以企业战略为依据,引入企业价值观念和企业精神；③企业文化制度层和物质层的建设；④企业深层观念的深入和渗透
   A. ①②④③　　　　B. ①③②④　　　　C. ①②③④　　　　D. ①④②③
10. 建设企业精神文明,可以从哪些方面入手？（　　）
    A. 明确企业所奉行和追求的价值观念
    B. 塑造企业精神并使其成为企业生存和发展的主体意识
    C. 促进企业道德的形成和优化
    D. 以上都是

三、**案例分析题**(共2个案例,设计为10个单选小题。请从单选小题四个备选答案中选择一个最恰当的答案,多选、不选或错选均不得分。)

案 例 一

全聚德始建于清朝同治三年(1864年),创始人是杨寿山(字金仁)。杨寿山买下"德聚全"干果铺后将其更名为"全聚德",其用意就是做生意要"讲诚信,讲德性"。几百年来,全聚德作为我国有名的老字号之一,继承和发扬了"聚拢德行"的企业文化精髓。改革开放以来,全聚德集团在继承传统的企业文化同时又进行了相应的创新,形成了"规范、创新、诚信、仁德"的企业文化。1999年,全聚德被国家工商管理局认定为中国首例服务类驰名商标,老字号的品牌和信誉为全聚德带来了巨大的经济效益。

（资料来源:杨广富,冀州人杨寿山创建"全聚德",《乡音》,2007年第7期。）

1. 上述案例,讲述的是企业文化与(　　)之间的关系。
   A. 传统文化　　　B. 技术发展水平　　C. 企业战略　　　D. 企业产品
2. 根据本章所学内容,"规范、创新、诚信、仁德"主要属于企业文化要素中的(　　)。
   A. 团体意识　　　B. 企业形象　　　　C. 企业精神　　　D. 经营哲学
3. 全聚德现代的企业文化,除了在继承本企业自身的历史传统外,还主要继承弘扬了中国哪个学派的传统文化观念?(　　)
   A. 道家　　　　　B. 儒家　　　　　　C. 法家　　　　　D. 墨家
4. 在案例中,全聚德企业文化雏形的形成,主要体现了(　　)的作用。
   A. 企业员工　　　B. 企业家　　　　　C. 企业制度　　　D. 社会环境
5. 根据在本案例中对全聚德企业文化的描述,主要表现了企业文化中的(　　)。
   A. 企业制度文化层　　　　　　　　　B. 企业物质文化层
   C. 企业行为文化层　　　　　　　　　D. 企业精神文化层

案 例 二

1985年,海尔从德国引进了世界一流的冰箱生产线。一年后,有用户反映海尔冰箱存在质量问题,海尔公司在给用户换货后,对全厂冰箱进行检查,发现库存里的400多台电冰箱中有76台存在不同的缺陷、问题。时任厂长的张瑞敏马上召集企业员工大会,商讨解决办法。大多数员工认为,这些问题并不会影响冰箱的使用,可以便宜点处理给职工。当时一台冰箱的价格是800多元,相当于一名职工两年的收入。张瑞敏说:"今天我要是允许把这76台冰箱卖了,就等于允许你们明天再生产76台这样的冰箱。"他当场宣布,这些冰箱必须全部砸毁,谁生产的就由谁来砸。他自己抢起大锤亲手砸了第一锤!就是这一砸,震撼了海尔的全体员工,砸醒了海尔沉睡的质量意识,将海尔从死亡的悬崖边上拉回来,挽救了海尔。如今,"精细化、零缺陷"变成海尔全体员工的心愿和心动。那把大锤依然摆在展厅里,让每一位新员工参观时都能够记住那一历史时刻。

(资料来源:牟家和,《为什么要学习》,经济管理出版社2006年版。)

1. 根据对企业文化的理解,在张瑞敏砸冰箱的行为中,体现了在建设企业物质文化的过程中遵循的原则是(　　)。
   A. 品质文化原则　B. 顾客愉悦原则　　C. 技术审美原则　D. 顾客至上原则
2. 在海尔的企业文化建设案例中,我们看到的企业伦理道德的建立是从(　　)推动、开始的。
   A. 政府　　　　　B. 企业上层领导　　C. 企业员工　　　D. 企业目标顾客群
3. 通过对案例以及本章节的学习,你认为以下哪个词不适合用来描述、表现企业家在企业文化建设中的作用?(　　)
   A. 倡导者　　　　B. 主旨设计者　　　C. 推动者　　　　D. 主要执行者
4. 以上案例中,把张瑞敏所具有的企业家精神的哪方面比较好地展现出来?(　　)
   A. 诚信　　　　　B. 学习　　　　　　C. 合作　　　　　D. 冒险
5. 结合案例与实际,企业文化的建设是(　　)的结果。
   A. 企业领导努力　　　　　　　　　　B. 企业强制执行
   C. 企业全体员工努力　　　　　　　　D. 企业员工推动

第八章 员工冲突管理

 能力要求

了解冲突的含义、特征、类型及其层次；
掌握冲突产生的原因及其两种根源；
了解冲突的积极作用与消极作用的具体内容；
了解冲突缓和的含义；掌握处理冲突的五种策略；熟练地运用有效的冲突管理技术。

 考核重点

冲突的含义；冲突的原因及其根源；冲突的处理策略；如何进行有效的冲突管理。

 案例导入

亚通网络公司的冲突管理分析

亚通网络公司（以下简称亚通公司）是一家中日合资企业，主要从事电脑网络服务和通信产品的研发。公司自1997年7月成立以来发展迅速，销售额每年增长15%以上。但同时公司内部也存在着不少的冲突，制约了公司的进一步发展。

首先，由于亚通公司是合资企业，虽然日方管理人员带来了许多先进的管理方法，但是日本式的管理模式并不完全适合于中国员工。例如，在日本，加班加点不仅司空见惯，而且没有报酬。在中国却不一样，加班时间不能太长，并且是要有报酬的。亚通公司经常让中国员工长时间不计报酬地加班，这引起了员工的普遍不满，一些优秀员工甚至还因此离开了公司。

其次，由于亚通公司的组织结构属于直线职能型，因此，部门之间的工作难以协调。例如，销售部经常抱怨研发部开发的产品偏离顾客的需求，而生产部的效率太低，使自己错过了销售时机。生产部则抱怨研发部开发的产品不符合生产标准，而销售部门的订单则无法达到控制成本的要求。研发部有些研发人员虽然技术水平首屈一指，却心胸狭窄，总怕他人超越自己。因此，常常会出现研发人员之间互相压制的现象。这使得研发部人心涣散，士气低落。

（资料来源：李胜杰，《员工心态管理的6堂课》，机械工业出版社2008年版）

启示：

首先，亚通公司的管理层与中国员工之间产生冲突的原因是价值观的不同。管理层应该根据具体的情况合理地设计报酬体系,重新激发员工的积极性,并在人力成本与员工绩效之间取得一个动态平衡。其次,亚通公司可以通过信息管理系统来促进各部门之间信息的流通,让各部门及时得到有用的信息。针对目标相容的部门可以实施关联性的绩效评估,从而把具有相互依赖性的部门的绩效关联起来。公司还可以根据员工的工作动机,再结合其技术优势、人格特质,设计出合适的报酬机制来将员工重新安排在一个新的合适的岗位。

第一节　员工冲突概述

一、冲突

仅仅从字面上理解"冲突"一词很简单——"对立或冲撞",但事实上其所涵盖的内容却远比我们想象的要丰富得多。它既包括了人们内在的心理斗争,例如要对一件事情进行艰难抉择时的心理斗争;也包括了外在的实际斗争,例如争吵、打架等。而冲突中外在的实际斗争又包括了打架、战争等有形的冲突,以及文化冲突、价值观冲突等无形的冲突。

尽管如此,要给冲突下一个准确的定义仍然是十分困难的。不同的学者对此有不同的看法。本书的观点是:冲突是有关双方在行为或观念上的对立或对抗,是双方在满足各自需要的过程中遇到挫折、阻力或力图超越现状时的心理压力及其外部的表现,是两种目标互不相容或互相排斥而产生的结果。冲突往往发生在人与人之间、群体与群体之间,或者是群体内部。同时,冲突是无可避免的,只能加以有效的化解。

将冲突置于企业的背景下,即形成了员工冲突。换句话说,员工冲突是冲突在企业背景下的具体化,是指由于员工与员工之间、员工与组织之间或组织与组织之间的情感、认识或目标互不相容或相互排斥而产生的结果。它是一种能被员工觉察到的价值观或目标上的矛盾状态,同时还会伴有敌意,例如想要阻碍对手取得成功等。

冲突是一种普遍存在的现象,但人们对冲突是好是坏的认识却经历了一个发展过程。从而也形成了传统观点、人际关系观点和相互作用观点三个不同的观点。

冲突的传统观点认为,所有的冲突都会让员工感到不安,从而影响到工作效率,同时会威胁到组织或群体内部的和谐。因此,所有的冲突都是不良的、消极的,任何组织、任何事情都要尽量地避免冲突。因此,该观点强调管理者应该尽可能地避免和消除冲突。

冲突的人际关系观点指出,对于所有团体和组织来说,冲突都是与生俱来、自然发生的现象,是不可能被彻底消除,也没必要完全消除的。因此,该观点建议管理者应该接纳冲突,承认冲突在组织中存在的必然性和合理性。

冲突的相互作用观点认为,融洽、和平、安宁、合作的组织容易对变革和革新的需要表现为迟钝、冷漠,一定水平的、有益的冲突会使组织保持旺盛的生命力,善于自我批评和不断革新。因此,该观点不同于人际关系观点,它强调的是管理者要鼓励有益的冲突,而后者只是建议管理者被动地接纳冲突而已。

二、冲突的类型与特点

(一) 冲突的类型

冲突多种多样,根据不同的标准可以分为不同的类型。

1. 根据内容分类

根据冲突内容的不同,可以把员工冲突简单地分为目标冲突、认识冲突和情感冲突三类。

第一,目标冲突。它是指员工与部门、企业的目标背道而驰,不可能同时达到而引起的冲突。当员工所期望的目标与企业所能提供的东西互不相容时,就会产生这种冲突。例如,女员工往往希望能有一个安定的工作岗位以便更好地照顾家人,这时,若企业分配其去销售部跑业务,就会产生目标冲突。目标冲突是最常见的冲突类型,它往往涉及冲突双方的利益问题,并且二者难以平衡,因此这种类型的冲突是最难处理的冲突。

第二,认识冲突。认识冲突有两种,第一种是指员工或者部门之间在对待某些问题上由于认识、看法、观念之间的差异而引发的冲突。例如,员工认为公司的规章制度过于严苛,而管理者认为这种规章制度是合适的,这时就会产生认识冲突。另一种认识冲突,是员工的价值观、信仰与部门、企业的规定不相容而产生的冲突。例如,有的员工信仰伊斯兰教,不能够吃猪肉,若企业食堂为其提供的饭菜中含有猪肉,就会产生冲突。对于这类冲突,通过简单的说服教育很难解决,因为这样只会使当事人更加坚定自己的价值观和信仰。要想解决好这种冲突,就要求同存异,尊重他人的价值观和信仰。

第三,情感冲突。它是由于员工在情感或情绪上无法与其他员工或组织相一致而产生的冲突,又称为感情冲突。这种冲突的产生一定是有某一事件作为背景的。倘若能找到这一背景事件,并加以解决,冲突往往就能迎刃而解。但当这种情感已经成为一种定式的时候,解决背景事件这一方法已经难以奏效,此时,只有冲突双方充分地沟通,才能解决这一冲突。

2. 根据性质分类

根据冲突性质的不同,可以把冲突分为两类——建设性的冲突和破坏性的冲突。

建设性的冲突是有利于达成组织目标的冲突,而破坏性的冲突则是对达成组织目标起阻碍作用的冲突。表 8-1 对建设性的冲突和破坏性的冲突作了比较。因此,不能一概地反对或避免冲突,重要的是要设法控制和驾驭冲突,使之有利于组织目标的达成。研究表明,任何组织都要保持适量的冲突。冲突过多,要设法降低;冲突过少,要设法加强。

表 8-1 两种不同性质的冲突

建设性的冲突	破坏性的冲突
双方最为关心的是如何实现共同的目标	双方最为关心的是如何赢得观点上的胜利
乐于了解对方的观点或意见	不愿意听取对方的观点或意见
大家以争论问题为中心	双方由意见或观点的争论,转变为人身攻击

3. 勒温的冲突理论关于冲突的分类

美国著名的心理学家库尔特·勒温于20世纪三四十年代开展了一系列的研究,形成了冲突类型理论,是早期管理心理学中最具影响力的冲突研究之一。他按照冲突中相互接近与回避等两种倾向的不同组合,将冲突划分为四个基本类型,如表8-2所示。

表8-2　勒温冲突类型理论

冲突的类型	冲突的特点
接近-接近型冲突	指一个人同时要达到两个相反的目标,由于目标背道而驰,难以同时达到,从而引起内心冲突。在解决这类冲突时,必须放弃其中一个目标,或者同时放弃两个目标,以便追求另一个折中目标
回避-回避型冲突	指当一个人面临需要同时回避两个目标时所产生的冲突类型。在这种情况下,人们往往会设法摆脱这种困境。但客观条件却使人难以摆脱这种处境,因而陷入内心冲突状态
接近-回避型冲突	在有些冲突条件下,人们一方面要接近某个目标,而同时又想回避这一目标,这时,会产生接近-回避型的冲突。这种冲突包含激烈的心理冲突,也是近期研究较多的冲突类型
双重接近-回避型冲突	两种或多种接近-回避型的冲突有时会交织在一起,形成一种复杂的模式,称为双重接近-回避型冲突模式

(二)冲突的特点

虽然冲突可以分为不同的类型,但不同类型的冲突仍然有着共同的特点。

1. 冲突主体与客体的多样性

一方面,发生冲突的主体是多种多样的,它可以是个体,也可以是由个体组成的群体,还可以是组织。同时,这些个体、群体或者组织又有着地区或文化背景等的差异。另一方面,发生冲突的客体也是多种多样的,它可以是利益、权力、资源、目标、方法、意见、价值观、感情,等等。冲突主体与客体的多样性,造成了冲突的原因、表现的多样性,从而增加了冲突处理的难度。

2. 冲突起因的多样性

从冲突的定义中可以看出,冲突有多种起因,如目标不相容、认知差异等。而这些仅仅是表面原因,还有许多深层的根源。要解决冲突,就必须仔细了解其发生的真实原因,如此,才能提出恰当而有效的解决措施。

3. 冲突的客观性

事实证明,只要有人存在的地方,就会有冲突。冲突是一种客观存在的、不可避免的、正常的社会现象,是组织中必不可少的一部分。所以,在企业的管理过程中,员工冲突是难以避免的。有效地进行冲突管理、冲突化解能够使冲突的负面作用最小化,而使冲突的正面作用最大化,这对于提高企业的创新能力和活力,促进企业长期稳定的发展具有重要作用。

三、冲突的层次

根据企业中人际团体层次的不同,可以将员工冲突分为个体层次的冲突、群体层次的冲突、组织层次的冲突三个不同的层次。

1. 个体层次的冲突

个体层次的冲突的主体是个体,包括了个人内在的冲突和人与人之间的冲突。

个人内在的冲突是指发生于个人内心或者内部的冲突,常常涉及个人某种形式的目标、价值、判断、认识或感情等冲突类型。

个人之间的冲突是指两个或两个以上员工在交往时,由于工作或生活目标、个性风格和价值理念互不相同而产生的冲突。例如,有些员工做事追求效率,而有些员工做事则追求仔细,当这两种类型的员工在一起工作时,就有可能因为各自做事方式的不同而产生矛盾或冲突。

2. 群体层次的冲突

群体层次的冲突主体是群体,包括了群体内部的冲突和群体间的冲突。

群体内部的冲突是指在群体中,由于群体内部各个成员对问题的认识不同,对群体活动的程序或者目标的意见各异而产生的冲突。群体是由很多成员组成的,虽然群体成员在总体目标和喜好上是较为一致的,但其中每个成员仍会有各自的利益追求,这种不同就会使群体内部出现冲突。

群体间的冲突是指一个群体与另一个群体之间产生的冲突。不同的员工群体,无论其是正式群体还是非正式群体,其利益诉求、行为方式等方面必然会与其他群体存在差异。当这些差异无法相互兼容时,就会由细微的矛盾逐渐演变成群体间的冲突。

3. 组织层次的冲突

组织层次的冲突主体是组织,这里所指的组织可以大到一个企业,也可以小到企业中的一个部门。员工关系中的组织主要是以部门为主。因此,员工关系中这一层次的冲突包括了部门内部的冲突和部门之间的冲突。

部门内部的冲突产生的原因可能是权力分配、个人利益或者是信息沟通等方面存在问题。在一个企业里,每个部门从公司中得到的利益是一定的,但每个员工都想尽可能地得到最多的利益,这就有可能产生利益分配不当的问题,进而出现冲突。例如,在一次部门竞岗中,可能有好几个员工竞争某一个管理岗位,在竞争过程中,就可能会产生各种各样的冲突。

部门之间的冲突是指企业内各个部门之间由于工作上的相互依赖、资源竞争、权限模糊或地位争斗而发生的冲突。这种冲突主要体现在目标、资源、利益等方面。例如,销售部门常责怪生产部门不及时交货,而生产部门则责怪销售部门订单内容的描述不够详细。另外,人事、财务、计划、采购、车间等多个部门都会发生各类的冲突。

案例思考

不奏效的小恩小惠

销售部黄经理结算了一下上个月部门的接待费,发现还有两千多块的结余。按照惯例他会用这笔钱请手下的员工吃一顿饭。于是他走到休息室叫员工小刘,准备叫小刘通知其他人晚上吃饭。

快到休息室时,黄经理听到休息室里有人在交谈。他从门缝看进去,原来是小刘和财务部员工小陈两人在里面。

小陈对小刘说,"你们部门黄经理对你们很关心嘛,我看见他经常用接待费请你们吃饭。"。"得了吧",小刘不屑地说道,"他就这么点本事来笼络人心,遇到我们真正需要他关心、帮助的事情,他没一件办成的。就拿上次公司办培训班的事来说吧,谁都知道如果能上这个培训班,工作能力会得到很大提高,升职的机会也会大大增加。我们部门几个人都很想去,但黄经理一点都没察觉到,也没积极为我们争取,结果让别的部门抢了先。我真的怀疑他有没有真正关心过我们"。

"别不高兴了",小陈说,"走,吃饭去吧"。

听完这些,黄经理只好满腹委屈地躲进了自己的办公室。

(资料来源:"不奏效的小恩小惠",百度文库)

问题:
1. 试分析这一冲突的性质及层次。
2. 试分析在这一事件中谁犯了错误,犯了怎样的错误。

分析:

第一,节省下来的接待费是属于公司的公款,部门经理无权任意支配。

第二,"一个巴掌拍不响",冲突的形成往往双方均有原因,在这一案例中黄经理和小刘均犯有不同的错误。

第二节 冲突产生的原因与根源

一、冲突产生的原因

在组织中,发生冲突的原因往往是多种多样的,有些原因是显而易见的,有些原因是深层的、难以发现的,主要包括双方的误解、合作精神的缺乏、有限资源的争夺、个性的差异、工作方式方法上的差异、文化及价值观的差异、目标的差异等诸多方面。而上述的原因可以归结为个体差异、沟通不畅、角色矛盾、组织制度存在缺陷、组织心理气氛不佳、组织的变革、职责不清这七个方面。

1. 个体差异

组织内部不同的人有着不同的生活背景,他们的性格、家庭和教育背景等方面都会存在或多或少的差异。这些差异决定了他们在价值观、个性、工作方式等方面的差异。当他们在同一个组织内工作时,往往就会因为这些差异而产生冲突。如具有强制性人格的人喜欢指挥别人,并对他人有很强的控制欲,一旦对方没有接受他提出的要求时,他就会容易与对方产生冲突。再如急性子与慢性子是完全不同的两类人,如果要求他们一起完成某项工作,他们就会在怎么做、先做什么后做什么等方面产生分歧,从而产生冲突。

对组织中不同类型的人的个性差异多做一些了解,认识到每个人都有其存在的价值,发现他人的优势,学会欣赏他人,能够大大地减少与他人发生冲突的机会。

2. 沟通不畅

由于获取信息的方法不相同、不对称、不全面,因此,不同的人对于同一件事也会获取到不同的信息,从而产生不同的判断和观点。这就很容易产生矛盾,导致相应的冲突。

而这种冲突主要是由于双方沟通不畅引发的。因为即使每个人获取的信息各不相同,只要员工之间能有通畅的信息沟通渠道,那么,信息就会在员工之间流动,使每个相关员工都能得到所需的信息,这样就能消除信息各不相同的影响,进而减少冲突的出现。

3. 角色矛盾

由于员工在企业中的职位大多是不相同的,就算相同,其所负责的事情也可能不一样。因此,每个员工所扮演的角色并不相同。不同角色的员工对待问题往往会有不同的看法。他们会因为是在某个部门工作,而充分考虑本部门的利益,而忽略其他部门的诉求,处处为本部门着想。例如,销售人员、研发人员、车间员工,他们分属于不同的部门,对待同一个问题和现象时思考的角度就会不一样,因此就容易激发矛盾,从而产生冲突。

要避免这些矛盾就需要企业各部门之间进行充分的交流,实现信息的共享,多从其他部门的角度来考虑问题,设身处地为其他部门着想。

4. 组织制度存在缺陷

企业中每个员工的行为都是要受到组织制度的约束的。当组织制度存在缺陷的时候,就有可能导致员工之间或部门之间发生冲突。例如,一个企业中有些人权力欲望强烈,特别是某些管理者热衷于追逐权力,不能安分守己地干好本职工作以内的事情,而是喜欢越职、越级去处理事情。这时,如果组织制度没有相应的规定,就会造成多头领导的现象发生,从而扰乱企业的正常管理活动,造成企业内部的冲突。

在制定组织制度时,只有充分考虑到全体员工、部门的实际情况,才能使其趋于完善、趋于公平,防止有些人以权谋私或者徇私舞弊,员工才会服从管理,冲突才会减少。

5. 组织心理气氛不佳

组织的心理气氛是指在组织的领导者的长期倡导下形成的组织内部环境的心理气氛。在心理气氛的形成过程中,领导者起着极其重要的作用,这是因为领导者之间的心理气氛会感染到员工。如果领导者之间的人际关系和谐,很少产生冲突,或者产生冲突后都能够得到很好的处理,那么员工之间的心理气氛也会受其影响而变得和谐,组织内的冲突也就减少了。如果领导之间冲突激烈且频繁,那么这种心理气氛必然会影响到员工的观念与行为,从而使组织内部的冲突不断增加。

6. 组织的变革

当企业实行新的战略或实施组织变革时,企业的人员结构、管理模式就会发生变化,原来建立起来的平衡状态就会被打破,从而引起新的冲突。例如,组织在实行变革时,可能会对某些岗位和人员进行重新安置,这就有可能会触动某些人的利益,从而引起组织内部的冲突。

7. 职责不清

职责不清往往体现在两个方面。首先是某些工作没有指定专门的人来负责,一旦出了事故就相互推脱。例如,收发快递的工作若是平时没有指定专门的负责人,而是由需要的人来收发,那么一旦出现重要文件丢失的情况,这些人就有可能相互推脱,冲突就会由此而起。其次是某些工作内容交叉。例如,某项工作有较大利益,许多人都抢着干。这时如果让一个人或一个部门去干这项工作,其他人或其他部门可能就会愤愤不平,冲突也就由此产生了。

 案例思考

她们为什么发生冲突

某韩国知名品牌的化妆品公司准备新开发一个品牌,但公司两位高层就品牌的消费人群定位发生了冲突。金智秀是研发部门经理,公司里很多自主研发的品牌都是出于她的创意。张岱西是公司市场部总监同时兼任客户部总监,并直接向总裁报告。公司最新研发出取名为"兰秀"的护肤系列产品,公司董事长对这个品牌的市场消费定位甚是犹豫,于是就想听听金智秀和张岱西的看法。可是,没想到的是,她们给出了截然相反的意见。金智秀认为,应该将这个品牌定位在20岁左右的女性消费人群,因为时下年轻的一代正是具有强大消费购买力的人群。她们年轻、美丽,追逐时尚,对护肤品有着强烈的购买欲望,所以在产品的包装设计上应该更贴近年轻化、时尚化。张岱西却认为,新研发的这个护肤品牌由于添加了很多配方,所以成本很高,这样一来对产品的定价就会适当提高,可年轻消费群体并不具有对昂贵化妆品的购买力,有可能因为价格高而负担不起,如果要为年轻群体对此产品进行包装设计,可能出现的后果就是年轻人对高昂的护肤品望而却步而无人问津,这样新研发的品牌就有可能会因为没有消费市场而导致推出失败。

公司董事长觉得两人在各自认知背景下提出的合乎逻辑的意见都很有道理。于是,他将两人找来打算一起商议定夺,可两人都十分坚持自己的观点,互相都说服不了对方也不退让。两人都深知自己的局限性,虽然争论不休但还是接受了对方的一些建设性的意见。她们都很注意吸收对方的想法,不仅仅在工作时不断地讨论、争论,甚至在吃饭和下班路上这也成了她们主要的话题;而且她们还利用各自的社交圈子,广泛征求各方面意见。于是,两人在经营理念和市场直觉中形成了良好的互动,经过不断地冲突,不断地吸取对方的想法之后,两人逐渐达成一个共识,就是将主要消费购买群体定位在25岁到35岁这个年龄段,因为这个阶段的女性既有较强的购买实力也有对时尚敏锐的捕捉能力。

在确定这一战略方向后,两人再根据具体的情况进行了更为详细深入的认知转换,最终达成了一致认识。接下来的品牌外在包装设计等工作轻松顺利。品牌一经推出便受到热烈的追捧,为公司创造了惊人的销售佳绩。

(资料来源:张珈豪,《有效冲突管理》,海天出版社2010年版)

问题:

她们为什么发生冲突?冲突为什么没有恶化?

提示:

案例中所提到的冲突是个体差异、认知分歧造成的,冲突之所以没有向恶性轨道发展,主要原因是当事人在共同目标下很好地克制了自己的情绪。冲突虽然发生,但大家始终能保持良好沟通。而从认知冲突的影响因素看,有三个因素促进了冲突的良性发展:①冲突的不确定性很强,又极其复杂,谁也无法确定这个项目推出后到底会怎样;②在实际工作中,各部门彼此依赖性很强,他们本身的组合是互补性的,差异化的知识背景,也使得他们在工作中必须默契合作才可能出色地完成任务;③频繁的非正式交流很大程度上舒缓了冲突中所产生的一些负面情绪。

 案例思考

旧势力与"空降兵"之间的冲突

A企业是内陆某地的一家市级民营企业,从事制水机产品生产和销售。其生产的产品相当于把大型制水系统小型化、终端化,机器通过管线与自来水管相接,自来水经过内部多道过滤程序,即可以成为纯净水直接入口饮用。该机器在经济较为发达的国家普及率较高,但在中国才刚刚起步,属于一种时尚、健康、前卫和昂贵的产品,利润率较高。与桶装水相比较而言,没有了二次污染,现制现喝,比较安全。制水机的销售途径主要有两种,一是通过零售渠道直接卖给用户,二是针对大客户的团体销售。起初,A企业主要组织自身力量进行销售。管理、销售人员多是20世纪90年代初家电短缺时代从事空调销售的人员,年龄整体偏大,而学历多为高中学历,思想相对比较守旧。经过一段时间的市场推广后,市场反响甚微,一团死气,一年的销售额不过几百万元。A企业总经理则是一个相对比较能够接受新事物、新观念的人,经过一番论证和思考,总经理决定从外部引进"空降兵",把希望寄托在外部力量的介入和推动上。作为一个团队进入的空降兵很快占据了营销总经理、销售总监、市场总监、售后服务总监以及驻外机构经理等要职。无论在职位上,还是待遇上,"空降兵"的到来打破了原来固有的平衡。原有势力与"空降兵"之间的摩擦不断,很多时候是互不服气,原有势力认为空降人员不过如此,而空降人员则认为原有势力根本不懂营销。为了给予"空降兵"们更多的支持,总经理更多的是打压原有势力,试图给"空降兵"更多的话语权和可执行空间。

问题:

组织为什么出现原有势力与"空降兵"之间的冲突?应该如何处理?

提示：

出现的冲突是实施组织变革造成的。很多时候，冲突表现为组织进步的激发因素。组织改革就是承认和尊重人们的利益表达权，并以协商、谈判、讨价还价等非暴力方式求得各方利益的均衡。因此，想要给"空降兵"更多的支持，一味打压原有势力并不是一个理智的选择，要试着分散他们的注意力，并让他们能合理地发泄因变革带来的怨气，这样才能为"空降兵"营造一个宽松的管理空间，而非一个四面伏击的战壕。

(资料来源：张珈豪，《有效冲突管理》，海天出版社2010年版)

二、冲突的根源

以上所提到的七种原因只是造成冲突的表面原因。实质上，还有更深一层次的根源，按照其性质可分为硬根源和软根源两类。

在一个组织中当各方利益追求多样化且趋向于无限大，但组织所能提供的资源却十分有限，当资源分配远远达不到"按需分配"的水平时，冲突就会产生，这就是冲突的硬根源。这些资源可以是信息、人力、物力或财力等。当人们感觉到需要对资源进行竞争，或者有限的资源已经严重妨碍自己实现目标的时候，个体与个体、群体与群体之间就必须竭力争取这些稀缺的资源，以满足自己更好的生活和发展，这样冲突就产生了。

而冲突的软根源则表现在冲突各方观念上的不同。无论是个性差异抑或是角色矛盾等原因，其实质都是观念差异的问题。如果员工或部门之间能处理好不同观念之间的矛盾，那么冲突也就会减少。

第三节 冲突的作用

随着冲突理论的不断发展，到如今，冲突的相互作用观点已经广为人们所接受，即冲突是不可避免的，而且是有利有弊的。换句话说就是冲突既有着积极的作用，也有着消极的作用。

一、冲突的积极作用

从冲突的积极方面看，冲突对于个人的发展、工作的进步、组织的变革等方面都有着很大的作用。

1. 阐明观点与立场

冲突双方在争论的过程中，为了说服对方，为了证明自己的观点与立场是正确的，往往会千方百计地寻找论据来支持自己。这样，真理越辩越明，有关冲突的观点与立场会越来越清楚，这对于解决某些疑难问题大有益处。

2. 抒发长期积压的不满情绪

在冲突的过程中，员工往往会宣泄自己的不满情绪。这种不满情绪如果不宣泄出来，对于员工的身心健康是相当不利的。同时过度累积各种负向情绪也必然会影响到员工的工作激情。因此,冲突作为一种"出气筒",能够为员工提供宣泄的渠道,这对于员工与组织都相当有益。

3. 促使员工自我突破

有些冲突是由于一方认为另一方的工作不够出色而引起的。这样的冲突往往会伴随着竞争,能够充分激发员工的潜能,促使员工不断实现自我的突破与进步,并更好地完成工作任务。

4. 了解真实信息

在冲突中,双方传递的信息往往是不加伪装的。管理者在处理冲突的过程中,会了解许多在其他渠道中不易了解到的真实信息。这对于管理者全面掌握信息、正确做出决策,具有极其重要的意义。

5. 建立新的和谐关系

由于老的关系造成了冲突,使潜藏起来的矛盾公开化,这样就有利于管理者排除引起冲突的消极因素,从而建立起新的和谐关系,增强组织内部的团结与向心力。同时,人际冲突能够突显双方的问题症结所在,促使双方努力寻求可能的解决途径,增进个人对自我以及他人的了解,这也有利于和谐关系的建立。

6. 提高生产能力

通过冲突而引发的组织革命或员工自身的突破,能够增强员工的技能,激发员工完成工作的干劲,从而对提高组织的生产能力有很大的帮助。

7. 促进组织的变革

个体之间或群体之间产生了冲突,说明两者之间的某些方面出现了问题,有些方面甚至已经到了非改不可的程度。例如,由于职责不明而产生的冲突往往伴随着组织内部制度的不完善。这样,通过冲突,管理者就可以了解到问题究竟出现在哪里,追根究底,就可以找出组织内部不完善的地方,然后加以改善,从而促进组织的变革。

 经验分享

通用电气冲突管理案例

在通用电气,韦尔奇经常参与员工面对面的沟通,与员工进行辩论。通过真诚的沟通直接诱发同员工的良性冲突,以此不断发现问题、改进管理,从而使通用电气成为市场价值最高的企业,也使他成为最有号召力的企业家之一。

二、冲突的消极作用

虽然冲突有着不少的积极作用,但对于其消极作用,我们更要加以警惕。

1. 造成组织的损失

组织中的资源缺乏是造成冲突的一个原因。但冲突的结果也可能会使资源分配更加不公平,这样就会挫伤一部分员工的工作积极性。另外,冲突持续越久,给组织带来的时间和金钱上的损失就会越大。更严重的是由于冲突而造成的员工间的离心力,其破坏性更是不容低估。

2. 产生消极的情绪和状态

在冲突的过程中,每个参与者的情绪都会剧烈地波动,这是因为冲突会给参与者带来很大的精神压力。这种消极的情绪、状态和精神压力会使员工产生一些极端不理智的行为,如打架、破坏工具和设备,甚至行凶或自残。

3. 影响人际关系

有些冲突本身就是由于双方性格不合而造成的,如果处理不当,就会容易使人产生报复的心理。这时往往会出现恶意攻击、无端谩骂、人身侵害等情况,随之而来的就是双方关系的紧张。这种紧张感持续一段时间后就会极大地影响到员工之间的人际关系,从而使得群体分离。

4. 破坏组织的结构和秩序

冲突发生时,组织的目标往往会被双方忽略掉。当冲突蔓延时,一部分员工会对组织的指示、命令茫然无措,不知道该听谁的;一部分员工则会把组织的指示、命令当成儿戏,自行其是,不受上级的约束。这些行为都会严重地破坏组织的结构和秩序。

5. 影响组织目标的实现

组织目标的实现,需要所有员工的共同努力。但冲突可能使得员工之间矛盾重重,甚至相互敌对。这将会使员工之间或部门之间的合作无从谈起,整个组织如同一盘散沙,这无疑会严重影响组织目标的实现。

6. 使部分人才流失

如果冲突发生后,员工的要求无法得到妥善的解决,一部分员工会对组织感到失望,觉得再留在该组织中也不能很好地发挥其作用,从而会选择离职。这样就会造成组织中人才的流失,从而削弱组织的竞争力,不利于组织的发展。

 思维练习

举例说明冲突的作用

填写表 8-3,以最近身边发生的冲突为例,说明每次冲突的作用包括哪些。深入了解冲突的作用,并尽量避免冲突的消极作用发生,或者使其转化为冲突的积极作用。

表 8-3 举例说明冲突的作用

冲突的简单描述	冲突的积极作用	冲突的消极作用

第四节 冲突的缓和与解决

一、冲突的缓和

研究表明,如果一个企业的冲突太少,员工之间就会变得冷漠、互不关心,缺乏创意,从而使企业墨守成规,停滞不前,对革新没有反应,影响到企业的正常发展。如果企业有适量的冲突,员工的兴奋程度就会提高,员工的工作热情和创造力也会被激发出来,企业凝聚力和竞争力也会得以提高,从而使企业不断地创新和发展。但如果企业的冲突过大,就会对企业带来很大的破坏,员工之间会出现不合作甚至敌对的情形,从而影响到员工的工作效率,阻碍企业的发展。

一般来说,企业中更常见到的是过大的冲突。当冲突过大时,就有必要采取措施对冲突进行缓和,也就是将两者相互排斥的关系化解到不紧张状态,或者说,使冲突降到适当的水平。通过这样的方式来实现员工最佳的工作绩效,从而推动企业的发展。这就是冲突的缓和。

二、冲突的解决策略

过去,社会心理学家用一维空间来表达人们的冲突行为,这一维空间是:从竞争到合作。该观点认为对于冲突的解决策略,有的人倾向于竞争,有的人倾向于合作,有的人则介于两者之间。近年来的许多研究说明这种看法并不能全面反映人们解决冲突的策略,因此,有人提出了两维空间模式。其代表人物是美国行为科学家托马斯和基尔曼,该模型也被称为托马斯-基尔曼冲突模型,如图 8-1 所示。图中横坐标表示"合作"程度,即满足他人的利益。纵坐标表示"武断"程度,即满足自己的利益。在这个两维模式里,有五种解决冲突的策略,即强制、回避、妥协、克制和合作。

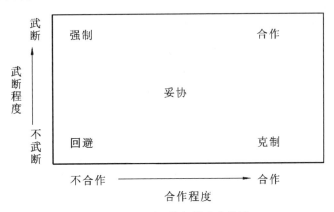

图 8-1 托马斯-基尔曼冲突模型

1. 强制

这是一种高度武断、不合作的解决冲突的方法,又称为竞争。在这种方法中,一方为了自己的利益,牺牲对方的利益。双方都会坚持己见和不合作的行为,力图达到自己的目标,而不关心他人。这种解决策略通常涉及权力和统治这两个因素,冲突的一方有一定的权势,觉得自己必须赢,而对方在不得已时必须输。在冲突双方中明显有一方更有理,而且占有优势时,可以采取这种方法。这种方法适用情境有:

(1) 反对那些采取不正当竞争行为的人们的时候;

(2) 紧急情况下需要采取迅速行动的时候;

(3) 为了组织的利益必须采取不受欢迎的、特殊的行为的时候;

(4) 个体需要采取行动保护自我和阻止他人利用自己的时候;

(5) 涉及严重违反企业规章制度,需要进行严肃处理的时候。

2. 合作

合作是一种高武断、高合作的解决冲突的方法。在这种方法中,冲突双方都想尽量扩大双方共同的成果。他们认为冲突是正常的,也是有益的,只要方法得当,冲突是可以很好处理的。这是一种最值得提倡的方法。但现实中,许多管理者未站在客观的立场上运用这种方法,使得这种方法的效果大打折扣。

合作策略是一种开诚布公的策略,能够使冲突双方的利益都得到满足。通过这种方式,冲突被公开地认识并被所有有关的人评价。认识和评价冲突的原因将有利于得出一个有效的解决冲突,并使所有相关的人都可以接受的方案。而运用合作方式的个体通常会被视为是有能力的,并且能够得到他人的积极评价。这种解决方案适用情境有:

(1) 当个体中有充分的权利均势以至于他们感到可以坦率地相互影响,而无需顾忌他们之间的正式上下级关系的时候;

(2) 当从长远角度看来,双方有一个通过双赢的过程来解决争议并能互惠互利的潜力的时候;

(3) 有充分的组织支持以投入必要的时间和精力来用这种方式解决冲突的时候;

(4) 组织中的制度鼓励采取合作方式解决争端的时候。

3. 回避

回避方式是一种不武断和不合作的解决冲突的方法。它是一种消极的策略,个体运用这种方式来远离冲突、忽视争执,或者保持中立,对自己和他人的利益都缺乏兴趣。回避方式反映了对紧张和挫折的反感,而且可能包括让冲突自生自灭的决定。由于忽视了重要的问题,而这往往会使他人感到灰心,所以用回避方式常常会导致他人负面的评价。在这种方法中,处理冲突者不考虑个人的利益和对方的利益,形成"输-输"局面,结果是双方都输。这是一种最不宜提倡使用的方法。这种方法适用情境有:

(1) 当问题很细小或只有短暂的重要性而不值得个体耗费时间和精力去面对它的时候;

(2) 个体在当时没有足够的信息来有效地处理它的时候;

(3) 个体的权利对其他人而言太小以至于没有机会来形成变革的时候;

(4) 其他人可以更加有效地解决这个冲突的时候。

4. 克制

这是一种合作程度很高而武断程度很低的解决冲突方法,它代表了一种利他的行为。

这种行为是对他人愿望的一种屈从或者是鼓励他人合作的一项长期政策。这种方式中，一方充分考虑并关注对方的感受与需求，而克制自己的愿望和想法，不关心自己的需求，从而以牺牲自己的利益为代价去满足别人的利益。其目标是不激怒冲突中的其他人。之所以采取这种应对策略，可能是因为过于看重组织中的和谐关系。这种方式表示出了对冲突的情感方面的关注，但对于冲突的实质问题则没什么兴趣。克制方式仅仅是个体掩饰或者掩盖自己的情感而对于解决冲突基本上是无效的。其适用情景有：

（1）当和谐及稳定相当重要的时候；
（2）使员工从错误中学习以提高今后的工作质量的时候；
（3）当发现自己是错的时候；
（4）当结局对对方比对自己更重要的时候；
（5）要为以后的争端建立社会信誉的时候。

5．妥协

这是一种合作与武断都处于中等程度，要求冲突双方各退一步，以找到双方都可以接受的解决冲突的方法。在这种方法中，都考虑了双方的利益，但都不完全考虑双方的利益，从而寻找一种双方都能接受的处理方法。运用这种方法的个体将通过协商、谈判和一系列的让步，使矛盾和冲突得到缓解。妥协是一种被广泛使用和普遍接受的解决冲突的方法。这种方法的优点是风险和代价都较小；缺点是不能从根本上解决问题。由于妥协是一种合作性的"退让"，并有助于未来保持良好的关系，因此，与他人妥协的个体将更可能被积极地评价。其适用情景有：

（1）势均力敌的双方各自坚持他们的目标的时候；
（2）达到一个双赢协定完全不可能的时候；
（3）冲突的目标或对立的利益阻止了就某人的提议达成一致的时候；
（4）两者其实都有理，只是看问题的角度不同的时候。

总而言之，强制的方法态度比较强硬，可以使冲突很快解决。但因为它牺牲了一方的利益，所以有不稳定的因素。当双方实力有所改变时，冲突会很快再次出现。强势的一方会认为这种策略非常有效率，但另一方会有不满、躲避的情绪。因此，强制策略不利于长期合作。回避策略是最差的应对冲突的方式。它并没有解决问题，只是暂时地拖延。妥协策略会使问题获得部分的解决，但争端可能会延续下去。合作是一种比较好的综合解决问题的策略。我们说任何一种冲突应对方式都有自身的独特价值，有它适用的条件。但是从长远来讲，合作策略是最好的一种解决策略，对建立长期的合作、和谐的关系非常有利。

 经验分享

怎样才算是好的谈判？

在缓和和解决冲突的过程中，无论采取哪种策略，都需要进行谈判。那么，在一场谈判中，怎样才算是好的谈判呢？谈判双方首先要明确的是谈判不是对立的，谈判仅是解决问题的一种方式,是谈判双方共同的沟通决策过程。说到底,谈判是处理双方利益关系的过程。因此,双方只有选择合作才能获得利益,但面对利益之争又不可避免地产生一定的冲突。这意味着谈判者必须能够协调好冲突中的合作、合作中的冲突,使谈判的结果同时兼顾己方的既定目标和对方的合理要求,并且有利于维护双方良好的关系。因此,好的谈判应该是一个双赢的过程。

三、有效的冲突管理

传统的冲突管理理念认为冲突管理就是"消除冲突"、"解决冲突"或"处理危机",其隐含的前提假设是"冲突是破坏性的"、"冲突管理是冲突事件发生以后的工作",这显然是片面的。现代冲突管理观点认为,冲突不仅具有客观存在性和主观知觉性,而且具有作用影响的两重性,即冲突对于组织或群体既具有建设性、推动性等正面属性,又具有破坏性、阻滞性等负面属性。因此,组织中管理者的任务不再是防止和消除冲突,而是要管理好冲突——限制破坏性冲突和促进建设性冲突,刺激功能积极的冲突,充分利用和发挥冲突的积极影响并控制其消极影响。

具体来说,有效冲突管理包括以下几个方面:维持适度的冲突、管理重要的冲突、解决可解决的冲突、解决冲突时应避免情绪化、形成自我反省的习惯等。

1. 维持适度的冲突

冲突水平太低的组织没有创新精神,不易暴露出工作中的错误,组织显得没有活力,同时不善于自我批评和自我革新,对外界的变化反应缓慢。而在冲突水平太高的组织中,员工关系会极度紧张,员工的精力都用来应付压力了,日常的工作必然会受到影响。因此,企业应该维持适度的冲突,当组织内部冲突太多时,应设法尽力消除冲突;当组织内冲突太少,应通过各种方式适度地激发冲突,以维持组织的生命力。

2. 管理重要的冲突

并不是所有的冲突都是需要管理的,对于大多数的冲突,处理的最好的方式就是忽视。有许多管理者对下属发生的冲突感到厌烦,这是因为他没有意识到企业发生冲突是普遍的、正常的现象。根据调查,在组织管理中大约只有20%的冲突是需要管理的。对于其他的冲突,"忽视"是最好的方法。

3. 解决可解决的冲突

如果有些冲突不能予以"忽视",但又无法解决,例如,有的员工在企业内部组织小团体活动对企业进行破坏性的对抗活动,对于这类不可解决的冲突就应予以消灭,开除是最好的办法。

4. 解决冲突时应避免情绪化

如果冲突已经发生了并且需要解决时,应本着非情绪化的原则来解决冲突。例如,当员工因对有些事情不满而到领导处投诉甚至吵架时,处理此事首先是让其坐下,因为站着比坐着更容易情绪激动。其次要仔细认真地听其倾诉,并不断地给予回应,通常对方倾诉完后情绪就平稳下来了。最后就是应当仔细记录其倾诉的内容,这种仔细做笔记的态度会让员工感到领导对其的重视。在这种非情绪化的前提下,冲突才有可能得到合理的解决。

5. 形成自我反省的习惯

在管理工作中应经常反省自我,首先考虑自己的不足,然后再考虑如何处理冲突,同时还应弄清对方思考问题的方法,这对更好地处理冲突是有益的。弄清对方思考问题的方法并不是赞同对方的想法,而是了解对方思考问题的来龙去脉,发现解决问题的关键点。

 案例思考

刘菲供职于一家大型软件公司的客户服务中心,主要负责售后服务工作。一天,一家外地客户单位因为电脑网络系统出现故障陷于瘫痪,致电刘菲请她马上派人去维修。刘菲找到公司办公室的王主管要车,但王主管却以公司规定派车去外地需总经理签字同意为由,让刘菲先去找总经理,在得到总经理的批准后再过来要车。可这个时候正好总经理不在公司而在外地办事,刘菲怕客户着急就要求王主管先派车,回来再补签字。在遭到拒绝后,心直口快的刘菲与王主管发生了激烈的争吵。事后,两人都感到后悔,因为两人每天在公司低头不见抬头见,以后该如何相处,如何开展工作呢?

问题:

当发生冲突后,如何进行管理,如何消除冲突?

提示:

冲突是不可避免的,大多数组织目前提供的产品和服务都很复杂,因而无论是产品的生产还是服务的提供都要求很多群体紧密合作。而当众多的群体共同致力于多项任务时,不发生冲突实际上是不可能的。另外,由于外部环境和组织内部可能发生的变化,这些变化常常造成大家互相争预算和资源,而由此引起的冲突并不易预见或并不总能避开。因此,按照现代冲突观念,有时压制所有冲突会导致更消极的后果。因为,对所有冲突都进行压制,人们就开始暗地里互相拆台而不是互相直接对抗。作为解决冲突的一种策略,对抗有时比压制更为有效。所以,管理者的工作应该允许适当的冲突存在,而设法以那种能加强组织有效性且不产生更深敌意或破坏性行为的方式去解决、消除冲突。作为管理者,他们应该得到承认和奖赏的是诊断和管理冲突的技巧,而不是看他所管辖的单位"平静"还是"不平静"。

(资料来源:张珈豪,《有效冲突管理》,海天出版社 2010 年版)

 经验分享

经理作为冲突调停者十种失败的表现

- 听完双方的陈述后就没词了
- 赞同其中一方的观点
- 向双方表示不应该在工作时讨论这种问题

- 阻止双方向你宣泄,建议双方冷静下来后再谈
- 认为双方都有错误,指出两者各自存在的问题
- 引导双方攻击你
- 缩小问题的严重性
- 建议举行一个你可能不是主持人的寻求解决方法的会议、座谈
- 转移话题
- 当双方争执时,表达不愉快的情绪(如暗示这样会破坏员工的团结)

本章小结

本章首先介绍了冲突的含义、特征、类型及其层次;其次详细阐述了导致冲突的七种原因,并深入探究了冲突的两种根源,利益视为硬根源,而观念则为软根源;接着介绍了冲突的各种积极作用和消极作用;最后介绍了五种冲突处理策略及其适用情景,以及有效的冲突管理方式。

问题思考

1. 冲突具有哪些特征?
2. 请谈谈冲突对企业经营活动的影响。
3. 引起冲突的根源主要有哪些方面?
4. 五种冲突处理策略具体是哪些?分别适用于哪些不同的情形?
5. 结合实际谈谈你对有效的冲突管理的理解。

互动空间

处理员工冲突的五个步骤

案例材料一

在中国大酒店"管理及督导之必备技巧——有效处理冲突"的培训课程中,曾提到"处理冲突的五个步骤"。即要解决一个冲突,可以参考以下五个步骤:

第一步,认可冲突是客观存在的,而且是要共同解决的;

第二步,交换对问题的看法;

第三步,寻求双赢的解决方案;

第四步,实施解决方案,并建立"检查"程序以监控进度;

第五步,对结果进行评价。如果冲突仍未解决,请中立的第三方介入,或以尊重的态度认可相应的不同点,并重新开始这五个步骤。

(资料来源:"酒店处理员工冲突五步骤",豆丁网)

案例材料二

A公司要选拔两位员工,两位员工都很努力,都是销售能手。经过讨论,公司决定让年轻的A员工担任部门经理,年长的B员工作为部门职员暂不提拔。结果,由于B年长,

工作时间比 A 长,再加上有时候 A 对 B 不太尊重,常命令 B 去做这个做那个。因此,B 心里很憋气,就倚老卖老,常对 A 找碴。两人之间的矛盾就此产生,并且越来越严重,甚至影响到部门的正常管理,在同事之间也充斥着各式各样的流言。这种矛盾一旦处理不当,就会造成员工之间对立的情况,甚至产生一发不可收拾的冲突事件。

(资料来源:王生平,《员工管理简单讲》,广东经济出版社 2006 年版)

讨论话题:

1. 材料一中的"处理员工冲突五步骤"对于一般员工冲突的管理有哪些实际意义呢?

2. 材料二中,如果你是 A,你能运用"处理员工冲突五步骤"来处理问题吗?如果你是 A 和 B 的上司呢?

3. "处理员工冲突五步骤"能否用于日常生活中的冲突的处理呢?举一个例子说说。

 实践活动

分析两种不同性质的冲突

活动目标

通过此次训练找出在日常工作生活中遇到的不同性质的冲突,分析这些不同性质的冲突的特点,找到解决冲突的途径。

训练要求

(1)在表 8-4 内,列出三项最近遇到的冲突事件(并不一定是自己亲身经历的)。回顾事件的过程,分析哪些是建设性的冲突,哪些是破坏性的冲突,并填写在表中。

表 8-4 分析两种不同性质的冲突

	建设性的冲突	破坏性的冲突
1		
2		
3		

(2)努力辨明这些冲突是怎样造成的。观察体验将它们消除之后得到的好处。

(3)写下自己的心得体会,谈谈自己在解决冲突过程中的感受。

作 业 习 题

一、判断题(共 10 小题。请在正确表述后打"√",在错误表述后打"×"。)

1. 人际关系观点认为,冲突是有害的,但是却是可以避免的。 (　　)

2. 不同与冲突的人际关系观点,冲突的相互作用观点建议管理者被动地接纳冲突。 (　　)

3. 虽然冲突有破坏性和建设性之分,但这两种类型的冲突仍然有共同的特点。 (　　)

4. 组织的心理气氛是指在组织的领导者长期倡导下形成的组织内部人与人之间的关系程度。（   ）
5. 个性差异或是角色矛盾均属于冲突的硬根源。（   ）
6. 冲突的软根源是源于冲突各方利益追求的多样化且趋向无限大。（   ）
7. 冲突对于个人的发展、工作进步、组织变革有很大的作用。（   ）
8. 凡是冲突都应该采取适当的措施去缓和。（   ）
9. 合作是一种高武断、高合作的处理冲突的方法。（   ）
10. 回避方式指的是一种高武断、高合作的处理冲突的方法。（   ）

二、单选题（共10小题。多选、不选或错选均不得分。）

1. 关于冲突不正确的表述是（   ）。
   A. 双方在观念和行为上的对立或对抗　　B. 目标在实施过程中遇到挫折、阻力
   C. 改变人们的思想观念　　D. 两种目标的互不相容或互相排斥

2. 破坏性冲突的特点是（   ）。
   A. 不愿听取对方的观点或建议　　B. 乐于了解对方的观点或意见
   C. 大家以争论问题为中心　　D. 双方最为关心的是如何实现共同目标

3. 以下不属于冲突的共同特点的是（   ）。
   A. 冲突客体的多样性　　B. 冲突主体的多样性
   C. 冲突起因的多样性　　D. 冲突的主观性

4. 根据企业中人际团体的层次，可以将员工冲突分为（   ）。
   ①个人之间的冲突；②群体内部的冲突；③群体之间的冲突；④部门内部的冲突；⑤部门之间的冲突。
   A. ①②③④⑤　　B. ①②③　　C. ②③④⑤　　D. ②③⑤

5. 以下属于冲突的根源的是（   ）。
   A. 硬根源　　B. 矛盾根源　　C. 综合根源　　D. 对立根源

6. 以下属于冲突的作用的是（   ）。
   ①了解真实信息；②促进组织变革；③破坏组织结构和秩序；④阐明观点与立场；⑤利于组织目标的实现
   A. ①②④⑤　　B. ①②④　　C. ①②③④　　D. ①②③④⑤

7. 以下不属于冲突的解决策略的是（   ）。
   A. 强制　　B. 回避　　C. 合作　　D. 沟通

8. 回避这种方法的适用情境有（   ）。
   A. 个体需要采取行动保护自我和阻止他人利用自己的时候
   B. 把冲突看做是自然的、有益的，如果处理得当会带来一个更有创意的方案
   C. 个体在当时没有足够的信息来有效地处理冲突的时候
   D. 冲突主要基于个体的人格而且不能轻易消除时

9. 妥协是一种被广泛使用和普遍接受的解决冲突的方法。这种方法的特点是（   ）。
   A. 风险很大　　B. 代价较小　　C. 能根本解决问题　　D. 很少使用

10. 以下（　　）不是有效的冲突管理的内容。
   A. 维持适度的冲突　　　　　　　　B. 解决可解决的冲突
   C. 形成反省自我的习惯　　　　　　D. 管理次要的冲突

三、案例分析题（共 2 个案例，10 个单选小题。多选、不选或错选均不得分。）

案 例 一

某天，行政主管 A 接到领导安排任务，要求其在一周内完成办公用品的盘点工作，并出具盘点报告。A 当日即要求下属 B 提交一份仓库清单，并配合盘点，但双方在此过程中并未达成一致的意见。

之后的三天内，A 和 B 一直未达成一致意见，直至第四天 A 才拿到仓库清单，并要求 B 一起盘点仓库。B 认为仓库物品进出都是由她负责管理，抽查盘点工作应当由其他人执行，且 A 的工作安排与 B 本人的工作安排有冲突，故没有陪同 A 参加仓库盘点工作。之后 A 就开始一个人进行盘点。在盘点过程中，A 发现账务不符，问 B 情况，B 未做正面回答。两人随即发生争吵，这时办公室的人都听到两人的争执并进行劝阻。到了下班时间，盘点工作还没能完成。B 问 A 要不要下班，B 要锁门，因为仓库钥匙一直是 B 一个人管理。但 A 坚持要盘点完毕才能下班，并再次要求 B 配合，而 B 则要求第二天再行盘点并把 A 关在仓库内。A 设法从仓库出来后两人发生激烈争吵，因此时正值下班时间，公司大部分人员都看见并听见了两人的争吵。

（资料来源：王生平，《员工管理简单讲》，广东经济出版社 2006 年版）

1. 案例中，行政主管 A 与下属 B 在安排工作任务时未达成一致的意见，这充分反映了他们（　　）。
   A. 在沟通上存在冲突　　　　　　　B. 没有替对方考虑
   C. 双方关系恶劣　　　　　　　　　D. 想法不符合实际

2. 行政主管 A 和下属 B 产生冲突的原因是（　　）。
   A. 个体差异　　　　　　　　　　　B. 沟通不畅
   C. 角色矛盾　　　　　　　　　　　D. 组织心理气氛不佳

3. A 发现账务不符，问 B 情况，B 未做正面回答，这属于处理冲突的（　　）策略。
   A. 强制　　　　B. 回避　　　　C. 合作　　　　D. 妥协

4. 案例中的冲突带来的消极作用有（　　）。
   A. 造成组织损失　　　　　　　　　B. 影响人际关系
   C. 影响组织目标实现　　　　　　　D. 以上都是

5. 对 A 和 B 可以进行的有效冲突管理是（　　）。
   A. 维持适度的冲突　　　　　　　　B. 解决可解决的冲突
   C. 解决冲突时应避免情绪化泛滥　　D. 以上都是

案 例 二

某酒店有一位部门经理，他一直在鼓励员工提出建议来改善酒店会所的失物招领程序。于是，他手下的两名员工，黄生和张生都提出了不同的建议。他们的工作很努力，都曾向经理表示希望晋升为客房领班。经理认为两种建议各有长处，故未决定采取何人的建议。黄生和张生都认为自己的方法是最好的，为此形成了竞争。他们总是争吵不休，双方都拒绝遵守任何的失物招领程序。他们的冲突最后扰乱了部门的工作。

(资料来源:张晓彤,《如何进行员工关系管理》,北京大学出版社 2006 年版)

1. 经理的初衷是(   )。
   A. 引发冲突   B. 使员工形成竞争
   C. 监督员工   D. 促使员工参与管理

2. 黄生和张生发生冲突的原因是(   )。
   A. 只考虑个人的利益   B. 只考虑自己的想法,并强加于人
   C. 提出来的建议相互对抗 D. 以上都是

3. 要解决黄生与张生面临的冲突应该使用(   )策略。
   A. 强制   B. 回避   C. 合作   D. 妥协

4. 冲突的积极作用是(   )。
   A. 促使员工自我突破   B. 促进组织变革
   C. 改善企业管理   D. 以上都是

5. 黄生与张生的冲突属于(   )层次的冲突。
   A. 个人之间的冲突   B. 群体内部的冲突
   C. 群体间的冲突   D. 部门之间的冲突

第九章 员工关系诊断与改进

能力要求

了解员工关系诊断的含义,掌握员工关系诊断的原则、目的和要素;
理解员工满意度调查的内涵与意义,掌握员工满意度调查的内容;
熟悉员工满意度的几种调查方法,掌握员工满意度调查的程序和结果;
掌握员工关系改进的原则与主要内容;
熟悉员工关系改进计划的实施和评估。

考核重点

员工关系诊断原则、目的和要素;员工满意度调查内容、方法和程序;员工关系改进主要内容、计划的实施和评估。

案例导入

某南方钻石企业员工关系分析

1998年8月的一天,某南方钻石企业的车间丢失了四颗钻石。当时,管理层没有选择适当的方式进行调查,而是擅自对车间内的员工进行"搜身",甚至要求员工把衣服脱光。这个事件,很快在企业内部激起了千层浪,引起了很多员工的不满。尽管事后大多数员工都接受了企业方的道歉和赔偿,却形成了永不磨灭的心理阴影;而其中的六名员工,则表示要运用法律的手段来维护自己的名誉。

毫无疑问,该企业的管理层在处理此次事件时,存在很大的问题,因为它损坏了企业中相互信任的基础,从而使员工关系变得十分恶劣,对员工的不信任已经影响到员工关系的日常管理。这次事件后,企业的骨干员工流失、员工缺勤频繁的现象日益严重,给企业的发展造成了不可估量的损失,最终这家企业于2002年10月倒闭。

(资料来源:张晓彤,《员工关系管理》,北京大学出版社2003年版)

启示:

一个企业内的成员如果相互缺乏信任,管理层处事不公平、不公正,对员工漠不关心,甚至回避矛盾,会严重破坏已建立的良好的员工关系。因此,管理层要始终牢记着"尊重员工",在面对员工的时候,要善于换位思考,斟酌如何对待下属和如何处理企业内部的人际关系。

第一节　员工关系诊断

员工关系诊断是员工关系管理者应当掌握的必备技能之一。它是指通过对一系列相关因素的调查和分析，了解并发现员工关系管理过程中存在的问题和症结，提出员工关系改进方案的工作活动。

一、员工关系诊断的原则

作为企业管理活动中一个持续的过程，员工关系诊断这项工作分别作用于两方面。当企业处于规模不断扩大，效益不断提升的阶段时，员工关系诊断可以发现企业运作中潜在的问题；反之，当企业遇到发展瓶颈时，员工关系诊断就可以作为探究发现工具，找出企业发展中存在的问题，从而找到相应的对策，调动员工的积极性和创造力。员工关系诊断包括了三个基本原则。

1. 主要指标原则

由于企业管理活动的有限性和时效性，不可能也没有必要对企业在经营管理运作中的所有指标都进行诊断，而应该挑选对企业具有重大影响的指标进行诊断。

2. 覆盖相关利益人原则

为保证调查结果的可靠性，调查对象不仅要包括企业内部员工，还要包括其他与企业有相关利益的人员。覆盖所有的相关利益人，可以避免在调查结果判断方面出现大的偏差。

3. 注重关键影响因素原则

衡量企业员工关系好坏的一个重要指标是员工满意度调查结果，但仅仅停留在调查结果上是非常片面和表面的。企业应当更加注重关键影响因素，并通过改善关键影响因素最终改善员工满意度。

二、员工关系诊断的目的

员工关系诊断的目的主要是了解员工内心的想法，反映企业管理现状，并对出现的问题及时改进，从而提高员工对企业的归属感，以此增强企业的凝聚力，保证企业的工作效率和最佳的经济效益，减少和避免生产率低、损耗率高、人员流动率高等紧迫问题。归纳起来，员工关系诊断的目的主要包括以下几点。

1. 找出企业潜在的问题

有研究表明，各个相关利益者对于当前员工关系的满意度是预测企业管理完善程度的"晴雨表"。企业在运营和发展的过程中，不免会遇到很多问题，这些问题有的很明显，可以通过业绩表现、客户满意度等方面很明晰地看出来从而得到及时的解决。但同时有些问题，尤其是问题的苗头是不易发现的，会在发展中悄无声息地侵蚀企业已经累积多年的基础，这些就是企业的潜在问题。此时，员工关系诊断就成为了调查企业潜在问题的一种好方法。企业通过员工关系诊断，当发现员工对企业的满意度有所下降时，就应该及时检查企业的相关政策和管理程序,发现导致员工关系出现问题的原因并及时采取相应措施予以调整和完善。

2. 找出经营过程中主要问题产生的原因

在企业实际的经营过程中,很多问题会随着时间的推移而暴露出来,但是问题的解决却往往伴随着一系列难题。首当其冲的就是问题产生的原因不明显,企业管理者无从下手。例如,某企业员工近来生产效率低下、产品的残次品率有所提高。但是产生这些问题的原因究竟是出在生产设备上,还是员工身上呢?是企业管理问题,还是薪酬待遇问题呢?管理者单凭自己的经验也许能起到一时之效,但无法更加深入系统地探究其原因。此时,就可以通过员工关系诊断来进行调查、分析,了解产生问题的成因,确定是否因员工对工资不满、企业管理人员管理不善、员工的晋升渠道不畅等问题影响了员工的心态。这些调查是必要的,单单靠管理者的经验进行判断,是很难发现产生这些问题的根本原因的。

3. 评估组织变化和企业政策变化对员工的影响

员工关系诊断能够有效地评估组织政策和规则对员工产生的各种影响,通过对比前后的一些变化,企业管理层可以了解到企业政策变化对员工所产生的影响。例如,上一年的企业政策是什么?对员工满意度产生的影响有多大?今年的政策变化后又对员工的满意度产生了多大的影响?通过一系列的调查以及对调查结果的诊断分析,可以较为科学和明晰地判断出企业的组织变化和政策变化对员工的影响。

4. 促进组织和员工之间的沟通和交流

员工互相之间和员工与企业之间的沟通障碍是不可避免的,而发现和克服员工与企业之间的沟通障碍的重要手段就是员工关系诊断。沟通是主观且双向性的,很多沟通问题不仅仅存在于员工之间,也存在于员工与企业之间。此时通过员工关系诊断可以有效而全面地发现广泛存在于企业与员工之间的沟通问题,从而克服其沟通障碍,有利于员工与企业之间的相互理解,提高员工对企业的满意程度。

5. 培养员工对组织的认同感、归属感,增强组织的向心力和凝聚力

员工对组织的认同感、归属感很大程度上源于对企业管理民主性的感受。员工关系诊断使得员工提高了对企业的信任感,帮助员工在民主管理的基础上树立以企业为中心的群体意识,把企业当成自己的家,增强员工对企业的认同感和归属感。另一方面,员工关系诊断活动也有助于增强企业的向心力和凝聚力。

三、员工关系诊断的要素

员工关系诊断的要素是员工关系诊断的重要方面。从国内外对员工关系诊断的研究中可以看出,员工关系诊断的要素主要包括以下几个方面。

1. 工作本身

工作本身包括员工对工作的兴趣、工作的丰富性、挑战性、成功机会等。员工对企业的满意度和归属感等很大程度上取决于员工对工作的兴趣。通过调查可以发现,具有一定心理挑战性,内容相对丰富的工作会减少员工对其所产生的厌烦感,同时如果这项工作有助于提高员工综合能力,且通过工作员工自身价值可以得到体现和增值,那么员工为此所感受到的愉悦感便会大幅度提升。此外,工作本身的成功机会也是提升员工满意度的动力之一。

2. 报酬

报酬主要指报酬的结构、数量、公平性及合理性。报酬是决定员工满意度的重要因素,它不仅能满足员工生活和工作的基本需求,也体现了公司对员工所做贡献的肯定和尊重,是衡量员工业绩大小的重要指标。科学合理的薪酬体系是企业健康良性发展的重要因素,而薪酬体系的合理性评判需要员工意见的参与。作为员工关系诊断的重要因素,对报酬的评价和诊断有利于企业的长远发展。

3. 晋升机会

晋升机会是对员工工作认可的另一种方式。晋升为员工提供个人成长的机会、增加其所需要承担的责任、提高员工的社会地位。如果一位优秀的员工只得到良好的报酬,但在同一个职位工作了十多年却没有晋升,他的满意度不会很高。晋升同样讲究公平、公正与合理性,只有当员工认为晋升机会是公平、合理的,才会提高他们的工作满意度。

4. 领导风格

管理者的领导风格可以从两方面考虑:一是关心的焦点在人的层面还是在生产的层面;二是领导的方式是独裁式还是民主式。一般来说,以员工为中心的民主参与式的领导风格给员工以更强烈的工作满意感和归属感。同时也是一个企业里,其文化是否进步,发展是否健康,制度是否相对健全的重要表现。在这种领导风格下,员工感到自己是被重视的,是组织中真正的一份子,从而会大大提高员工的工作积极性和满意度,更能够从源头和本质上保证企业的长久发展和效益。

5. 人际关系

人际关系主要是指员工与同事的关系、与领导的关系以及与家人的关系。人们都希望与同事保持融洽的关系,与领导保持良好的上下级关系,同时拥有和谐美满的家庭生活。一个良好的人际关系有利于使员工保持饱满的精神状态,提高员工的工作效率和积极性,为企业良性发展奠定基础。

6. 群体合作

群体合作包括合作和谐度以及信息开放度两个方面。合作和谐度是指上级的信任、支持、指导的程度,还包括了解和理解程度,以及下属领会意图、完成任务情况的程度。信息开放度是指信息渠道的畅通程度、信息的传播准确高效程度等。

7. 组织认同

组织认同是指员工对企业的历史、企业文化、战略政策的理解和认同程度。具有组织认同感的员工,往往具有较强的参与感,更希望自己的意见和建议得到重视。所以组织认同感也是员工关系诊断的一个重要因素,通过诊断不仅能够了解到员工对企业各方面的认同感,更大的意义在于能够诊断出企业在文化、政策和制度等方面所存在的问题和不健全之处,可以帮助企业更好更有效发现问题。

 **思维练习**

对员工关系诊断要素的排序

上文提到了员工关系诊断中的几个要素,这几个要素都对员工关系有着不同程度的影响。假如你现在是一名公司的人力资源主管,要对公司内部的员工进行关系诊断,你会首先选择哪个因素进行考量?请对上文提到的七个因素进行排序,从你认为程度最深的到最浅的,并谈谈你的理由。

第二节　员工满意度调查

一、员工满意度调查及意义

1. 员工满意度调查内涵

员工满意度调查是一种科学的人力资源管理工具,它通常以问卷调查等形式,收集员工对企业管理各个方面满意程度的信息,然后通过后续专业、科学的数据统计和分析,真实地反映公司经营管理现状,为企业管理者决策提供客观的参考依据。员工满意度调查还有助于培养员工对企业的认同感和归属感,不断提高员工对企业的向心力和凝聚力。员工满意度调查使员工在民主管理的基础上树立以企业为中心的群体意识,从而在潜意识中对组织集体产生强大的向心力。

2. 员工满意度调查理念

现代企业管理有一个重要的理念——把员工当"客户"。员工是企业利润的创造者,是企业生产力最重要和最活跃的要素,同时也是企业核心竞争力的首要因素。企业的获利能力主要是由客户忠诚度决定的,客户忠诚度是由客户满意度决定,客户满意度是由其所获得的价值决定的,而价值最终要靠富有工作效率、对公司忠诚的员工来创造,而员工对公司的忠诚取决于其对公司是否满意。所以,要想提高客户满意度,需要先提高员工满意度,前者是流,后者是源。没有员工满意度这个源,客户满意度这个流也就无从谈起。

3. 员工满意度调查意义

员工满意度调查,调查的对象是企业的员工,通过调查管理中最重要和最活跃的因素——员工来了解企业状况。管理者在调查的过程中可以了解员工的详细情况,也可以向员工传达企业的文化管理理念和先进的现代管理思想,起到传播的作用,还可以通过调查活动起到上下沟通的作用。

通过员工满意度调查,管理者从另外一个角度来审视企业的经营、管理、制度、组织状况和管理者情况等企业经营管理方面的状况,帮助企业了解现状,发现问题,进而为解决问题提供量化数据支撑。

员工的满意度是对企业管理工作的一种真实评价。一定程度上,它反馈的信息对以后的员工管理工作的开展有很大的帮助。同时,员工满意度高,企业中团队更有合作精神,企业文化氛围更浓。

二、员工满意度调查的内容

企业进行员工满意度调查可以对公司管理进行全面审核,保证企业工作效率和最佳经济效益,减少和纠正生产率低、损耗率高、人员流动率高等紧迫问题。员工满意度调查分别对以下几个方面进行全面评估或针对某个专项进行详尽考察。

1. 薪酬福利

薪酬是决定员工工作满意度的重要因素,它不仅能满足员工生活和工作的基本需求,还是公司对员工所做贡献的尊重和肯定。该内容重点调查员工如何看待他们的整体薪酬福利状况。调查的结果可以帮助企业正确衡量员工是否认为他们的收入和其他组织的类似工作相比是公平合理的。

2. 工作本身

工作本身的内容在决定员工的工作满意度上也起着很重要的作用,其中影响满意度的最重要的三个方面是工作的多样化、职业培训和员工如何看待他们在企业内部现有工作的安全保障性。

3. 晋升机会

工作中的晋升机会对工作满意度有一定程度的影响,它会为员工带来管理权利、工作内容和薪酬方面的变化。该内容重点调查诸如内部成长机会、晋升潜力、职业发展的重要性以及工作绩效和职业晋升的关系等方面的问题。

4. 管理模式

该内容的设置目的是衡量组织内部员工对于公司管理模式的满意程度。员工满意度调查在管理方面的考察方向有两个:一是考察公司是否做到了以员工为中心,管理者与员工的关系是否和谐;二是考察公司的民主管理机制,也就是说员工参与和影响决策的程度如何。

5. 工作环境

工作环境这一内容包含了工作管理环境和周边的自然环境。对这一内容进行调查可以帮助企业了解员工如何看待诸如他们的工作环境条件、设备工具的质量以及在工作场所当中对于安全的整体意识等方面问题。好的工作条件和工作环境,如温度、湿度、通风、光线、噪音、工作安排、清洁状况以及员工使用的工具和设施等,都极大地影响着员工满意度。

6. 企业文化

企业文化是由组织的价值观、信念、仪式、符号、处事方式、特有的文化形象等组成的,这是一项衡量组织内部整个员工队伍的价值观、态度和道德观的内容。对企业文化的了解掌握,将会非常有助于理解到底是哪些因素在影响员工。

三、员工满意度调查的方法

为了保证员工满意度调查目的的有效达成，企业应该选择合适的方法来开展员工满意度调查。目前国际上为企业所普遍接受和采纳的"员工满意度调查"的方法主要有以下几种。

1．工作描述指数法

工作描述指数法是通过对工作描述指标的分解，调查员工对各个指标的评价，从而获得其对工作的满意度。它可以较为形象和直观地表现出员工对企业中各指标的认知和评判，被广泛地应用于对员工满意度的调查当中，它对薪酬、晋升、管理、工作本身和公司群体都有相应的满意等级，是一种相对来说比较全面和详细的调查方法，可用在各种形式的企业和组织中。

2．明尼苏达工作满意调查表

该表分20个大项，每个大项下有5个小项，共有100个小项的调查内容。这20个大项是：个人能力的发挥；成就感；能动性；公司培训和自我发展；权利；公司政策及实施；报酬；部门和同事的团队精神；创造力；独立性；道德标准；公司对员工的奖惩；本人责任；员工工作安全；员工所享受的社会服务；员工社会地位；员工关系管理和沟通交流；公司技术发展；公司的多样化发展；公司工作条件和环境。"明尼苏达工作满意调查表"也有简单形式，即针对以上20个大项可以直接填写对每项的满意等级，总的满意度可以通过将20项得分相加而获得。这种方法具有全面覆盖性，但同时也因其包含内容过广过细，使其实施起来的难度增加。

3．彼得需求满意调查表

这种调查适用于管理人员。其调查内容集中在管理工作的具体问题上，每个问题都有两句话，如"你在当前的管理位置上个人成长和发展的机会如何？理想的状况应如何？而现在的实际状况又如何？"等。通过对这些问题的思考，使得管理层从更深层的角度思考管理方面产生的问题。

4．访谈调查法

访谈调查法是通过调查者和员工的访谈，收集口头资料，记录访谈内容，观察访谈对象。访谈调查法的优点是具有直接性、灵活性、适应性和应变性；回答率高、有效度高。缺点是事先需要培训、费用较高、规模较小、耗时较多、标准化程度低。

访谈调查法分为结构性访谈和非结构性访谈两种。结构性访谈需事先精心设计调查表，非结构性访谈不需要问题提纲，可自由交流提问。

5．问卷调查法

问卷调查法是在设计出问卷后分发给个别员工或全体员工，通过员工填写回答相关问题，获取员工对各项管理制度或措施的满意情况。问卷访谈法可以用于多种行业企业的员工，也被广泛的使用于除了企业调查以外的其他调查当中，配合访谈法会取到更好的效果。但是其有效性往往受到问卷回收率、问卷派发数量、问题设计质量等多个方面制约。

6. 抽样调查法

抽样调查法包括随机抽样、等距抽样、分层抽样、整体抽样。随机抽样是最基本的抽样方法。抽样的调查方法已经被广泛的应用于统计领域、调查领域和管理咨询领域。对于企业的员工满意度调查来讲,抽样调查法能够使企业通过对员工样本的调查,从而得到整个员工群体对工作和企业满意度的结果和评价。它的好处是相对方便易行,但是同时也会因为受到样本数量或者极端样本的干扰而使结果不准确。

大量实践证明了以上几种调查方法的科学性、实用性和高效性,其调查内容均能从不同程度反映影响员工工作生活和企业效益的因素,提供公司管理层感兴趣的相关因素的详细数据。

 经验分享

一套员工满意度调查问卷

尊敬的员工:

您好!我们正在进行旨在提高公司管理水平、更好适应未来发展的研究项目。在此项目中需要了解公司的客观情况、员工的真实想法。您的见解和意见对于公司未来发展至关重要,问卷匿名填写,公司将以严谨的职业态度对您的基本情况严格保密,并送往咨询公司。只在咨询顾问范围作统计和建议依据使用。请您认真填写问卷,感谢您的积极支持和参与。

请根据自己的实际想法进行回答,不必受他人影响。答案没有正确与错误之分。请在各问题旁边的最能代表您看法的一个数字上打钩。如果您不了解某一个问题或觉得这个问题与自己无关,可以跳过此题。(本问卷全部为单选,复选无效)

关于您:

1. 您在公司的年资　　未满一年　　1～2年　　2～4年　　4年以上
2. 您在公司担任的职位,经纪人　　中层管理人员(主任、主管)　　销售辅助人员
3. 您担任现职位多久?3个月以内　　3个月以上至1年　　1～2年　　2年以上

调查问题如下:

请指出您对下列陈述同意或不同意的程度:非常同意(5);同意(4);没意见(3);不同意(2);非常不赞同(1)。请就您个人的看法,选择合适的分数。

对工作本身的满意度:

(　　)1. 公司目前提供给我的工作符合自己的期望。
(　　)2. 在工作过程中我经常感到很紧迫。
(　　)3. 我认为我的能力得到了充分的发挥。
(　　)4. 我很喜欢目前公司提供给我的工作。
(　　)5. 公司提供我很多的学习机会。
(　　)6. 我接受的培训正是我所需要的。

(   )7. 我清楚地了解我工作的职责和任务。
(   )8. 在工作中,若有重大的事情会影响我的工作,经常会有人征求我的意见。
(   )9. 有些属于我的职权范围内的工作我却无权负责。
(   )10. 必要时,我可以根据自己的实际情况,灵活地调整个人工作日程。
(   )11. 我有权制定必要的方案,以便工作的开展。
(   )12. 目前的工作对我来说很有挑战性。
(   )13. 目前的工作压力我是可以承受的。
(   )14. 工作压力主要是因为任务量太大、难度太高。
(   )15. 工作的压力主要来自个人兴趣与任务不同。
(   )16. 我认为自己拥有足够的能力和技巧完成工作任务。
(   )17. 我认为自己拥有足够的自信完成工作任务。
(   )18. 在公司内,我感觉还有更适合我的工作。
(   )19. 我很愿意接受比目前难度更大的工作。

对工作回报的满意度:
(   )20. 距上一次我受表扬已经过了很久了。
(   )21. 过去半年里,有人讨论过我的进步。
(   )22. 当我的工作做出成绩时,上级通常会给予我表扬。
(   )23. 在工作中,我的意见经常得到上司的重视。
(   )24. 我能够从自己的工作中体验到一种成就感。
(   )25. 我对目前的工作感到很满意。
(   )26. 我能够在公司的业绩和服务中看到自己的工作成果。
(   )27. 公司的考核制度能够充分体现我的绩效和表现。
(   )28. 与公司的其他员工比较,我对自己的收入感到很满意。
(   )29. 与外单位的同行相比,我对自己的收入感到很满意。
(   )30. 与外单位的朋友相比,我对自己的收入感到很满意。

开放问题:

1. 如果您还希望针对这份调查问卷中的相关话题发表其他见解,请将您的意见写在下列空白处(如公司、工作、环境、人员):

2. 与您可能任职的其他公司相比,总体来说,您如何评价您的公司?

3. 您认为目前公司存在哪些问题?其中最迫切要解决的三个问题是什么?

四、员工满意度调查的程序

1. 确定调查任务

阶段任务:分析调查需求,决定调查的主要内容,然后以内容决定任务,再以任务决定方法、技术手段和测量目标,并取得管理层支持。

通常,这是要求企业管理者确认需求的阶段。对于企业,企业管理者需要思考其是否了解员工对他们工作和工作环境的感受。如果不了解,企业便需要开展员工满意度调查。企业进行该项调查的需求确认十分关键。特别是当企业迅速膨胀、员工流失率升高、政策和组织结构发生变化、行业竞争加剧和薪资福利面临改革的时候,开展员工满意度调查就显得更为迫切了。

2．制定调查方案

阶段任务:制订时间计划,设计调查提纲,确定调查指标,列出调查问题,确定调查范围,选取调查方法,开展对管理层和员工的指导培训。

通常,时间计划是保证调查有效实施的重要环节,实施时间的选定要恰当,要保证员工和管理人员都能充分配合。否则,调查就流于形式。调查提纲要明确,结构要合理。确定的调查指标要充分考虑指标数量和指标层次两个问题。拟定的调查问题需要考虑问题方向和问题数量。另外,根据企业人员规模选择使用访谈法、问卷法或者二者结合抑或是其他调查方法。

3．组织开展调查

负责组织进行本次调查的相关部门要确保将调查所用的物品,如问卷等做好细致的准备并进行发放,同时对于需要进行访谈交流等谈话形式的部门员工,要提前跟员工和其主管沟通,确保不影响其正常工作。此外,被调查员工信息的保密工作也是至关重要的。

4．收集调查资料

确保调查数量和质量是确保调查结果的客观性和准确性的关键。实践中,经常会出现调查样本不足或者样本质量不高的问题。因此,收集调查资料的过程中实际上也要保证资料的完整性和真实性,保证分析结果客观公正。

5．处理调查结果

整理调查资料,检验、归类、统计,形成调查结果。在其中应包含图表、文字、总体评价等,从而形成完整的综合调查报告。

6．提出解决方案和改进措施

对诊断出的问题提出改进建议,是满意度调查中最重要、最关键的环节。

发现问题是改进问题的第一步,针对存在的问题拿出解决方案才是诊断的目的,否则发现问题而不予解决,很有可能导致员工关系的恶化和调查研究项目的形式化。

满意度的信息除了作为决策参考外,还需要存档以备利用,也可留至下一次调查时做年度差异对比分析。

7．对改进措施的实施实行跟踪调查

包括对改革方案措施的持续跟进,同时检验企业员工满意度调查的实际效果,准备下一轮的调查或其他相关的专项调查。

8．热点问题汇总

热点问题分析的关键是要对调查过程中反映最差、得分最低的问题进行分析。在分析过程中,要以行动为本,寻找问题的改进方案;认真思考得到这一结果的评价项目,以拉近管理层与员工对该问题的认知距离。

五、员工满意度调查结果

1. 报告内容

一份完整的调查报告应当包括以下这些内容：
(1) 调查目的；
(2) 调查简介；
(3) 调查指标介绍；
(4) 调查方法介绍；
(5) 调查样本介绍；
(6) 调查内容和维度；
(7) 调查结果收集和分析；
(8) 建议采取的改进措施。

2. 报告的展示

报告要求图文并茂，通常是文字加图表，如柱形图、折线图等，这些图表可以直观地反映出数据特征。每种图表都有自己的优势，可以根据实际内容进行选择。

3. 调查结果汇报

第一，向管理人员汇报调查结果。

人力资源部或第三方机构完成书面报告后，需要与企业管理人员就调查结果做口头报告。汇报过程中，汇报人员要以坦诚的态度向管理者汇报调查的基本情况、调查发现的问题及建议，让管理人员心中有数。

第二，与员工沟通调查结果。

在与管理者沟通之后，采取员工大会、公司内网公告等沟通形式将管理者认可的调查报告公布于众。

在对员工进行调查结果反馈时，应当注意在一个相对和谐良好的氛围中进行，集中针对正面的结果即一些员工满意度较高的项目进行传递，如果有的员工意见被管理层采纳，则要针对这些进行积极的宣传，激励员工。同时对于满意度不高的项目，企业应当在做反馈的同时及时拿出改进的方案，以便员工获知调查的意义，并对管理层的态度有积极、正确的看法。与员工对调查结果的沟通反馈对于企业的运营发展至关重要，只有管理层和人力资源部门加大对这一方面的重视程度，保持公正、客观、积极的反馈态度，才能使得员工对企业的前途和自身的前途充满信心，才能产生良性循环，并为以后的有效沟通起到铺垫作用。

 思维练习

模拟员工关系诊断

就上文的经验分享所提到的问卷，请你的同桌填写该问卷，你就充当一名公司的人力资源部门员工，根据问卷的填写内容，对你的同桌进行一个员工关系的诊断，诊断结果写好之后,给你的同桌看看,相互交流。

经验分享

企业与员工关系的新模式——心理契约

21世纪,企业与员工之间的关系需要靠新的游戏规则来确定和维系,这种新的游戏规则就是企业与员工关系的新模式——以劳动契约和心理契约为双重纽带的战略合作伙伴关系。一方面要依据市场法规确定员工与企业双方的权利、义务关系;另一方面又要求企业与员工一道建立共同愿景,在共同愿景基础上就核心价值观达成共识,培养员工的职业道德,实现员工的自我发展与管理。企业要关注员工对组织的心理期望,与组织对员工的心理期望之间达成一种"默契",在企业和员工之间建立信任与承诺关系,实现员工自主管理,建立企业与员工双赢的战略合作伙伴关系,帮助个人与组织共同成长和发展。企业往往与员工签订了《劳动合同》,但是很少有企业与员工签一份"心理契约"。研究表明,心理契约的不满足将直接导致员工满意度降低,对雇主的信任减少,认同感和主人翁精神减弱,离职率增加。

"心理契约"的含义。"心理契约"是美国著名管理心理学家施恩教授提出的一个名词,其意思可以描述为这样一种状态:企业的成长与员工的发展虽然没有通过一纸契约载明,但企业与员工却依然能找到各自的决策"焦点",如同一纸契约加以规范。即企业能清楚每个员工的发展期望,并满足之;每一位员工也为企业的发展全力奉献,因为他们相信企业能实现他们的期望。"心理契约"是存在于员工与企业之间的隐性契约,其核心是员工满意度。如果将员工的任务分为封闭式和开放式,将雇主提供的报酬分为短期和长期,我们也可以发现四种类型的心理契约:交易型,有详细的任务,雇主提供短期报酬;过渡型,没有详细的任务,雇主提供短期报酬;平衡型,任务非常详细明确,而且雇主提供长期报酬;关系型,任务不明确,但雇主提供长期报酬。

建立企业的"心理契约",必须以科学的职业生涯管理为前提。企业作为一个经济组织,其成长与发展永远处于一个动态的发展过程之中,在这一过程中,企业人力资源的物理状态和心理状态都处于一个不断变化的过程中。如何保证企业的人力资源有效地长期地为企业的发展服务,而不至于随着企业的变动成长而发生人心离散,是企业人力资源管理的目标,企业能与员工达成并维持一份动态平衡的"心理契约"是这一目标状态的生动体现。职业生涯管理是美国近十几年来从人力资源管理理论与实践中发展起来的新学科。所谓生涯,根据美国组织行为专家道格拉斯·霍尔的观念,是指一个人一生工作经历中所包括的一系列活动和行为。组织生涯发展是组织生涯管理和个人生涯计划活动相结合所产生的结果。把个人的生涯计划和组织的生涯管理结合起来,能创造一个高效率的工作环境。马克思认为,人所奋斗的一切,无不与他的利益有关。职工培训配合生涯设计是加强员工成就感、工作满意度、对企业忠诚度,以及阻止企业人才外流的好办法。

(资料来源:徐燕华,《浅谈心灵契约的建立》,载《武汉冶金管理干部学院学报》,2008年)

第三节 员工关系改进计划

员工关系诊断的关键环节是针对企业管理活动中出现的问题作出改进方案并实施。改善员工关系要将尊重、尊严和平等作为建立、维护员工关系的基本原则。只有尊重员工的权益、维护员工的尊严、平等对待每位员工，才能够真正地建立良好的员工关系。

一、员工关系改进的原则

1. 针对性

员工关系诊断、员工满意度调查的意义在于发现问题，而员工关系改进的意义则在于解决问题。因此，员工关系改进要根据调查所发现的问题"对症下药"。从调查所反映出的情况发现企业所存在的问题，针对每个问题进行归纳和系统的分析，从而针对不同方面的问题做出不同的员工关系改进规划。一方面，这是员工关系诊断的内在需求，另一方面，这是对员工态度的反馈。

2. 参与性

管理人员和员工参与制定改进计划的意义有两个：一是民主管理的体现；二是可以增加管理人员与员工双方对改进计划本身的认可度，提高改进计划的可执行度。管理人员参与制订改进计划的方式，可以通过调查问卷中设置的开放式问题征集建议，并在调查后对建议加以分析整理。也可以在调查后，针对调查所发现的问题征集员工建议。在对员工的民主意见进行集中后，由管理人员确定最终改进对策。

3. 可行性与适用性

员工关系改进计划的制订要从企业的实际出发，使改进计划满足可执行性和适用性的要求。可行性往往是企业在进行员工改进中最应当重视却也往往最容易忽略的地方，看似详细的可行性分析有时往往只是纸上谈兵。

第一，可执行性。改进计划是要通过执行来实现改进目的的，因此方案的可执行性至关重要。在时间安排、人员组织、步骤实施以及资源支持等方面对照检核，保证方案的有效落实。

第二，适用性。企业应当根据自身的实际情况进行规划和制订计划。一些管理案例和书籍等资料虽然为企业提供了参考，但是它们往往只具备一定的借鉴意义，不能够完全适应每个企业的实际情况，对于员工关系改进的规划要考虑到它是否适用自身所处的行业特点、企业性质、企业文化、管理基础以及员工素质等因素。

二、员工关系改进的主要内容

1. 制订员工关系改进计划思考模型

一般情况下，通过员工关系诊断和员工满意度调查，可以将发现的问题归结为制度建设、组织与流程、薪酬绩效、人力资源管理等方面的问题。解决这些问题需要对相关问题进行比较深入的分析。仅仅关注问题的表象,对于真正地解决问题起不到实质作用,唯有通过表象将其归纳总结,系统地划分为几大模块,从而找到真正的解决方法。总之,对发现的问题进行系统、深入的分析,发现造成问题的关键影响因素或驱动因素,是制定问题解决方案的最为重要的工作。(见图 9-1)

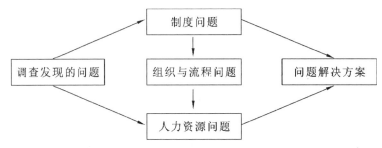

图 9-1 员工关系改进计划思考模型

2．陈述现状

陈述现状通常会涉及现有问题的描述。不健康的员工关系表现形式包括:
(1) 员工变动频繁,流动率大;
(2) 员工缺乏主动性而且责任心差;
(3) 员工不停地抱怨企业和管理者;
(4) 员工自私心态加重;
(5) 员工的配合性变差;
(6) 员工公开质疑企业的规定;
(7) 员工开始占企业便宜;
(8) 人与人之间的正常交流变少;
(9) 员工的抗拒性心理加重;
(10) 工作效率降低;
(11) 员工对于企业出现的明显问题现象没有反应;
(12) 员工对于自己所处的岗位和工作麻木;
(13) 部门内积极向上的氛围逐渐消退;
(14) 部门主义或者个人主义意识加剧,对其他部门形成仇视。

3．问题分析

员工关系恶化的原因可能包括以下一个或几个方面:
(1) 对薪资待遇的不满意;
(2) 工作负荷过大;
(3) 心理压力过大;
(4) 缺少尊重与关怀;
(5) 企业缺少凝聚力;
(6) 个人价值得不到发挥;
(7) 企业规章制度不健全;
(8) 管理不善;

(9) 为人处世不公平；

(10) 经营状况变差；

(11) 管理者出现问题；

(12) 员工受到不公正待遇。

4. 改进建议

改善员工关系的途径和方法有很多，但是有些环节是最根本而且不可或缺的：

(1) 树立以人为本的企业理念；

(2) 以良好的待遇来回报员工，让员工感到自豪和满意；

(3) 管理者以人格的力量来管理企业，增加员工向心力；

(4) 管理层尊重和关怀每一位员工，让员工满意；

(5) 进行人力资源管理与开发计划，包括人员的甄选、安置、培养和激励等；

(6) 对员工流失的现象进行分析；

(7) 定期或不定期的员工满意度调查；

(8) 定期或不定期的座谈，倾听员工的意见与建议。

三、员工关系改进计划的实施与评估

（一）员工关系改进计划的参与者

1. 管理者——支持者

企业的任何一项改革措施都需要管理者坚定的支持态度，管理者的支持是对每一项工作开展的强有力保障，员工关系改进也不例外。管理者对员工改进计划的实施有着至关重要的作用，管理者的参与可降低不必要的人力成本和沟通成本，减小方案涉及员工的心理压力，同时管理者的支持能够使方案具有更有针对性的改进。

2. 人力资源管理人员——督促者

作为员工关系管理职能的体现者，人力资源管理人员对改革的推进有着义不容辞的责任。一个制度健全的企业应当充分重视人力资源部门的建设，特别是完善其在处理员工关系和员工满意度方面的职能，因为人力资源部门的完善体现了一个企业对人才的重视程度、对员工的关心程度，从而彰显了优秀先进的企业文化。而作为人力资源管理人员的重要职责，员工改进计划实施的科学性、顺利性都是其本职工作和业务能力的体现，特别是对于出现问题的关键部门、岗位、人群，需要由人力资源管理人员督促具体措施的落实和执行。

3. 全体员工——追踪者

除了管理人员和人力资源管理人员以外，企业的全体员工更要对改进计划的落实进行追踪。因为员工对改进计划的关注体现了该企业的民主程度和民主表现，更加体现了员工的责任意识和主人翁意识。同时，员工也是对改进计划实施效果最直接的体验者，他们更有提出意见的权利。

(二)员工关系改进计划的实施要点

1. 开展改进方案实施的培训

在员工关系改进计划实施前与实施中,要广泛开展相关培训,要着重对相关问题的关键责任人进行培训。方案实施前的培训为很多企业所不重视,认为浪费人力物力,成本太高。但其实培训对于方案实施的效果有着至关重要的作用。培训可以保证规划实施的质量,为计划的实施扫除前期的沟通障碍,从而为计划的顺利实施提供保障。

2. 实施中的重点监督

由相关责任人监督相应改进措施的落实情况,对实施中出现的问题予以及时纠正。有效而公正的监督是保障方案实施,甚至是保障整个评估诊断质量的关键。

3. 实施中的阶段评估

根据阶段实施情况和阶段效果,及时修正计划中不完善的环节。对方案实施的评估关系着改进计划的成功与否,以及其能否作为企业日后继续使用的参考,也从结果方面显现着此次的调查评估和改进是否真的对企业和员工起到了预期的效果。所以对实施中的阶段评估,企业和相关人力资源部门需要予以重视。

(三)员工关系改进计划的效果评估

1. 评估内容

对员工关系改进计划的效果进行评估的内容包括了评价措施的经济性和有效性两个方面。

评价措施的经济性,这里指能够以一定的投入获得较大的产出。细化的评估指标包括生产率、销售额、产品质量、总产值、缺勤率、招聘及培训费用等。

评价措施的有效性,这是指改进措施对员工满意度指标改善的有效情况,主要针对满意度调查所发现的问题。有效性是决定本次调查和改进方案是否有效的评判标准。

2. 评估方法

对于不同的评估内容采用的方法也不相同。

对于经济性指标,采用统计分析方法,可以更加高效率高质量得出科学的结果。

对于有效性指标,采用问卷调查法、访谈法、观察法可以更加直观了解到员工对本次方案实施的感受。具体操作细节可以参考员工满意度调查所述内容。

本章小结

本章首先介绍员工关系诊断的含义,员工关系诊断的原则、目的和要素;然后介绍了员工满意度调查的内涵与意义及内容,调查员工满意度的方法、程序及结果;最后介绍员工关系改进的原则与主要内容,员工关系改进计划的实施和评估。

问题思考

1. 员工关系诊断的原则包括哪些?

2. 员工满意度调查的意义是什么？
3. 简述几种调查员工满意度的方法。
4. 员工关系改进的主要内容有哪些？
5. 简述员工关系改进计划的实施要点。

 互动空间

他为何不相信她呢？

案例材料：

某日上午，一员工怒气冲冲来到办公室，向人力资源部投诉，对上级管理方式不满，当时该员工情绪非常火爆，说话时嗓门也不小。而负责接待的本部女同事，为安抚该员工情绪，非常礼貌地说："你不要激动，别生气，有问题向我们反映，我们会调查，如果属实，一定给你一个满意的答复。"不料，该员工立即大声喊叫，"调什么查，难道你以为我骗你的呀，还是说你们人力资源部与管理人员一样不讲道理，我不与你谈了"。随后，不论这位女同事如何向他解释，此员工就是不再答话，只是自己大声抱怨无处讲理。由于当时正处于办公繁忙时间，办公室内还有其他员工，其他员工都听见了他们争吵，影响很不好。

（资料来源："员工关系管理案例"，百度文库）

讨论话题：

假如你是公司的人力资源部主管，面对该员工不信任调查的情况，你会怎么向他解释呢？怎样才能让他相信呢？

 实践活动

实地调查公司内部员工关系

活动目标

结合课本的内容，详细了解一家公司的员工关系计划是怎样设计的，从而掌握分析企业构建良好员工关系的方法，并尝试为改进员工关系提出建议。

背景材料

以自己所选取的公司的具体员工关系状况为背景。

训练要求

(1)选取一家自己感兴趣的公司，搜集资料，详细了解其员工关系情况。

(2)罗列出该公司员工关系方面的基本状况。

(3)尝试分析该公司员工关系中存在的不足，并提出改进的建议。

注：可以是分析整个公司的员工关系，也可以分析该公司某部门或者某类员工的员工关系。

作业习题

一、判断题(共10小题。请在正确表述后打"√",在错误表述后打"×"。)

1. 分层抽样是最基本的抽样方法。　　　　　　　　　　　　　　　　(　　)
2. 访谈调查法的缺点之一是缺乏灵活性。　　　　　　　　　　　　　(　　)
3. 个人价值得不到发挥是员工关系恶化的原因之一。　　　　　　　　(　　)
4. 员工关系改进计划的实施中,管理者充当支持者的角色。　　　　　(　　)
5. 员工关系改进的评估方法中,对于经济性指标应采用访谈法、观察法。(　　)
6. 员工关系改进计划中,管理者担任追踪者的角色。　　　　　　　　(　　)
7. 工作环境不是员工满意度调查的内容。　　　　　　　　　　　　　(　　)
8. 运用访谈调查法可以获得员工对企业评价的数据。　　　　　　　　(　　)
9. 在进行调查时,制定调查方案之前要先确定调查任务。　　　　　　(　　)
10. 针对性、参与性、可预知性是员工关系改进的三个原则。　　　　　(　　)

二、单选题(共10小题。多选、不选或错选均不得分。)

1. 员工关系诊断的原则不包括(　　)。
   A. 主要指标原则　　　　　　　　B. 覆盖相关利益原则
   C. 平等一致原则　　　　　　　　D. 注重关键影响因素原则
2. 最基本的抽样方法是(　　)。
   A. 随机抽样　　　B. 等距抽样　　　C. 分层抽样　　　D. 整体抽样
3. 员工关系的诊断要素不包括以下(　　)方面。
   A. 工作本身　　　B. 员工技能　　　C. 晋升机会　　　D. 报酬
4. 以下不是员工关系恶化的原因的是(　　)。
   A. 工作负荷过大　　　　　　　　B. 心理压力过大
   C. 缺少尊重与关怀　　　　　　　D. 企业经营情况变好
5. 评估方法中,不属于有效性指标采用的方法是(　　)。
   A. 统计分析方法　B. 问卷调查法　　C. 观察法　　　　D. 访谈法
6. 下列选项中,不属于员工改进的原则的是(　　)。
   A. 针对性　　　　B. 参与性　　　　C. 可行性　　　　D. 普遍性
7. 以下不属于员工满意度调查方法的是(　　)。
   A. 工作描述指标法　　　　　　　B. 明尼苏达工作满意调查表
   C. 访谈调查法　　　　　　　　　D. 直接调查法
8. 以下哪一项不是员工满意度调查的应具备程序?(　　)
   A. 确定调查任务　B. 分派调查任务　C. 制定调查方案　D. 组织开展调查
9. 员工满意度调查结果报告的内容不应该包括(　　)。
   A. 调查指标介绍　　　　　　　　B. 调查方法介绍
   C. 公司详细财务报表　　　　　　D. 调查结果收集分析
10. 通过员工关系诊断和员工满意度调查,一般可将问题归结为几类,以下哪些不属

于这几类？（　　）

　　A. 人力资源管理　　B. 组织与流程　　C. 制度建设　　D. 食宿情况

三、案例分析题（共1案例，4个单选小题。多选、不选或错选均不得分。）

案　　例

　　PK公司是某沿海城市的一家民营房地产开发企业。公司的发展历程正是中国房地产业风雨历程的浓缩版。公司成立之初，正好搭上中国房地产市场复苏的便车，由于PK公司的原始资金积累不是很雄厚，所以开发的住宅项目是以中低档为主，面向中低阶层消费者的多层住宅。因为战略定位准确，公司成立不到5年，PK公司就从单一的开发商角色转换为集项目开发商、工程承包商、物业管理者三重角色于一身，可谓发展飞速，前景光明。虽然"形势一片大好"，但有些事情让公司的李董事长心情郁闷、日益憔悴，究竟是什么原因呢？

　　董事长深深地感受到人才已经是严重制约公司发展的瓶颈。很明显，他个人关于公司的许多战略思想和管理理念就连中层管理者都难以领会，更谈不上传达给普通员工了。

　　此外，更严重的是公司的人员流动非常频繁，尤其是销售人员更像是走马灯一样。虽说"铁打的营盘流水的兵"，但是走的都是精兵强将，一般跳槽的人员到其他公司后很快就成为骨干，晋升速度很快，而且能够独当一面。形象地说PK公司是一个"地产人才黄埔军校"一点都不为过。

　　这些问题严重影响了公司战略的实现，公司的领导班子想到了借助外脑解决目前的问题，并确定为人力资源规划与职业发展咨询项目。

　　最终由CBHANDSUN人力资源咨询公司负责该项目的实施。为了能够全面了解员工的真实想法，CBHANDSUN公司首先对PK公司进行了员工满意度调查，从员工感受的角度挖掘PK公司的管理现状，透视员工心目中公司的优势和劣势以及不同群体员工的心理诉求，提供改进管理现状的行动建议。

　　经调查结果显示，目前PK公司所存在的劣势主要表现在以下几个方面：

　　(1)员工认为能够提升职业发展的培训和锻炼机会不多。

　　(2)工作量的分配存在一定程度的不合理性，同时绩效评估体系不完善，抹杀了薪酬与绩效的关系。

　　(3)招聘制度和流程存在一定程度的不合理性。

　　(4)由于是家族企业，在用人方面存在"天花板"限制，员工职业生涯发展通道受阻，致使员工能力没能最大限度地发挥。

　　(5)高层与员工之间的沟通不太畅通，特别是骨干员工对公司发展的认识不清晰。

　　(6)现行的组织结构模式与企业发展存在着不匹配性。

　　依据调查的结果和PK公司的实际情况，CBHANDSUN公司拿出了解决问题的方案，其大致内容如下：

　　(1)将组织结构、部门职能清晰化，这是公司管理平台重要的基础工作。

　　(2)以公司战略、组织部门职能、岗位胜任特征需求为依据，完善招聘制度和流程，保障公司在发展中能够得到所需的人力资源。

　　(3)加强与员工在薪酬及绩效方面的沟通，建立富有激励性的薪酬与绩效管理制度，使人才发挥最大价值和效用。

(4)建立有效机制促进员工发展。

①定期与员工讨论其工作表现和发展(尤其对于老员工)。

②授予员工足够、充分的权限,使其能力最大程度得以发挥(尤其对于新员工)。

③对于优秀员工的出色表现给予及时激励和表扬(尤其对于高能力、高潜力群体)。

④重视员工意见,鼓励员工承受难度大、责任更大、更有挑战性的工作(形成公司文化)。

⑤为核心员工明确职业发展规划,并制定相应的保障措施。

该项目在实施的同时,PK公司结合自身的情况设计了员工满意度管理体系,并定期针对员工反馈的信息不断调整管理策略。半年后,公司的管理水平有了明显的改观,员工的离职率得到了有效控制,大大降低了人力资源的重置成本,同时核心骨干员工为公司的发展起到重要的推动作用,公司的经营业绩较上年度增长了30%。

这是一个比较成功的以员工满意度管理推动企业发展的案例。企业在发生重大变革时,在员工管理方面出现了诸多的不适应,然而,企业通过员工满意度管理体系,引进外部优秀人才,留住内部优秀员工,从而实现员工和公司共同发展的目的。

(资料来源:冉斌、水藏玺、化世伟,《激励创造双赢:员工满意度管理8讲》,中国经济出版社,2007年版)

1. 案例中,该公司目前主要呈现出来的问题是( )。

   A. 人才短缺和流失　　　　　　　B. 效益差

   C. 企业文化建设不够　　　　　　D. 发展前景不明

2. 该公司为了扭转这个局面第一步做的工作是( )。

   A. 进行了员工满意度调查　　　　B. 提高薪酬水平

   C. 授予员工足够、充分的权限　　D. 引进外部优秀人才

3. 员工满意度调查的程序有( )。

   A. 确定调查任务　　　　　　　　B. 调查问题员工

   C. 成立调查委员会　　　　　　　D. 调查领导的问题

4. 这是一个比较成功的以( )推动企业发展的案例。

   A. 员工满意度管理　　　　　　　B. 薪酬管理

   C. 职效管理　　　　　　　　　　D. 纪律管理

作业习题参考答案

第一章
一、判断题
√×√√×　××√××
二、单选题
ADDAB　CDAAD
三、案例分析
CACAB　CBBAC

第二章
一、判断题
√√√√　××√√
二、单选题
AADAD　CDD
三、案例分析题
CDAAA　BCDC

第三章
一、判断题
√×√√×
二、单选题
CACBD　B
三、案例分析题
ABAAD　DDCD　ABDD

第四章
一、判断题
√×√√×　×××√√
二、单选题
BABCD　CADBD
三、案例分析题
BBDCD　BDDDA

第五章
一、判断题
×√√√×　×××××
二、单选题
CBCDD　AAA
三、案例分析题
ABADD　DBCBD

第六章
一、判断题
××√×√　×√√
二、单选题
DADAB　CABBD
三、案例分析题
AAA　CCCAC

第七章
一、判断题
√√××√　√√×××
二、单选题
CCBAD　CDDCD
三、案例分析题
ACBBD　ABDAC

第八章
一、判断题
××√××　×√√√
二、单选题
CADAA　CDCBD
三、案例分析题
ABBDD　DDCDA

第九章
一、判断题
××√√×　×××√×
二、单选题
CABDA　DDBCD
三、案例分析题
AAAA

参 考 文 献

[1] 陈思明. 现代薪酬学[M]. 上海:立信会计出版社,2004.
[2] 程向阳. 辞退员工管理与辞退面谈技巧[M]. 北京:北京大学出版社,2003.
[3] 程延园. 员工关系管理[M]. 上海:复旦大学出版社,2004.
[4] 仇雨临. 员工福利概论[M]. 北京:中国人民大学出版社,2007.
[5] 丁桂兰. 公共关系学[M]. 武汉:华中科技大学出版社,2010.
[6] 董福荣,等. 薪酬管理[M]. 北京:机械工业出版社,2009.
[7] 付立红. 生长(企业文化建设全景解析)[M]. 北京:中国经济出版社,2007.
[8] 顾琴轩. 绩效管理[M]. 上海:上海交通大学出版社,2009.
[9] 关淑润. 现代人力资源管理与组织行为[M]. 北京:对外经济贸易大学出版社,2001.
[10] 郭士征. 社会保障研究[M]. 上海:上海财经大学出版社,2005.
[11] 郭小龙,李剑,谢舜. 员工管理[M]. 北京:企业管理出版社,2001.
[12] 韩智力. 员工关系管理——案例、诊断、解决方案[M]. 广州:广东经济出版社,2007.
[13] 郝德芳. 员工关系管理[M]. 北京:北京大学出版社,2008.
[14] 胡宝珠. 如何管理"缺点"员工[M]. 北京:北京大学出版社,2004.
[15] 胡君辰,黄弋风. 冲突管理[M]. 上海:上海远东出版社,2005.
[16] 黄国海. 组织行为学(第2版)[M]. 北京:清华大学出版社,2006.
[17] 纪德尚. 二十一世纪企业成长与先进企业文化建设研究[M]. 西安:陕西人民出版社,2008.
[18] 简大为. 问题员工完治宝典[M]. 北京:东方出版社,2008.
[19] 李海,郭必恒,李博. 中国企业文化建设(传承与创新)[M]. 北京:企业管理出版社,2005.
[20] 李剑. 员工管理细节全书[M]. 北京:经济科学出版社,2008.
[21] 李剑. 员工管理[M]. 北京:企业管理出版社,2003.
[22] 李珊. 中外社会保障比较[M]. 沈阳:辽宁大学出版社,2010.
[23] 李胜杰. 员工心态管理的6堂课[M]. 北京:机械工业出版社,2008.
[24] 李新建. 员工关系管理[M]. 天津:南开大学出版社,2009.
[25] 李业昆. 绩效管理系统[M]. 北京:华夏出版社,2011.
[26] 刘光明. 新编企业文化案例[M]. 北京:经济管理出版社,2011.
[27] 刘军胜. 薪酬管理实务手册[M]. 北京:机械工业出版社,2002.

[28] 刘昕. 现代企业员工关系管理体系的制度分析[M]. 北京:中国人民大学出版社,2004.

[29] 刘昕. 薪酬管理[M]. 北京:中国人民大学出版社,2002.

[30] 刘新民. 员工关系管理实务[M]. 北京:机械工业出版社,2011.

[31] 刘彦青. 常见劳动合同纠纷法官解答[M]. 北京:中国法制出版社,2010.

[32] 刘珍,郝惠文. 人力资源经理岗位培训手册[M]. 广州:广东经济出版社,2011.

[33] 企业国际化管理研究课题组. 中小企业人力资源国际化管理模式[M]. 北京:光明日报出版社,2005.

[34] 钱宁. 工业社会工作[M]. 北京:高等教育出版社,2009.

[35] 萨尔瓦多·麦迪,黛博拉·克沙巴. 顶住职场压力[M]. 姜玮,殷燕,译. 北京:北京大学出版社,2009.

[36] 邵冲. 人力资源管理概要[M]. 北京:中国人民大学出版社,2002.

[37] 圣才学习网. 吴照云《管理学》(第5版)笔记和课后习题(含考研真题)详解[M]. 北京:中国石化出版社,2010.

[38] 宋湛,詹婧. 企业员工关系管理义案全程指引[M]. 北京:首都经贸大学出版社,2010.

[39] 孙健,赵涛. 用制度管理——组织人事卷[M]. 北京:企业管理出版社,2006.

[40] 谭艳华. 现代企业管理基础与实训[M]. 北京:经济科学出版社,2010.

[41] 王长城,关培兰. 员工关系管理[M]. 武汉:武汉大学出版社,2010.

[42] 王浩,蒋兰英. 如何提高员工忠诚度[M]. 北京:北京大学出版社,2005.

[43] 王丽静. 人力资源管理实务[M]. 北京:中国轻工业出版社,2009.

[44] 王瑞永. 绩效量化考核与薪酬体系设计全案[M]. 北京:人民邮电出版社,2011.

[45] 王生平. 员工管理简单讲[M]. 广州:广东经济出版社,2006.

[46] 王为非. 人力资源的员工管理[M]. 台北:台华工商图书出版公司,2003.

[47] 王雁飞,朱瑜. 绩效与薪酬管理实务[M]. 北京:中国纺织出版社,2005.

[48] 魏进. 员工管理完全攻略[M]. 北京:中国纺织出版社,2004.

[49] 吴冬梅. 员工管理事务[M]. 北京:机械工业出版社,2011.

[50] 吴慧青. 如何进行员工关系管理[M]. 北京:北京大学出版社,2004.

[51] 萧鸣政. 人力资源开发与管理[M]. 北京:科学出版社,2009.

[52] 徐龙. 经管营销学[M]. 北京:机械工业出版社,2008.

[53] 亚瑟·W.小舍曼,乔治·W勃兰德,斯科特·A斯耐尔. 人力资源管理[M]. 张文贤,译. 大连:东北财经大学出版社,2000.

[54] 杨剑,白云,等. 人力资源的量化管理[M]. 北京:中国纺织出版社,2002.

[55] 余凯成,等. 人力资源管理[M]. 大连:大连理工大学出版社.1999.

[56] 余泽忠. 绩效考核与薪酬管理[M]. 武汉:武汉大学出版社,2006.

[57] 臧有良,暴丽艳. 管理学原理[M]. 北京:清华大学出版社,2007.

[58] 张春瀛,陈洪艳. 人力资源管理[M]. 北京:中国铁道出版社,2004.

[59] 张德. 企业文化建设[M]. 北京:清华大学出版社,2009.

[60]张光照,金思宇.中国特色企业文化建设案例[M].北京:中国电力出版社,2007.
[61]张厚粲.心理学[M].天津:南开大学出版社,2002.
[62]张建国.绩效管理[M].成都:西南财经大学出版社,2009.
[63]张丽华,王蕴.薪酬管理[M].北京:科学出版社,2009.
[64]张晓彤.员工关系管理[M].北京:北京大学出版社,2003.
[65]赵宏中.公共关系学[M].武汉:武汉理工大学出版社,2005.
[66]赵继新,郑强国.人力资源管理基本理论·操作实务·精选案例[M].北京:清华大学出版社,2011.
[67]赵普.管理伦理与企业文化[M].北京:中国财政经济出版社,2010.
[68]朱飞.绩效激励与薪酬激励[M].北京:企业管理出版社,2010.
[69]朱瑜.企业员工关系管理[M].广州:广东经济出版社,2005.

与本书配套的二维码资源使用说明

　　本书部分课程及与纸质教材配套数字资源以二维码链接的形式呈现。利用手机微信扫码成功后提示微信登录,授权后进入注册页面,填写注册信息。按照提示输入手机号码,点击获取手机验证码,稍等片刻收到4位数的验证码短信,在提示位置输入验证码成功,再设置密码,选择相应专业,点击"立即注册",注册成功(若手机已经注册,则在"注册"页面底部选择"已有账号立即注册",进入"账号绑定"页面,直接输入手机号和密码登录),即可查看二维码数字资源。手机第一次登录查看资源成功以后,再次使用二维码资源时,只需在微信端扫码即可登录进入查看。